中国拔尖人才培养新模式

国际论争和模型启示

阎琨 吴菡 著

清华大学出版社
北京

内容简介

提高拔尖人才自主培养能力，建立拔尖人才选育有效机制，促进拔尖人才脱颖而出，是我国实现高质量发展的关键因素。本书的内容主要包括两个部分：一是通过批判性梳理国际拔尖人才领域的主要理论和模型，对拔尖人才选拔、培养和评价中关乎本体论、价值论的问题进行深入探究，从而启发我国学者和实践者的理论意识；二是基于理论研究，结合我国拔尖人才培养实践，发展符合中国教育情境的拔尖人才培养模式和方案，以推动我国拔尖人才教育向科学化和体系化方向发展。本书将拔尖人才培养的理论研究和实践研究相结合，将国际化视野和本土化关注相结合，研究选题的政策意义突出，研究内容全面而深入，适合教育教学决策者、管理者、实践者阅读。

本书封面贴有清华大学出版社防伪标签，无标签者不得销售。

版权所有，侵权必究。举报：010-62782989，beiqinquan@tup.tsinghua.edu.cn。

图书在版编目（CIP）数据

中国拔尖人才培养新模式：国际论争和模型启示 / 阎琨，吴菡著. -- 北京：清华大学出版社，2024.8.
ISBN 978-7-302-66977-7

Ⅰ. C964.2

中国国家版本馆 CIP 数据核字第 2024RV5534 号

责任编辑：王如月
装帧设计：傅瑞学
责任校对：王荣静
责任印制：宋　林

出版发行：清华大学出版社
网　　址：https://www.tup.com.cn，https://www.wqxuetang.com
地　　址：北京清华大学学研大厦 A 座　　邮　编：100084
社 总 机：010-83470000　　邮　购：010-62786544
投稿与读者服务：010-62776969，c-service@tup.tsinghua.edu.cn
质量反馈：010-62772015，zhiliang@tup.tsinghua.edu.cn
课件下载：https://www.tup.com.cn，010-83470332

印 装 者：三河市东方印刷有限公司
经　　销：全国新华书店
开　　本：170mm×240mm　　印　张：14.25　　字　数：254 千字
版　　次：2024 年 8 月第 1 版　　印　次：2024 年 8 月第 1 次印刷
定　　价：99.00 元

产品编号：101282-01

序　言

风正一帆悬

　　拔尖人才培养不仅是我国教育发展战略选择的重要组成部分，而且是我国经济实现跨越式发展，缩小与世界发达国家差距的关键性因素。拔尖人才教育的理论与实践探索已经开展了40年的时间，取得了一定的成绩。但目前我国在培养目标和具体环节等方面还存在着诸多困惑。探寻拔尖学生成长规律，为他们提供符合身心的教育仍然是政府和研究型大学培养创新拔尖人才的重点和难点。如何立足于国家的需要，对拔尖人才成长路径予以解析，明确其成长过程中的关键因素和重要拐点，实现有效的培养和开发，寻找适合中国的拔尖人才培养的新模式，是一个具有战略性和现实意义的课题。对于拔尖人才的培养研究，目前我国缺乏系统性的研究力作。清华大学阎琨教授等人的著作《中国拔尖人才培养新模式：国际论争和模型启示》是一部国际视野与本土道路相结合，顶层理论规划与系统实操模型密切结合的创新之作。

　　本专著的学术价值可分为三重。第一，专著研究主题具有国家战略意义。在知识创新和科技创新的现代社会，拔尖人才的数量、质量、结构及其作用的发挥情况，直接关系到国家能否赢得未来发展的战略优势。在当前外部不确定因素增多、世界科技和人才竞争日趋激烈的格局下，我国拔尖创新型人才培养不足的困境日益突出。根据国家战略需求，加快培养一批优质的基础学科拔尖人才，破解"卡脖子"难题，对于我国在国际竞争中立于优势战略地位作用鲜明。第二，专著在顶层理论构建上有所突破。拔尖人才的选拔和培养是一个复杂的结构和命题。对于拔尖创新人才理论研究，中国教育界一直处于探讨与试验的阶段，缺少具有高度共识性的拔尖人才顶层设计和理论规划。有鉴于高等教育对于拔尖人才选拔、培养、评价模型供给不足，本专著构建了拔尖人才选拔模式及培养过程的评价系统框架，旨在揭示拔尖人才培养的规律和机制。第三，专著对高校培养实践具有指导意义。对于如何确定培养拔尖人才的路径和关键节点，我国教育学界仍在探讨摸索。本专著通过分析拔尖人才的选拔—培养—评价实践中的误区，深入探索具有实践价值的拔尖人才的选拔标准，培养机制和评估体系，为高校培养实践提供参考。这本专著在中外学界研究的基础上，采用国际拔尖人才教育的前沿研究范式，构建了拔尖人才选拔—培养—评价动态模型，深入系统地研究了拔尖创新人才的产生、选拔和培养过程。此项研究关于拔尖人才选拔、培养、评价机制的建议既可为政府决策提供咨询，也可以对高水平研究型大学拔尖人才培养的实践提供指导。

阎琨教授是拔尖人才培养领域的领军学者，也是一位兼具国际视野、家国情怀和扎实理论功底的青年才俊。她在美国亚利桑那州立大学获得政策分析和管理学博士学位，深耕拔尖人才理论创新领域的研究与实践。十余年来，她立足于国家拔尖人才重大战略开展科研攻关，积极参与各级人才战略的设计、实施和优化过程。她的研究成果多次获得国家和省部级领导人的批示，多次获得国家和省部级科研奖项。她先后承担了国家社科基金和国务院、科技部、教育部、北京市等国家重要课题，为拔尖人才选育国家标准的制定和政策的部署提供重要的理论支撑。她在国际和国内学术领域产出一批高水平科研成果，在理论创新和实践探索，决策咨询和国际影响力等方面都取得了显著的成就。2023 年和 2024 年，阎琨教授连续两年入选国际权威科研机构爱思维尔发布的 Elsevier"中国高被引学者"（Highly Cited Chinese Researchers）榜单，彰显了她在拔尖人才研究领域的全球影响力和重要贡献。基于前期深厚的深耕积累，阎琨教授适时推出这部专著《中国拔尖人才培养新模式：国际论争和模型启示》。建立拔尖人才培养的有效机制，促进拔尖人才脱颖而出，是实现中华民族伟大复兴的历史要求，也是当前对教育改革的迫切要求。专著的出版对于当下我国教育界具有重要的理论价值和现实意义。

习近平总书记指出，"当前，人才资源作为经济社会发展第一资源的特征和作用更加明显，人才竞争已经成为综合国力竞争的核心。谁能培养和吸引更多优秀人才，谁就能在竞争中占据优势"。拔尖创新人才的培养已经成为我国教育强国和人才强国战略实施过程中最为关键的议题。

"潮平两岸阔，风正一帆悬。"衷心祝贺阎琨教授的专著付梓出版。

周满生

教育部国家教育发展中心原副主任

前　言

拔尖人才是教育强国、科技强国和人才强国建设的汇聚点。科学史研究发现，拔尖人才作为知识生产和技术创新的重要主体，他们的规模及其创造的成果是科学研究范式转变及世界科学文化中心转移的根本动因。拔尖人才源源不断产生需要以高质量的拔尖人才自主培养体系和培养能力为支撑。习近平总书记在党的二十大报告中明确指出："教育、科技、人才是全面建设社会主义现代化国家的基础性、战略性支撑……坚持为党育人、为国育才，全面提高人才自主培养质量，着力造就拔尖创新人才。"这表明拔尖人才已成为社会主义现代化国家建设的战略重点。在此背景下，拔尖人才的自主培养既是我国教育现代化进程中必须解答的专业命题，也是关系到强国建设的时代命题。

近年来，拔尖人才的自主培养成为我国关注的焦点，党和国家出台了一系列相关政策，统筹拔尖人才培养的全方位布局和重点部署，明确了拔尖人才培养的发展方向和根本遵循。然而，我国对拔尖创新人才的理论研究存在不足，研究成果暂未与国际前沿完全接轨，同时，对培养实践的研究也未形成体系化，在一定程度上影响了具有中国特色的拔尖创新人才培养模式的构建。本书通过批判性梳理和总结国际拔尖创新人才领域的主要理论和模型，对拔尖人才选拔、培养和评价中关乎本体论、价值论的问题进行了深入探究。一方面，这有助于启发学者和实践者的理论意识，发展基于中国国情、符合中国教育情境的拔尖人才模型；另一方面，这有助于为我国的拔尖人才教育实践提供理论指导，以推动拔尖人才教育向科学化和规范化的方向发展。

本书内容共包括五个章节。第一章从历时性和整体性视角，对国际拔尖创新人才相关的理论论争和理论发展趋势进行深入论述，在全书中具有总括性作用。第二章从宏观视角论证发展趋势转向微观层面，从西蒙顿的突现—表观遗传模型、慕尼黑天赋模型、ENTER 模型和 WICS 模型为代表的模型切入，聚焦拔尖人才的产生和选拔的相关问题。第三章关注国际拔尖人才的培养模型，分别选取国际资优领域具有代表性的培养模型，包括资优行动模型、天赋—才能区分模型和慕尼黑天赋培养模型等，对拔尖人才的培养问题进行深入研究。第四章结合为国育人、为党育才的使命和任务，对拔尖人才的社会责任力进行探讨和梳理。第五章转向对中国当前拔尖人才选拔培养实践的关注，在借鉴国际先进理论和模型的基础上，结合中国大学目前拔尖人才培养实践，总结提炼经验，探究拔尖人才培养的误区和困境，寻找出一条适合中国创新型人才培养的新模式。

  本书的创新点包括三方面。第一，研究视野的创新，将学界对拔尖人才研究的关注点从具体的实践层面牵引至理论层面。当前我国拔尖人才相关的研究以案例分析和量化研究为主，主要聚焦国内外拔尖人才选拔、培养过程中具体性、情境性的实践，是一种盘亘于底层的研究视角，缺乏对拔尖人才内涵和外延所关涉的理论和模型等形而上层面议题的关注。本文突破我国以往拔尖人才研究的焦点，基于自上而下的研究视野，从国际资优领域中有关拔尖人才的理论论争和前沿模型出发，对其进行批判性总结和厘清，对于引导我国拔尖人才研究领域学者拓展研究视野和研究议题具有重要的导向作用。

  第二，研究内容的创新。首先，系统综述了当前国际资优研究领域前沿的理论论争，并探索趋势演进动因。研究从庞杂的国际拔尖人才领域既有研究中归纳出拔尖人才相关的核心问题及研究范式，并通过梳理其发展脉络，清晰勾勒出当前国际资优研究的主流观点和前沿议题；同时，从不同学科领域视角呈现趋势发展的推动力。不论是探究的国际理论争鸣、国际范式分类，还是对动因的探析，目前在我国学术研究领域都尚属空白；此外，相较于以往研究依据经验对拔尖人才培养实践提供改进建议，本书则基于翔实的国际通用拔尖人才培养理论和模型，结合对中国拔尖人才教育实践的经验观察，为我国尝试构建具有中国特色的一般性拔尖人才培养模型提供可靠的理论依据。其次，对拔尖人才选拔、培养、评价的全过程进行深入研究，构建了中国拔尖人才选拔—培养—评价系统模型。当前我国拔尖人才相关的研究主要集中在培养环节，如探究培养模式和培养误区等。对于拔尖人才如何产生的、如何有效选拔和评价拔尖创新人才等方面缺乏足够多的关注，也缺乏信效度得到普遍认可的选拔和评价工具；此外，在现有研究中，拔尖人才的产生、选拔、培养和评价是互相割裂的过程，缺乏将其作为整体进行研究。本书从国内拔尖人才研究中缺乏关注的国际论争和模型切入，分别对拔尖人才产生、选拔、培养和评价这一完整过程及其中的各个环节进行整体性和局部性的深入研究，能够弥补当前我国相关研究的部分空白。

第三，研究定位的创新。拓展了我国拔尖人才以往的研究议题。拔尖人才培养应围绕"什么是拔尖人才""怎样培养拔尖人才"等问题展开，现有研究对后者做了一些的理论阐述。但从系统的角度出发，一方面，现有研究对"拔尖人才"内涵和标准理解不够全面，进而对拔尖人才的培养层次定位不统一；另一方面，对于"如何培养拔尖人才"，大多研究是对实际培养方案的总结，而对于更加本体和前沿问题的探讨，例如，拔尖人才培养范式、培养理念、课程供给以及拔尖项目和拔尖人才的评价等问题，均缺乏关注。本研究通过梳理国际资优领域的主流论争，勾勒了当前相关研究中一系列未尽的前沿议题，为我国学者拓展研究视野，开展国际前沿研究提供方向和思路。同时，从理论上首次锚定中国拔尖人才培养的价值定位，从现实定位、哲学定位和政治定位上全面厘清拔尖人才的价值定位和实现路径。同时提出将国家贡献力和社会责任感贯穿于拔尖人才教育的全程。从不同层面论述了培养拔尖人才社会责任感的必要性以及社会责任感与其他特质之间的互动关系，这在当前国内的拔尖人才研究中尚属首次。

本书作者阎琨系清华大学教育研究院长聘副教授，博士生导师，拔尖人才培养领域的权威专家。毕业于美国亚利桑那州立大学（Arizona State University），获政策分析和管理学博士。曾就职于美国知名智库戈德华特研究所（Goldwater Institute）。主要研究方向为宏观和微观教育政策与管理研究、拔尖人才培养的理论和实证研究。2023年和2024年连续入选爱思唯尔（Elsevier）"中国高被引学者"（Highly Cited Chinese Researchers）榜单。2021年获得第六届全国教育科学研究优秀成果二等奖。2022年和2023年两次获得天元拔尖创新人才教育奖。2017年获得第十四届北京市哲学社会科学优秀成果奖二等奖。在《高等教育》（*Higher Education*）、《高等教育政策》（*Higher Education Policy*）、《教育研究》、《光明日报》等国内外顶尖期刊、权威党报发表学术成果50余篇。15篇论文被国家权威刊物《新华文摘》和《人大复印资料》全文转载。研究文章多次获得中央和省部级领导批示，为拔尖人才选育的国家标准的制定和研究提供重要参考。本书最初的学术构思和撰写工作始于2015年，阎琨的项目"中国拔尖人才培养的新模式：国际论争和模型启示"获得北京市社科基金基础理论重点项目的支持。在项目的推进下，阎琨充分对接国际拔尖人才培养理论，立足中国人才培养现状，历经数年，终于撰写完成国内首部系统讨论拔尖人才培养的理论专著。在专著成书的后期过程中，博士研究生吴菡同学在导师阎琨指导下参与部分工作。

拔尖创新人才是人类智慧的集大成者，也是新质生产的引领者。值得为其探索和构建更为完善、科学的培养模式。这也是本书写作的初衷。

阎琨于清华园
2024 年 1 月

目 录

第一章 拔尖人才培养的国际论争和国际趋势 / 1

第一节 拔尖人才培养的国际论争 / 1
第二节 拔尖人才培养的国际范式和理论模型 / 10
第三节 拔尖人才选拔和培养的国际趋势 / 19

第二章 拔尖人才的产生和选拔模型 / 37

第一节 拔尖人才的产生模型——以西蒙顿的突现 – 表观遗传模型为例 / 37
第二节 拔尖人才的选拔模型——以慕尼黑天赋模型、ENTER 模型和 WICS 模型为例 / 47

第三章 拔尖人才的培养模型 / 83

第一节 茨格勒的资优行动模型 / 84
第二节 加涅的天赋 – 才能区分模型 / 93
第三节 慕尼黑天赋培养模型 / 107

第四章 拔尖人才的社会责任感模型 / 117

第一节 培养拔尖人才社会责任感的必要性 / 118
第二节 拔尖人才培养理论和国际模型中的社会责任感 / 122

第五章 我国拔尖人才培养误区和模式重构 / 137

第一节 我国大学拔尖人才培养项目内部冲突实证研究 / 137
第二节 拔尖人才培养的新模式——我国现代大学书院制研究 / 151
第三节 清华大学强基计划人才选拔培养的实践研究 / 162
第四节 中国拔尖人才培养的误区与重构方向 / 171
第五节 中国拔尖人才培养的新模式：国际比较和模型启示 / 181

参考文献 / 197

图目录

图 1–1　拔尖人才选拔与培养的国际趋势和推动力示意 / 29

图 2–1　学校层面拔尖人才选拔和培养的顺序策略模型 / 56

图 2–2　拔尖人才鉴别的边界条件 / 61

图 2–3　ENTER 模型鉴定步骤 / 62

图 2–4　11-SCC 咨询流程图 / 67

图 3–1　茨格勒的资优行动模型 / 86

图 3–2　加涅的天赋 – 才能区分模型 / 97

图 3–3　加涅的天赋 – 才能区分模型 2.0 / 97

图 3–4　加涅的才能发展综合模型 / 104

图 3–5　慕尼黑天赋模型发展版本 / 110

图 3–6　慕尼黑过程能力模型 / 111

图 3–7　慕尼黑动态能力 – 成就模型 / 112

图 4–1　斯腾伯格的智慧平衡理论 / 126

图 4–2　仁祖利的千鸟格经纬论 / 128

图 5–1　清华大学强基计划环境要素构建 / 164

图 5–2　拔尖人才选拔 – 培养 – 评价模型 / 191

表目录

表 2-1　慕尼黑拔尖人才鉴别模型所使用的 MHBT 量表组　/　54
表 2-2　教师清单 智力能力天赋　/　57
表 2-3　探索阶段数据的来源及其具体内容　/　64
表 2-4　智能测量　/　78
表 3-1　加涅的基于公制的天赋/天赋群体等级体系　/　96
表 5-1　三种拔尖人才培养范式的区分　/　175

第一章 拔尖人才培养的国际论争和国际趋势

第一节 拔尖人才培养的国际论争

建立拔尖人才培养的有效机制，促进拔尖人才脱颖而出，是实现中华民族伟大复兴的历史要求，是当前对教育改革的迫切要求（蒋香仙等，2012）。我国政府已充分认识到拔尖人才培养的重要性。一方面，在政策导向上，中共中央、国务院于 2010 年颁布的《国家中长期人才发展规划纲要（2010—2020 年）》和《国家中长期教育改革和发展规划纲要（2010—2020 年）》，特别指出对拔尖创新人才培养不仅是我国教育发展战略选择的重要组成部分，而且是我国经济实现跨越式发展，缩小与世界发达国家差距的关键性因素；另一方面，在实践层面，从 1978 年中国科技大学少年班到教育部 2009 年启动实施的"珠峰计划"（有 20 余所高水平研究型大学入选，如清华大学的"清华学堂计划"、北京大学的"元培学院"等），在拔尖人才的培养方面都进行了有益探索和尝试。虽然在政府的大力扶持和院校的积极探索中，拔尖人才教育已经开展了近 30 年的时间，但目前我们在培养目标和具体环节等方面还存在着诸多困惑。本书试图对拔尖人才培养中的论争予以解析，以期为我国的拔尖人才培养拓清含糊概念。

如何定义拔尖人才？学界历来纷争不一。其中较为流行的是斯腾伯格（Sternberg）的五特性定义法。斯腾伯格认为个体需要达到五种标准，方可称其为"拔尖人才"：卓越（Excellence）标准；稀缺（Rarity）标准；产出（Productivity）标准；展示（Demonstrability）标准；社会价值（Value）标准（Sternberg et al., 1995）。斯腾伯格的界定貌似暂时平息了长久的纷争，但若细细推敲，其界定仍有诸多含糊之处。例如，斯腾伯格将"展示标准"界定为"在一系列的测试中，展示出卓尔不群的才能"。此处的"测试"是指心理学上的智力测试，还是正规教育的学术测试，抑或是由专家组成的专业面试？斯腾伯格没有回答。又如，对于"卓越标准"，少儿的天资卓越和成年人的成就斐然是否可以等同起来？二者之间有无必然联系？如果答案是肯定的，那么"仲永"这种幼时智商超凡，成年后反成平庸之辈的现象该如何解释？如果答案是否定的，那么是否还有必要对少年天才持续培养？再如，在对"稀缺标准"的界定中，斯腾伯格认为拔尖天才所具有的特质在人群中极为稀少，但是这种特质具体为何物？是描述性的还是解释性的？是专业技能还是创造能力？诸如此类的追问，斯腾伯格和其追随者都无法给出逻辑自洽的答案。缺少对于拔尖人才内涵和外延的准确界定，论争就成为必然。

一、拔尖人才的产生方式：先天生成还是后天培养

马尔科姆·格拉德威尔（Gladwell Malcolm）在其2008年出版的全球畅销书《异类》（*Outliers*）中，将拔尖人才的成功更多地归于家庭、机遇、种族、文化、地域、时代等后天因素。格拉德威尔将顶尖人才的成功之路多归结为马太效应，占尽先机并保持优势，直到最后成才。该书将拔尖人才培养路径问题再次抛出，引发全球关注。拔尖人才是先天生成还是后天培养，国际资优教育界一直争论不休。支持"卓越乃与生俱来"的学者认为天赋是一种相对固定静止于个体身上的特质；支持发展模式的学者认为天赋是一个相对的、运动的、发展的、变化的产物。两种观点的分歧在300年前已现端倪。皮亚杰（Piaget）于1972年出版的《精神与认识论》中指出个人的禀赋高低在胚胎阶段已经定型，外在的环境、社会、家庭、人际互动、学校教育不过是促进或者压制了天赋，后天的培养的作用仅仅是让既有天赋逐渐展开（Piaget, 1972）。皮亚杰模式又被称为展开模式，即个体天资是否聪颖是一个预先注定的机制，不能靠后天的培养所获得。美国学者李维斯·特曼（Lewis Terman）于1925年提出的"本质论"（Essentialism）也认为拔尖人才更多是天赋才能而非后天培养的（Terman, 1925）。人自出生起，在才能上就应该有"超能""一般"和"低下"之分。"天赋才能"是拔尖学生天生所具有的禀赋，正是这种禀赋使其区别于一般智力的学生。斯宾塞（Spencer）的社会达尔文主义为特曼的观点提供了理论佐证。

与皮亚杰模式相对的是发展模式（Emergentalism），此种模式强调拔尖创新人才的产生是一个培养锻造的过程。长久的努力、广阔的视野、频繁的练习可以将个人推向创新和卓越。这一流派的拥趸者认为，个人的后天培养和经历是一个人能否成为顶尖人才的关键。马尔科姆·格拉德威尔指出，任何工作只要实践了一万小时，任何人都可以成为专家中

的专家。传统教育学理论常常把拔尖人才的成就归咎于个体的智商和努力，即传统的"智商＋动机"（Intelligence ＋ Motivation）模式，而马尔科姆·格拉德威尔认为拔尖人才的产生得益于更多的后天因素，如文化背景、家庭培养、时代趋势乃至教育机会等。爱因斯坦之所以能成为爱因斯坦，不是因为他的智商超群，而是因为在他的同龄人都去读当时流行的法律或者会计时，他坚持选择了物理学——他的智商得到了充分的运用。而比尔·盖茨之所以能打造出庞大的微软帝国，除却他禀赋特异，更重要的是他的选择和机遇与其出生的时代很契合：20 世纪 50 年代没有多少人有机会接触计算机和学习编程，他却机缘巧合有几乎无限制使用计算机练习编程的时间。智商的影响有一个基本的阈值，只要达到这一阈值，更高的智商也不会带来更多的优势。智商和天赋对于个体成为拔尖创新人才只是必要条件，而不是充分条件。拔尖人才产生的关键在于个体是否拥有合理运用智商的土壤和环境。对于拔尖人才的培养，马尔科姆·格拉德威尔特别指出，相较于"天赋智商"，培养个体的"实践智能"（Practical Intelligence）更为重要，即通过从小训练和培养，能够以放松的心情与权威、环境有效沟通、追问、磋商，从而赢得机遇和权益，为自己创造更为顺畅的外部成长环境。这一观点在教育学上有深远的意义（格拉德威尔，2009）。

德国学者茨格勒（Ziegler）指出"拔尖"不是一种个体与生俱来的特性，而是个体在与环境中的一系列复杂互动中得以发展形成的（Ziegler, 2005）。天才、天赋、才能都不是一个固定的点，而是一个复杂的发展路径。一个个体能否成长为拔尖人才是一个复杂的主体行动选择过程。茨格勒于 2004 年提出著名的"资优行动模型"（The Actiotope Model of Giftedness）。借用"Actiotope"，茨格勒的解释系统将考察从个体特性扩展到个体所生存的立体的生活系统，解释的边界实现了全方位扩展。在这个系统中，茨格勒着重考察个体的行为与复杂生长环境的互动。他认为重大的行为或者偶然的决定都在个体的成长过程中起着举足轻重的作用，指出如果没有最初离开波兰到法国求学的决定，居里夫人也许就不会取得举世瞩目的物理学成就。茨格勒认为，由个体行为、主观行为库（能力和才智）、主观行动空间（动力）、行为目标、环境所构成的大系统以及系统内各要素间的互动决定了个体是否可以成为拔尖人才。茨格勒的"资优行动模型"不仅为我们提供了个体是否能够发展成拔尖创新人才的有力解释体系，也为拔尖人才培养的可能性提供了理论基础和培养路径。

在教育实践上，西方资优教育界一直以拔尖人才的"先天性"论断为主导，对于后天培养，特别是为他们提供符合身心的资优教育计划和课程的研发和实践不是很多。虽然也不乏"三环资优理论"（The Three-Ring Conception of Giftedness）和"全校范围丰富教学模型"（The Schoolwide Enrichment Model），但是整体上探讨得还远远不够（Renzulli, 1986）。这一认识倾向也影响到中国，我们在对拔尖人才的培养流程上，更看重人才的甄别与选拔，人才的培养流程缺乏科学化、规范化、个性化。对此，学者庞卫国指出，在我国培养拔尖人才过程中，尤其是对列入"特殊培养计划"的人才之培养，应该遵循茨格勒的模型，依据学生的个性、年龄、家庭背景、心智等方面的特性来配置合适的师资、课程、培养计划和整体培养战略。在为拔尖人才制订培养计划时，他认为应特别考虑的问题是此培养计划在整体战略和教育生态上为拔尖人才的成长提供了哪些有利的条件（Pang, 2012）。西方的前沿理论如以茨格勒理论为主的研究拔尖人才学习成长路径的系列理论（"Actiotope"和"ENTER"理论）可以作为实践的指导。

二、拔尖人才的选拔标准：智力测试还是实际成就

对于拔尖人才的选拔是以智力测试为准还是以实际成就为准，一直是中外各个资优教育理论派别在甄别拔尖人才问题上争论的中心。从高尔顿（Galton）开始，特别是引入智商测试后，智力测试一直是鉴别超能人才的主流（Galton, 1869）。加涅（Gagné）等"天赋派"认为天赋的能力和后来的业绩之间应该严格区分，只有用智力测试得出的才能高低才是甄别拔尖人才的唯一标准（Gagné, 1999）。而从1950年起，后天的实际成就作为鉴别拔尖人才的主要标准的呼声日高。以心理学家埃里克森（Erickson）为代表的"成就派"认为实际的专业表现或者成就才是衡量拔尖人才的最稳定标杆（Ericsson, 2006）。仁祖利（Renzulli）等学者采取中庸态度，主张将两种评价标准并行使用，其理由是智力测试根据教育统计测量学得到智商的高低，展现的是一个学生是否有成为拔尖创新人才的潜力；而杰出的实际成就是个体的潜在能力的充分展示。个体的天赋智能是发展专业智能的先决条件，是后天专业成就的一个组成部分，因此不应该割裂开来（Renzulli, 1978）。

智力测试所测算的天赋智能到底是否是后来取得成就的先决条件呢？一派学者如加涅的区分模型和慕尼黑的动态能力—成就模型认为先天能力是后天成就的先决条件（Gagné, 2004）。另一派学者如洛曼（Lohman）

等则对用智力测试所检测出的数据作为后天成就的预测值持保留态度（Lohman，2005）。其原因主要包括：第一，智力测试不是针对不同专业领域设计的，因此对于专业领域相关的后天成就的预测准确度很低；第二，不同领域对于先天的智商和能力的要求也不一样，如建筑学人才和物理学人才对于个体智力要求是不一致的；第三，智力测试和专业领域测试在很多方面是有重叠的，二者之间并不存在必然的因果关系；第四，用智力测试的结果作为唯一变量来预测后天的专业成就使得一些非智力因素被忽略了，如个体内在的动力是导致后天成就的重要因素，"智商先决条件说"却没有将其考虑在内。

而把后天的实际成就作为选拔拔尖人才的唯一标杆的做法也同样受到诟病，主要原因如下：第一，尽管后天的实际成就作为拔尖人才的预测标杆规避了智力测试只是预测"潜在能力"的弊病，但是后天的实际成就高的人除了自身的因素，还有很多外界的原因，如足够的技术和社会支持、适宜的科研环境、多方进修发展的机会等。如果单独偏重于后天的实际成就标准来甄别拔尖人才，有可能漏掉一些天赋异禀但缺乏适宜的发展环境和机会，无法真正使其智力潜能完全展示的学生；第二，展示成就需要一定的时间积累，许多天才学生由于年龄尚幼，无法展示出成熟的、全面的专业领域的业绩；第三，对于某一领域的精准熟练掌握和思维结构及推理能力的卓越，二者虽然相关但本质上仍有区别。对某一领域的熟练掌握、形成精湛的技艺是用后天的实际成就衡量的，而思维结构和推理能力则是智力测试测量的基本对象。卓越的思维结构及推理能力是拔尖人才区分于普通人的分水岭。这一点在教育史上屡见不鲜，所谓高分低能现象便是其集中表现。因此从拔尖人才甄别角度来看，完全依赖专业成就/成绩在具体操作上也是有问题的。尤其是从实际应用角度来说，当专业领域杰出表现不存在时，智力测试可帮助专家准确判断天才或超能潜力。依此而言，智力测试的价值不可忽视。

智力测试只是对学生是否有成为拔尖人才潜质的预测，不能将智力测试的结果等同于拔尖人才遴选；但将专业领域的优异成绩等同于拔尖人才又掩盖了二者在本质上的不同。例如，成绩优异而天分不高的甲，凭借对某一领域或某项考试题目的纯熟了解而获得突出成绩；而乙虽尚未对该领域有充分的了解，且尚未获得什么成就，但可能对该领域拥有天然的敏悟和精准的洞察。到底在实践上应该如何把握，各个国家和地区的回答不尽相同。对资优生的甄别，国际学界呈现多维框架和多种途径，其中较为权威的有诸如美国的斯坦福大学 EPGY 资优生选拔测试和美国的分流方案

（Project Stream）构建的才能鉴定矩阵（Talent Identification Matrix）。对于拔尖人才的甄别，我国高等教育学界目前未形成统一标准，各个高校甄选拔尖学生的标准也是各执一词。在遴选时，我们在许多问题和具体操作上存在困惑，尤其是先天智商和考试成绩在选拔学生中孰重孰轻的问题，尚未有系统的理论和实践标准。高校在选拔进入"特殊人才培养计划"的学生时，奥赛奖牌获得者、高考状元、自主招生考试优胜者和入校后二次考试各占相当比例。我国亟待研究出一套科学而规范的适应于评判拔尖人才的标准。

对于如何制定拔尖人才评判标准，目前国际学界认为"人才"核心的不同，选拔标准也应该有所侧重。以"人"为核心的拔尖人才概念，如超能儿童，天才等，趋向于强调个人天赋能力而非后天成就。以"专业"为核心的拔尖人才概念，趋向于重视专业领域的才能和成就。以"文化"为主体的拔尖人才概念，则将拔尖人才视作一个发展变化的概念，综合考虑内在因素和外在因素及个人和专业领域的相互作用，即自然天赋、主体动力和社会环境提供的支持便利等的相互作用（Csikszentmihalyi et al., 1986）。具有中国特色的拔尖人才选拔应属于具有中国文化特色的文化范畴，应该将个体天赋能力和后天专业成就进行综合考虑，不仅重视天赋异禀的学生个体，而且重视为此类学生提供充分发展的后天土壤。我们需要在实践中进一步思考和完善现有的选拔体制。

三、拔尖人才的培养目标：专业精英还是创新性人才

拔尖人才的培养目标一直都在卓越的专业技能与突出的创造革新能力两大类中徘徊。学者加德纳（Gardner）指出拥有卓越技能的专业人才是该领域的"大师"，将其所致力研究的领域提高到了一个前所未有的高度；而在创造力领域的拔尖人才多是该领域的"缔造者"，可以将一个智力或者实际领域作出显著转化，或将一个既定领域显著推进，亦或是缔造了一个新领域。拔尖人才的培养目标，是应该培养卓越的专业大师还是具有创造力和革新意识的新领域的缔造者？国际教育学界对此给出的回答莫衷一是。如斯腾伯格认为专业精英和创新人才在教育培养目标和路径指涉上应截然不同（Sternberg, 1999a）；而埃里克森认为尽管二者貌似不同，实际在具体培养过程中并无显著差异（Ericsson, 2006）。辛普森（Simpson）等学者也表示二者应合二为一，培养"创新型专业精英"（Creative Expertise）（Simonton, 1996）。而仁祖利等学者认为拔尖人才培养应该超越专业精英，向创新型人才方向发展（Renzulli, 2002）。仁祖利等

学者的论点背后的逻辑指涉也很鲜明，即专业精英是通往拔尖创新人才的一个阶段，拔尖人才是更高的教育目标。

另外一批学者如威斯伯格（Weisberg）等试图沿着仁祖利等学者的理论假设，厘清精湛的专业技能与创造力之间的关系。一种观点是"促进说"，即专业技能和创造力之间是促进关系，完整而深入的学科知识基础使发现问题、探索新路径解决问题成为可能。这一论断被现实生活中的许多艺术和科学的例证所支持。另外一种论点是"阻碍说"，即禁锢的知识体系致使一个人才在固有的知识理论中，不能跳出已有的"知识黑箱"去思考（Weisberg, 2006）。大量的实验研究表明个体是很难脱离既有的"思维定势"来思考的。辛普森等学者认为科学家多囿于自己所创立的思维模式或者体系中不能自拔。太多的专业知识有时反而成为阻碍科学家前行的桎梏。如德国著名物理学家普朗克无法接受爱因斯坦的理论路径，而爱因斯坦对量子力学始终保持怀疑态度。

尽管"促进说"和"阻碍说"各执一词，但是国际学界还是认为创新型人才与专业精英的培养路径应该区分开来。国际资优教育界有一个普遍认识，即被学校鉴定为学业天才的学生在日后创造性的产出和成果往往不是最强的。基于国际资优教育界的大量实践，培养精湛掌握一门专业技能的专业精英和培养具备开创、革新性能力的创新型人才在培养目标和路径上是截然不同的。对于开创一个领域和革新一项技术，大强度、有意识的练习是远远不够的。虽然有的学者认为对技艺的专精是发明创造的先决条件，但既有的经验和理论表明仅仅对技艺和本领域的专精不足以培养创新型思维。传记分析表明专业大师和创造者的个性和生活轨迹截然不同，专业大师多是集中于一个领域，而创造者则是在不同领域交替穿梭，尤其是交叉学科的钻研，以此来增强思维的灵活性。为厘清专业技能和创造力，哈特努（Hatano）和英格客（Inagaki）认为如果将专业技能和创造力在一个维度下进行区分，专业精英属于常规型专家（Routine Expert）而创新型人才是适应型专家（Adaptive Expert）（Hatano et al., 1986）。只关注于对事物的熟练掌握，而忽视革新的人多是常规型专家；只专注于革新而没有熟练掌握基本技能的人，多是困惑的初学者；而兼顾技能和革新，在效率（完全掌握和自动熟练）和革新（技术转移和总结）中寻找平衡的人才多为适应型专家（创新型人才）。很多时候拔尖人才必须放弃已经掌握好的熟练技能，转而去实践新的技能，去拓宽新的思路，不走寻常之路，并且只有与根深蒂固的想法保持理智的距离，才能寻求创新。

我国目前拔尖人才培养的实践，尤其是特殊培养计划上，非常突出对于拔尖人才的培养,但是在课程体系的设置和整个培养战略的制定上还有许多不清楚的地方。课程体系怎样衔接才能更有助于提升学生的创新和革新的能力?每门课程的讲授、作业如何启发学生的思维,使其和学科的最前沿碰撞后产生出革新的火花?各种考试和分数如何规避"掌握—熟练—精湛"的考核窠臼?目前中国高校在创新型人才培养计划(如"珠峰计划"等)支持下设置的许多实验班多侧重于数学、物理、计算科学、生物、化学等方向创新型思维的培养和基础理论人才的锻造。这些实验班课程培养计划中普遍缺少严格辟出的"创新性"思维训练过程,尚需更充分地认识到培养拔尖创新型人才的路径与普通的"精湛掌握"培养路径有着很大的不同。在培养中,应注重借鉴国际上先进的拔尖人才培养机制如茨格勒的"Actiotope"理论,寻找出一条适合中国的创新型人才培养的新模式。

四、拔尖人才的研究方式:个体特性还是群体特性

学者阿尔伯特(Allport)界定了两种路径来研究拔尖人才:侧重于群体特性(Nomothetic)的方式和侧重于个体特性(Idiographic)的方式(Allport, 1937)。群体特性研究方式对拔尖人才群体先作出基本假设,然后运用推理(Deductive)方式得出结论;而侧重于个体特性(Idiographic)研究方式多是基于与研究对象近距离观察和接触,采用归纳(Inductive)方式来界定出研究对象的特性。对于拔尖人才的研究,群体特征的研究主要关注整体特性,例如,如何界定拔尖人才,他们有何共性。而个体特性的研究则主要侧重于个体的天赋如何发展的微观过程。个体特性研究一般都很难被归划到某一种现存的理论或者模型中去。如每个拔尖学生的特点、每一种针对拔尖人才教学方法的特色、每一个国家和民族所特有的文化传统在拔尖人才教育上的外化呈现都可以成为个体特性研究的对象。严格意义上的个体特性研究不对群体共性进行关照,尤其对定量研究从样本抽样推广到人群整体从而得出人群共性的操作过程极为排斥。对于拔尖人群的创造力研究,两种研究方式的分歧也很分明。以辛普森为代表的学者试图建立一个模型,个体的创造力由一些参数来作出数学表达和预测;而加纳等学者则对具有发明创造力的人群的生活和历程做细微的观察后,对他们的心智体系成长作出"同情式理解"(Sympathetic Understanding)。

群体特性研究方式推崇普遍性、同一性和精确性,喜欢用数字来推理论证,反对用即时的现象学来解释。支持群体特性研究的学者主张拔尖创

新人才个体的智力应该被客观数字和模型来测量。群体特征研究方式将研究重心放在拔尖人才所共通的特征上。其创立源头,一直是心理学的主流。其创立早期被称为"心理物理学",后期的主要任务就是确定影响个体成为拔尖人才的关键变量,即确定一系列的心理和能力变量成为群体特征方式研究的重心。变量的界定虽然十分清晰,但是缺点也显而易见,尤其在解释个体行为的复杂和细微或者个体发展过程时,群体特征研究方式显得更为苍白无力,个体都不是根据一系列变量而采取行动。

而个体特性研究方式则对由个体特征引发的细微不同和个体的智力运转更感兴趣。学者比内认为,即使两个人在心理测量学的智商测试中取得的分数一样,也不意味着两个个体的心智完全一致,心路历程相差无几。个体特性研究与以"变量为中心"的群体研究的最大不同是注重对人研究的整体一致性。个体特性研究规避了群体特性研究的机械做法,不再把拔尖人才看作一个简单的高智商的"符号",而是将其看作一个有情感的、有思考的"人",尤其注重拔尖人才的主观心理空间的运行。个体特性的研究入手主要运用"现象学"的方法,对研究对象进行"近距离"观察,尤其是对拔尖人才的心智空间进行探寻。研究者主要通过如格鲁巴(Gruber)的"主观意图的总和"(Organizations of Intentions)(Gruber, 1986)、史维那(Shavinina)等的"主观心智空间"(Shavinina et al., 1996)和茨格勒的"主观行动空间"等研究概念,来具体分析拔尖创新人才是如何成长和发展的。

布得勒(Beutler)曾指出对于拔尖人才的研究至少要符合三个标准,即敏感性、特殊性和标准性(Beutler et al., 1995)。群体特性研究在标准性上,提供了精准的标准变量和结论,而对特殊性和敏感性的测量度和解释力还远远不够。大样本的数据无法敏锐地检测出每个个体的"特殊性",更是无法对每个独立个体成长的"独一无二性"的过程作出针对性研究,而且智力因素和创造力这些建构的意义框架都太大,无法捕捉个体的特殊性。个体之间的不同和特殊性在大样本的选取和变量的简化过程中被消弭了。个体特性研究虽然在敏感性和特殊性上能够把握得很好,但在标准性上其研究的力度又显得不够了。基于此,目前国际学界的趋势是"以变量为中心"的群体特性研究和"以人为主导"的个体特性研究从对立走向融合。学者们希望找到群体特性研究和个体特性研究的最佳结合点,如用"变量中心"研究来确定拔尖人才群体和其他群体的不同,而用"个人中心"研究方式来研究拔尖人才内在的每个个体的不同个性。

我国目前对于拔尖人才的研究方法尚属探索阶段，能够纯熟应用群体研究方法和个体研究方法的优秀研究成果为数不多。对于拔尖创新人才研究，中国教育界在方法论方面尚处于引介学习阶段，尚未与国际资优教育界的理论模型、方法论，乃至前沿学术结论完全接轨。我们应当鼓励学者们充分与国际研究方法和话语对接，积极采用国际先进的研究模型，综合运用群体研究方法和个体研究方法研究中国的拔尖人才群体，最终完善中国拔尖人才教育体系，更好解决对拔尖人才选拔和甄别、教学和培训、职业和未来规划、心理压力和疏导等枢纽性问题。

托马斯·昆（Kuhn）认为，在人类发展史中，总有一部分人离经叛道，另一些人则墨守成规，二者对于社会和人类的贡献也不一样（Kuhn, 1962）。拔尖人才是人类智慧和能力的集大成者的代表群体，值得为其建立一个更完善、更科学的教育体系。尤其在我国现阶段，拔尖人才的教育被提到规范的研究日程中为时尚短，其科学化和规范化还需要很长一段路程。我们应该继续梳理国际资优教育有关拔尖人才的论争，提出具有中国特色的拔尖人才的培养路径和方法。

第二节 拔尖人才培养的国际范式和理论模型

一、拔尖人才培养的国际范式

拔尖人才的培养作为一种教育实践活动，必然存在着一系列被广大实践者所接受的假设、目标及程序，以作为该实践活动的标准。拔尖创新人才培养范式便是对这种实践活动标准的总结，经过业内专家学者近百年的研究和实践，目前国际学界主要有三大范式流派，分别是天才儿童范式、天资发展范式以及区分范式。

戴耘（Dai）等学者认为对于拔尖人才教育范式的本质是要从理论及实践等四个方面完整阐释该实践活动。在理论层面，一是对"拔尖人才"的本质给出较为清晰的假设，以作为对这类特殊群体所拥有的品质、特征和行为的定义及对其本质状态的理解。二是对为何在普通教育之上提供"拔尖人才"这种特殊的教育供给和服务给出清晰的目的。在实践层面，首先，应明确需要拔尖人才教育的目标人群是谁，并深入了解他们的特征与需求。其次，要阐明拔尖人才教育服务的行动策略，并通过有效的教育供给、调整或干预等方式来实现既定目标（Dai et al.., 2013）。

（一）天才儿童范式（Gifted Child Paradigm）

皮亚杰在 1972 年的《精神与认识论》中指出，个人的禀赋高低在胚胎阶段已经定型（Piaget, 1972）。美国学者特曼也认为，拔尖人才更多是天赋才能而非后天培养的，人自出生起，在才能上就应该区分"超能""一般"和"低下"之分。"天赋才能"是拔尖人才天生所具有的禀赋，从而使其区别于一般智力的人。基于此，该流派强调对于拔尖人才的界定甄别、特征与评估。在制定人才选拔标准时，他们强调以"人"为核心的拔尖人才概念，如超能儿童、天才等，趋向于强调个人天赋能力而非后天成就。自高尔顿引入智力测试后，智力测试一直是此流派甄选人才的主要标杆。

以特曼为代表的天才儿童范式的学者们认为拔尖人才可通过传统的智力测试进行可靠的测量与识别（Terman, 1925）。加涅认为拔尖人才具备的品质等同于一种快速学习的能力，从而能够解决复杂问题，在高度抽象的情境下进行推理（Gagné, 2009a）。而推动天才儿童范式发展的根本假设在于这个群体与他人的差异性，霍林沃思（Hollingworth）等学者则强调拔尖人才在本质上与常人的不同，因为他们在思维、情感、需求等方面都表现出与大多数人明显的差异（Hollingworth, 1942）。

在天才儿童范式中，各学者对于拔尖人才培养的目的也存在着不同的看法。特曼认为，拔尖人才教育的目标是需要最有效地利用个体的高潜力，即培养拔尖人才成为人类各领域的未来领导者，以特殊教育形式作为实现人类伟大使命的媒介，从而促进社会福利的提升。而霍林沃思强调要针对这群天赋秉异的学生的认知、情感和相应的教育需求的独特性进行一定的干预，将其看作一种帮助学生自我理解和促进社会调整的过程。特伦斯（Torrance）则更加关注"创造力"，把对拔尖人才的教育作为维持和培养个人生命中的创造力的一种方式（Torrance, 1970）。

天才儿童范式主要使用各种智力测试的得分来作为识别拔尖人才的主要标准。随着技术手段的进步，后期又引入了如成就测试和各类的评级量表，从而根据划定的指标，进一步细分拔尖人才的程度和水平。加涅就将拔尖人才分为了中级、高级和特级（Gagné, 2005）。其他学者还通过不同的能力、性别等维度来进一步细分这个群体。

特曼假设被认定为拔尖人才的个体具有高度的潜力，这些个体有机会在一类高效的特殊教育项目中接受教育服务，以提高他们自身的创造力、领导力和高阶思维等。罗格斯（Rogers）提出拔尖人才的教育应当为其提供特定的挑战,让其能够在自身热爱的领域持续钻研和工作,同时还应该为其提供与同等智力的朋辈在具有激励性的环境中共同学习的机会。以学科或年级为基础的跳级等形式,也成为适应拔尖人才学生快速学习节奏的方法(Rogers, 2007)。

(二)天资发展范式(Talent Development Paradigm)

天资发展范式强调拔尖人才的产生是一个培养锻造的过程,长久的努力、广阔的视野、频繁的练习可以将个人推向创新和卓越。德国学者茨格勒指出"拔尖创新"不是一种个体与生俱来的特性,而是个体在与环境中的一系列复杂互动中得以发展形成的(Ziegler, 2005)。天才、天赋、才能都不是一个固定的点,而是一个复杂的发展路径。个体能否成长为拔尖人才是一个复杂的主体行动选择。与"天才儿童范式"不同的是,天资发展范式对以智力测试检测的数据作为后天成就的预测值持保留态度。另外将拔尖人才视作一个发展变化的概念,将内在因素和外在因素综合考虑,特别是个人、专业、领域的相互作用以及自然天赋、主体动力和社会环境提供的支持便利等相互作用。

天资发展范式对拔尖人才的假设,以斯腾伯格的观点为代表,他们主张拔尖人才群体所具有的是一种更具延展性的发展潜能,不仅在认知层面,还包括非认知层面的能力(Sternberg, 1999b)。人才发展范式没有否认智商测试所反映出的"一般智力"在特定天赋发展中所发挥作用的可能性,但其假设是建立在更广泛的拔尖人才潜能的社会心理学基础之上。

相较而言,人才发展范式提倡的目标更加具有开放性,鼓励培养更广泛、更多样化的优势和兴趣,并帮助学生在自身所擅长的领域取得卓越成就。一部分学者认为,教育工作者的主要任务就是科学地引导学生发展的时间和轨迹,例如决定何时进行培训、训练和引导。另一部分学者认为,教育工作者的主要任务是提供丰富的机会,以便拔尖的学生可以自己作出选择或创造自己所擅长的领域。如仁祖利认为,只有为学生提供机会、资源和鼓励,他们的才能才会尽可能充分地得到发展。他强调每个人都可以为丰富的社会结构作出独特贡献(Renzulli, 1998)。

在人才发展范式中,对于拔尖人才的评判和识别已经从基于标准测试转变为基于真实的表现,从传统的智力优势转变为多元才能,因此人才发展范式的目标对象是一些更具包容性、异质性的个体所组成的群体。学者洛曼提出,在一些特殊的针对拔尖群体的教育项目中,虽然学校会通过正式的定量和定性评估相结合的方式来选拔人才（Lohman，2009），但同时学生也通过寻求如社团活动、高阶课程、研究项目等自主选择特定的机会。因此，智力测试在选拔学生上起到的作用越来越弱。

面对多样化的拔尖人才个体，仁祖利和瑞思（Reis）认为对于他们的培养应当是一种基于兴趣的学习体验，同时需提供他们深入专业领域实践的经历。这些学习经历必须是真实且贴近现实的，并以具有真正社会影响力的产出为驱动（Renzulli et al.，1997）。斯波图尼克（Subotnik）则强调学徒制和一对一导师等形式的重要性，提出通过引入学校以外专家的参与来帮助学生未来参与到真实的社会活动中（Subotnik，2006）。基于此，天资发展范式在行动策略上需要得到如家长、产业、全社会等多方的资源和支持。

（三）区分范式（Differentiation Paradigm）

区分范式在假设上重点关注拔尖人才学生的教育需求，特别是在学校已有的各学科教育背景下，探究课堂情境是否满足了该教育需求。当课程内容和教学过程对学生来说太容易或太难时，便需要进行调整（Dai，2010）。该范式的出现是由于以往的课堂教育无法将不同程度的学生在相同的教学内容中区分开来，进而进行因材施教。随着学生多样性的不断增加，如何通过在普通课堂上提供适当的个性化教育以满足高能力学生的学习需求是区分范式下思考的主要问题。

相较于前两种范式追求的长期远大目标来说，区分范式更加务实地关注学生不同的优势、兴趣和风格特质，来考虑什么是最恰当的教育服务（Tomlinson，2008）。因此，伯兰德（Borland）认为区分范式的目标应重点关注当前学校环境中所呈现出的问题和需求，从而基于不同需求的学生来提供差异化的实践，把教育服务与普通课堂中高能力学生的需求相结合，而不是过分强调模糊的"能力"或"潜力"这些概念。这种实践也避免了将拔尖人才单独进行划分而引发的对公平的争议，并将学生的优势、兴趣和风格与教学相匹配。

在区分范式下，对目标群体识别的含义和性质已经发生变化，不是要识别并建立"拔尖"的状态或划定拔尖人才的群体，而是要诊断和发现当前情况下特殊学生所呈现的未被满足的教育需求，以及这些需求是否可以与适当的课程和指导相匹配。这种诊断和发现可以通过反应干预教学等方法动态地判断学生的学业需求（Coleman，2012）。

在区分范式下的拔尖人才教育策略是要为学生提供一种"动态响应

的教育匹配"。因此对于教育者来说,每个学生的个体需求都是"即时性"的。当课程内容超出了学生的发展区域(Zone of Proximal Development, ZPD),区分范式就成为一种必需。区分模式区分的是所教内容的难易、所学进程的快慢、所产出成果的繁简、所享有教学环境的高下。"区分范式"尤其强调对课程与教学是否与拔尖学生的能力相匹配度的评估和改进。

马修(Matthews)等学者主张通过诊断学习者目前的特定学科掌握水平,并根据学校内的资源将他们的需求与适当的课程和指导相匹配(Matthews et al., 2006)。这种"以学习者为中心"的观点通过强调现有教学内容上"质"的不同,来适应个体学习者所呈现出的独特优势、兴趣和风格,从而获得比学校所规定课程之外更深远的意义。

二、拔尖人才培养的理论和模型

(一)拔尖人才的智能理论和模型

虽然在如今的当代拔尖人才模型中,学界早已不再认同单一基于智商或标准测试来进行拔尖人才的选拔或培养,但智能(Intelligence)仍然是众多拔尖人才模型中非常重要的部分,甚至很多时候被认为是拔尖人才发展和培养的基础。其中,三层次理论、多元智能理论和成功智能三层次理论为此类模型的代表。

卡罗(Carroll)在三层次理论中认为,模型的顶层是一般智力(General Intelligence)或心智能力(Mental Ability),通常用(g)来表示,它有较高的可遗传性并且是其他智能活动的基础。中间层包括八种具体能力:流体智力、固定智力、一般记忆和学习、视觉感知、听觉感知、检索能力、认知速率、处理速率。这八种能力的排列顺序代表了它们受到一般智力的影响程度(Carroll, 1993)。模型的最底层由多种特定的能力组成,如拼写能力、数学能力、词汇知识等,它们分别都与中间层八种能力中的一个或多个相联系。

加德纳的多元智能理论把智能定义为"一种生物心理学上能够创造具有文化特征的产出和问题解决方案的潜能",并且对于每一种智能来说,都拥有独特的发展模式、可识别的核心运作模式、所对应的大脑结构以及可能的进化历史。他认为智能不是单一的理论体系,其中包含八个相互关联的组成部分,并且智能随着人类的进化而不断发展。通过遗传基因、训练、环境中的机会的获得及文化价值的社会化过程中,个体会发展出一种或多种智能。多元智能包括的八种智能涵盖了当今教育体系中各类学科和才能所要求的素养，分别是语言智能、数学逻辑、空间智能、身体—运动智能、音乐智能、人际智能、内省智能以及博物智能（Gardner, 1983）。加德纳的观点受到了学术界较为广泛的认可，也为拔尖人才的定义提供了多元的依据。

斯腾伯格的成功智能三层次理论认为不应该将智能看作一个整体的能力，其对智能的定义比多元智能更加复杂，且更加关注智能基础下的心理过程。他认为，成功的智能应当能够在特定的社会文化背景下，实现某人的目标，利用优势来纠正劣势或弥补劣势，适应、塑造并选择环境，综合分析、创造并实践。其中三个相互作用的部分对成功智能起到有效作用：第一部分由分析能力组成，它帮助个体评价、判断、批判及分析信息；第二部分包括将自认技能与外界环境相匹配的实践能力，这些能力用来把想法转换为现实并应用于现实世界之中；第三部分是创造智能，包含最大化自身经验以创造新产品、解决新问题的能力（Clarke et al., 1986）。

（二）拔尖人才的产生理论

在拔尖人才的研究领域中，一大争论聚焦在拔尖人才天赋的来源。一些模型认为这种天赋至少在一定程度上是天生或基因赋予的能力；另外一些则认为它是实践的延伸和技能的习得。其中天赋与才能区分模型、后天发生模型较好地阐述了学界的主要观点。

加涅的天赋与才能区分模型解释了能力和成就之间的关系。具体来说，他提出了一系列的基于遗传学的能力领域，其中包括学识、创造力、社会情感、感觉运动。所有的儿童在一定程度上天生具有以上的每种能力，但只有当其中的一种达到较高水平时才会被认定为拔尖，并通过发展、学习和实践进行系统性的成长。个体外部存在着内省、环境和机会三种类型的催化剂，它们可以促进天赋或阻碍天赋（Gifts）向才能（Talents）的转化。根据天赋与才能区分模型，一种自然能力或天赋可以预测个体将来在某个领域的成就，但不能保证这种成就一定会发生。自然和人为培养的多个方面必须协同作用来逐步将自然能力（Natural Ability）转化为天才成就（Talent）（Gagné, 2005）。

西蒙顿（Simonton）的后天发生模型解释了拔尖人才的基因潜能复杂性以及为何不同类型的拔尖人才呈现出不同的比率，强调了拔尖创新人才的出现对于基因上不同的个体来说也会有多种不同的产生方式。在发生的层面（Emergenic Aspect），不同形式的拔尖人才是多基因的（Polygenic），并且是极为复杂的。他们要求同时获得认知、气质、心理性格层面的多种基因遗传因素来最终呈现出在某领域中的杰出成就。在表观遗传的层面（Epigenetic Aspect），遗传特性是沿着其逐步的遗传轨迹发展形成的，并非在出生时就立刻出现。也就是说，拔尖人才的发展是一个动态的且不稳定的过程，在这个过程中天赋可随着由童年到青少年的转变而变化。遗传进程（Genetic Process）是拔尖人才发生倍增（Multiplication）或加增（Additive）的基础。倍增形式的拔尖人才，其在遗传特性没有得到传递或高于一定的阈值时，某种特定的才能都不会表现出来。而对于加增的特征，即使某种特定的性状不存在，杰出的成就仍有可能达成。西蒙顿的模型为我们阐释了更加复杂的倍增型的拔尖创新人才特性相比同类的加增型遗传特性更加难以预测。例如，相比需要多种特征组合而成的倍增型拔尖人才，较为简单的加增型拔尖人才更有可能从父母的基因中继承（Simonton, 2005）。

（三）拔尖人才的社会责任模型

拔尖人才不仅仅应在教育领域被关注，其更是一种更广泛的社会性的概念。拔尖人才模型中行为和潜能也反映符合社会价值所希望培养出的人才要求，即拥有较为强烈的社会责任感，并能够将自己的才能和成就作出转化，从而为人类社会作出积极贡献。其中具代表性的模型有拔尖创新人才三环模型、千鸟格经纬论和 WICS 模型。

在仁祖利的拔尖人才三环模型中，拔尖人才由高阶的创造力、对特定领域的兴趣带来的强烈承诺、高于平均水平的认知能力三个部分组成。在该理论中，仁祖利刻画其为三个重叠的圆环，三者需要同时作用，才能使拔尖人才表现发生。同时，这三个圆环置于千鸟格的花纹背景之上，意味着个体与环境因素的交互和人格及性格因素对拔尖创新人才行为的影响（Renzulli, 2005）。仁祖利在后期又提出了千鸟格经纬论（Operation Houndstooth），六种共同认知因素或个人性格特质被认定为对提升社会资本的拔尖人才行为产生积极影响。乐观主义、勇气、有约束下的浪漫主义、对人类关切的体察、心理精神能量以及对命运的愿景，这些共同因素互相作用加强了三环能力的结构化发展（Renzulli, 2005）。

斯腾伯格建立了 WICS 模型用于解释和识别拔尖人才的未来领导者。具体而言，他对于为何有些个体能够运用他们的认知和创造性技能提升相关各方的共同利益的现象感兴趣。该模型中拔尖人才是由三个相互作用并存在等级关系的因素组成，智慧、智能、创造力以及它们的综合作用。斯腾伯格的智能三向度观点是创造力和智慧的基础。而智能和创造力同时要求智慧的存在。创造力需要在智能中分析、实践和创意的不同方面之间寻找到一种平衡。这种平衡能帮助个体去创造有着未被开发价值的原创想法和产品，同时这些想法和产品能够通过说服别人去认同其价值的方式"高价卖出"。同时，有创造力的人拥有一定的个人特质，包括勇气、热情、合理的风险承担、对模糊的容忍、自我效能等。尽管智能和创造力在拔尖人才中起了较为重要的作用，WICS 模型却认为智慧是在社会寻找人才时最有价值的特质。智慧要求个体能平衡长期或短期的个体内部、个体间、个体外部的各方利益。通过设定实现共同利益的目标来调解智能和创造力之间的平衡。为了达到智慧，个体需要运用其实践智能（Practical Intelligence）来获得对自身、他人和周围环境的隐性知识（Tacit or Implicit Knowledge）。这类知识被用于实现共同利益，并用于适应、塑造及选择自身或他人所处的环境。而作为拔尖人才为了能真正为社会作出贡献，智慧、智能和创造力必须高效地综合作用在一起（Sternberg，2005a）。

（四）拔尖人才的创造力模型

随着我国对青年创新创业发展的鼓励和推进，拔尖人才的选拔和培养更强调为"拔尖人才"，而"创新"一词更是在这个过程中着重强调的关键。在 WICS 模型和三环模型中都强调了"创造力"，这一因素在拔尖人才模型中扮演的重要角色，甚至是拔尖人才所必备的素养。其他强调创造力的模型还有个人创造力模型和慕尼黑拔尖人才模型及动态能力—成就模型。

荣可（Runco）的"个人创造力"观点认为，拥有个人创造力的个体根据不同的经历有自身独有的解读世界的方式，并且了解何时该原创力会发生，以及是否会有用。该模型不仅强调了个体需要在本质上被激励来进行创造并正确运用这些创新性的解读，而且还强调了跨越生命周期的创造性潜力，即促使人的创造性目标会随着年龄改变而变化。他认为，个人创造力对各年龄时期的拔尖人才个体来说都是必要且充分的（Runco，2005）。

海勒（Heller）等人认为慕尼黑拔尖人才模型（MMG）和慕尼黑动态能力—成就模型（MDAAM）把创造力当作众多相对独立变量中的一种。这些变量反映着个体的才能，并预测了个体在不同领域中的未来表现。这些才能因素缓和了非认知性的性格特质和外部环境的影响，同时性格和环境反过来也会影响创造力及其他因素。这一系列的调节共同决定了创造力是否能够转变成个体的杰出表现（Heller et al.，2005）。

（五）拔尖人才与外部环境的互动理论

外部环境在拔尖人才培养中起着关键乃至决定性的作用，这种作用与基因和一般智能同时作用，促进了拔尖人才才能发展为成就而被识别。在大多学者看来两者产生的是一种动态的交互，并随着时间的推移最终导致一批拔尖人才的涌现。强调环境在拔尖人才培养中所起作用的模型以多因素模型、天赋与才能区分模型以及天赋行动模型为代表。

学者芒克斯（Monks）的多因素模型提出了三个重要的社会环境会影响个体的能力，即学校、家庭和同伴。若个体与上述三种环境在交互过程中受到奖赏，则个体的动机、创造力、杰出能力更可能会得到发展与整合（Monks, 1992）。

在加涅的天赋与才能区分模型中，与个体内部及外部环境有关的催化剂有助于决定先天的能力是否能转化为某个领域中的杰出成就。内省催化剂（或内部环境）包括个体的生理和心理特征，如健康、脾气、自我管理等。外部环境催化剂包含四种因素：社会环境、人员（如老师、家长、同伴）、供给（如活动和项目）、重大事件。机会同时存在于内部和外部环境当中，如基因和社会经济状况，因此可以同时影响自然能力以及上述的两种内外部环境催化剂。换言之，不同形式的环境可以决定个体天赋和才能的延伸状况（Gagné, 2005）。

德国学者茨格勒的天赋行动模型理论认为，成为拔尖人才不是一种个人的属性，个体并不拥有天赋或才能。相反，拔尖人才存在于广泛的行动能力发展之中，以及在某领域中行动逐渐卓越的表现。行动能力包含个体能够作出的所有可能的行动。而个体在某领域中的行动被人们主观的认定为才能、天赋或出众。在任何随机的时刻，个体可能会产生去做某事的目标或意愿，那些被认作是天赋、才能和杰出的行为，在个体有能力去达成目标时所显现，并意识到有效的行动可被实施，持续的环境变化认为产生的结果行为是一种天赋、才能和杰出。杰出行动的发展需要花费很长的时间，在这个过程中，个体逐渐地适应演化中的环境，其认识过程是展现的行动成功时、认为未来的行动会成功时，以及创造出多样性的行动方案。反过来，环境会对个体的行动给予反馈，通过变化来作为行动的回应。值得注意的是，环境可能存在两种影响力：一种是在行动发生所在的才能领域，另一种是社会网络（如资源和家庭），可以帮助或阻碍行动的发展或目标的达成（Ziegler, 2005）。

三、结语

从天才儿童范式到天资发展范式、区分范式,学界对拔尖人才的观点变得越来越开放、多元,而围绕拔尖人才提出的各类理论模型也出现了"百家争鸣"的局面。尤为重要的是,拔尖人才的定义标准已不再是单一的维度,学术能力、创新创造能力、领导力、艺术或体育才能等都逐渐被纳入考量拔尖人才的范畴。同时对拔尖人才关注的重点也不再局限于个体本身的能力和成就,还包括在各领域中体现的创新精神,谋求共同利益的同理心甚至为人类福祉而奋斗的情怀。

对于教育界而言,应当尽全力为学生提供优质的教育资源和丰富的机会,在以人为本、因材施教的理念下,引导学生并使其有机会探索与选择自身希望发展的领域,以提供最恰当的教育服务,从而更好地帮助拔尖创新人才在该领域取得成就,为社会作出相应的贡献,创造出独特的价值。

当然,拔尖人才的培养不仅仅是拔尖人才个体和教育界所应关注之事。个体的内省、外部环境的潜在影响,甚至是随机出现的各类机会都有可能成为影响拔尖人才发展的关键因素。因此,我国拔尖创新人才的培养更需要社会各界的参与和支持,在全社会共同努力下寻找适合我国国情和未来长期发展目标的拔尖人才培养策略。

第三节 拔尖人才选拔和培养的国际趋势

在知识创新和科技创新的现代社会,拔尖人才的数量、质量、结构及其作用的发挥情况,直接关系到国家能否赢得未来发展的战略优势(刘彭芝,2010)。一个世纪以来,拔尖人才教育受到了世界各国的普遍重视,我国也把培养拔尖人才提升到国家重大战略部署的高度。在政策导向上,由国务院印发的《统筹推进世界一流大学和一流学科建设总体方案的通知》提出,培养拔尖人才是建设高等教育强国的战略任务之一,也是提升我国综合国力的重要力量(国务院,2015)。2018年,由教育部等六部门联合出台的《关于实施基础学科拔尖学生培养计划2.0的意见》指出,要通过选拔培养基础学科拔尖人才,把我国建成世界科学和思想高地(教育部等六部门,2018)。2020年1月,教育部发布《关于在部分高校开展基础学科招生改革试点工作的意见》(也称"强基计划"),致力于选拔培养有志于服务国家重大战略需求且综合素质优秀或基础学科拔尖学生(教育部,2020)。与此同时,在实践层面上,从

1978年的中科大少年班到2009年"基础学科拔尖人才培养计划"（以下简称"拔尖计划"）的正式启动，再到"拔尖计划"2.0的实施，我国的拔尖创新人才培养工作已经开展了40余年。许多高校都进行了不同形式的有益探索，如清华大学成立了"清华学堂"；中国科学技术大学设立"华罗庚数学班"；部分高校依托普通班级，对拔尖学生提供专门培养。此外，还有一些新型培养形式，如书院制。这些实践尝试为我国拔尖人才培养提供了重要的经验借鉴。但值得注意的是，我国在拔尖人才选拔和培养的理论研究上还未与国际前沿培养理念和范式完全接轨，在实践过程中还存在许多误区需要厘清和规避。

拔尖人才的选拔、培养、评价、研究是一个复杂的结构和命题。尽管人们普遍认为卓越能力的存在，但对于拔尖人才所涉的内涵和外延问题仍未达成共识。何为拔尖人才？美国心理学会主席斯腾伯格的"五角内隐理论"（Pentagonal Implicit Theory）为定义拔尖人才提供了形式或结构（Sternberg, 1995）。该理论认为应该从卓越标准、稀缺标准、产出标准、展示标准和社会价值标准等五个方面考察拔尖人才。然而，这一组内隐的评判标准看似能够兼容拔尖人才的具体内容，实际上又模糊或衍生了一些亟须拔尖人才研究者辨析和解决的本体论和价值取向等问题，主要包括以下方面：第一，在识别和选拔拔尖创新人才过程中，以智商测试或固定的智力阈值是否能够定义所有的拔尖创新人才，还是应对个体在不同情境下实际处理问题的能力或者实践智能进行考量（Sternberg, 2003）？第二，在拔尖人才的培养上，拔尖人才是先天形成的还是后天培育的？个体非认知因素、外部环境以及偶然性因素是否会对拔尖人才通往卓越的道路上产生促进作用或抑制作用？对这些问题理解和回答使国际拔尖人才培养范式作出了哪些新的回应和转变（Ziegler, 2005）？第三，如果拔尖人才的发展是不同因素交互影响下的结果，教育界的培养定位是什么？教育者到底应该提供同质性还是异质性课程更能刺激拔尖人才的成长（Ericsson, 2006）？第四，在价值取向问题上，拔尖人才的培养目标是内生性，外生性，抑或是二者的协同和平衡（Grant et al., 1999; Schultz, 2002）？这也是拔尖人才培养中要追问的终极问题。第五，在拔尖人才评价体系上，智能是一维概念还是多维指涉？如果智能是多维而开放的，那么对拔尖人才的评价应该聚焦在专属领域还是通用领域（Feldman, 2003）？第六，基于拔尖创新人才的选拔和培养理念的转变，拔尖人才领域的研究体系会作出如何转变？

上述六个涉及拔尖人才识别/选拔、培养、评价和研究体系全过程的根本性问题，是国际拔尖人才教育研究始终关注的焦点，并在国际论争中出现一些可辨别的演进趋势。本章通过梳理和总结国际拔尖创新人才领域（以欧美等西方发达国家为代表）的理论主要发展趋向，以对这些问题给予回应，为建立符合我国国情的新型拔尖人才理论和实践提供参考。

一、拔尖人才培养的国际趋势

（一）识别和选拔标准：从天赋智商到"成功智能"

如何选拔拔尖人才？对于拔尖人才在普通人群中的存在比例，学界尚未有统一标准。高尔顿在《遗传的天才》（Hereditary Genius）一书中即尝试根据声誉引入百分比估计值对个体进行分类（Galton, 1869），特曼将这一比例定为1%或智商阈值为135（Terman, 1925），而传统上学界认为拔尖人才计划是为前3%～5%的学生所设计，仁祖利则在"旋转门"鉴别模型（Revolving Door Identification Model, RDIM）中提出创建包括普通人群前15%～20%的人才库。加涅在前人探讨的基础上提出一个基于度量的五级分类体系，并将天才的比例定义为人群中的10%（Gagné, 2004）。这些标准或宽泛或严格地将一部分个体明确地划归为拔尖创新人才。然而，这种基于单一分类标准的合理性为一些学者所质疑。如博因（Boring）认为，智商测试和学术测试无法测量出个体完整的智能水平，而仅能反映智能水平众多指标中的一小部分（Boring, 1961）。洛曼指出，测试具有不可交换性，很少有个体能够在不同的智力测试中同时获得高分，故在某一测试中表现突出的部分学生不应被鉴别为拔尖人才（Lohman, 2009）。维提（Witty）也直言，基于智商来判定拔尖人才会遗漏大量具备特定领域才华的个体。他试图挑战智商研究的教条主义，提出以实际成就作为甄别拔尖人才标准的观点。他指出："有些学生在艺术、写作或社会领导方面的超卓潜力很大程度上可以通过他们的实际成就而得到认可。"（Witty, 1958）因此，维提建议扩大拔尖人才的定义，即"任何有天赋的学生都是有潜质成为拔尖人才的，只要他们在有价值的人类活动中表现突出"（Witty, 1958）。与上述两种标准存在差异，茨格勒在2004年提出的"资优行动模型"（Actiotope Model of Giftedness）中指出，天赋不是个人属性，将天赋定位于个体内在的解释，例如智商概念，是一种严重的过度简化（Ziegler & Phillipson, 2012）。对拔尖人才的识别是一个与其所在环境动态交互的复杂过程，与个体所处的场域、时代都有关系，因此不能进行简单的比例划分（Ziegler, 2005）。

到底应该如何选择拔尖人才呢？国际资优学界逐渐将选拔标准从IQ和能力测试转变到成功智能。斯腾伯格给出"成功智能"的定义，即一个人拥有适应环境和从经验中学习的能力（Sternberg, 2005b）。这一定义超出了对学术水平的一般测试。这些测试往往只考察了学生记忆和分析的能力，对于记忆能力，它们测试学生对信息回忆和认知的能力；对于分析能力，则考查学生的对比、评估、评论和判断的综合分析能力。斯腾伯格认为，这些都是在学校里和毕业后的几年内非常重要但并非唯一重要的技能。这是因为拔尖人才往往具有各种各样的能力特质，并且"智能"对每个个体的意义是不同的，所以对拔尖人才的定义不应过多关注他们选择实现哪种目标，而应关注他们是否具有规划达到目标的清晰路径并将其实现的能力。基于此，斯腾伯格认为，拔尖人才的选拔不应该紧盯智商和能力，而应该着重从以下三方面进行考察：第一，定义清晰的目标。第二，以一种清晰的方式协调这些目标，以为其人生目标的实现形成一段连贯的过程。第三，实现既定目标的能力。在实践中，有时选拔委员会发现自己需要在两种完全不同类型的候选人中作出抉择，他们很难用同一个维度来考量所有的申请人。此时，如果他们以成功智能理论的观点来进行筛选工作，一切都会变得简单起来。问题不是候选人在同一个标准上谁更出色，而是在和他们自身志向有关的不同标准上谁更出色。换句话说，谁更知道如何扬长避短，具有为此给自己规划清晰的路径并实现它的能力。

基于对个体综合素质的考量，斯腾伯格提出用超越传统智商测试窠臼的 WICS 模型进行人才选拔（Sternberg, 2005c）。WICS 模型是由三个相互作用并存在等级关系的因素组成：智慧（Wisdom）、智能（Intelligence）、创造力（Creativity）以及它们的综合作用（Synthesized），即智能三向度。其中，智能是创造力和智慧的基础，而智能和创造力都同时要求智慧的存在。创造力需要在智能中分析、实践和创意的不同方面之间寻找到一种平衡。这种平衡能帮助个体去创造未被开发的原创想法和产品，并且这些想法和产品能够以说服别人去认同其价值的方式"高价卖出"。同时，有创造力的人拥有一定的个人特质，包括勇气、热情、合理的风险承担、对模糊的容忍、自我效能。尽管智能和创造力在拔尖人才中起到了重要作用，但该模型还是认为社会在寻找人才时最应珍视其智慧特质。智慧要求个体能平衡长期或短期的个体内部、个体间、个体外部的各方利益。通过设定实现共同利益的目标来调解智能和创造力之间的平衡。为了达到智慧，个体需要运用实用智能来获得对自身、他人和周围环境的隐性知识。这类知识被用于实现共同利益，并用于适应、塑造及选择自身或他人所处的环境。而作为拔尖人才，为了能真正为社会作出贡献，智慧、智能和创造力必须综合高效地作用在一起。

综上，当前国际拔尖人才学界认为一个人的先天智商固然重要，但具备成功智能和实用智商在某种程度上更为重要，尤其是对于培养领军人才，更是从简单地借助智商测试转变到聚焦以 WICS 为主要组成部分的核心素养上。智商对拔尖人才的影响存在一定的阈值，达到之后便不再对个体产生更大作用。相较于"天赋智商"，培养个体的"实践智商"更有价值，即通过从小的训练和培养，为自己创造更为顺畅的外部成长环境。这些禀赋可以使拔尖学生自己搭建一条成功路径，充分调动周围促进自我成长的因素，将自身的天赋异禀和潜质充分发挥出来，最终成长为拔尖创新人才。

（二）培养范式：从天才儿童范式到天资发展范式和区分教学范式

拔尖人才教育作为兼具理论性和实践性的研究领域，不同时代、不同学术和文化背景的学者对于拔尖人才相关的基本假设、识别和培养的标准、方法和途径等的不同认识取向，都属于资优教育的本体论范畴。在国际资优教育界，拔尖人才的培养范式可大体分为三类。

第一类是"天才儿童范式"（Gifted Child Paradigm）。该范式以特曼和霍林沃思为代表。从特曼将智力测试引入资优研究领域开始，这一范式即在理论和实践上假设拔尖人才是在人群中普遍存在的一类人，他们可通过传统的智力测试进行可靠的测量与识别。个体天资是否具有卓尔不群的禀赋是一个先天注定的机制，无法经过后天的培养来造就。天赋是个体身上相对静止的特质，这一固定的状态使得拔尖人才的鉴别成为一种分类实践（Dai et al., 2013）。个体的禀赋才能在出生之日起即分高下，后天锻造的作用只是使既得的天赋逐渐展开。"天赋才能"是拔尖人才与生俱来的禀赋，正是这种禀赋使其与普通智力的群体相区别（Terman, 1925）。加涅更是进一步将拔尖人才的天赋区分为轻度、中度、高度、超常和特级等五个不同的等级（Gagné, 2005）。其他学者还根据智能、性别等维度来进一步细分这个群体。

第二类是"天资发展范式"（Talent Development Paradigm）。该范式的代表人物是茨格勒，主张拔尖人才是一个培养锻造的过程。茨格勒明确指出"拔尖创新"不是个体与生俱来的特性，而是在其与环境中的一系列复杂互动中发展形成的。天才、天赋和才能都不是固定的点，而是一个复杂的发展路径。个体能否成长为拔尖人才是一个复杂的主体行动选择过程。在个体的行为、行为库、主观行动空间、行为目标以及环境所构成的大系统中，各环节之间的协调平衡发展是拔尖人才走向成功的关键。个体是否具备打破系统中各环节的平衡状态从而迈向卓越状态的能力，决定着其是否可以成为拔尖人才。

"天资发展范式"指涉下的资优范围超越了传统上以智商水平定义拔尖创新人才的观念，扩大到包括一系列真实的活动。更重要的是，作为将儿童进行分类的通用"资优"概念被资优行为和表现以多样的形式所取代。仁祖利引用了相关研究来支持"创造性成就不一定是衡量智力的函数模型"这一论点，并提出了历史上第一个发展性的资优观点——三环资优模型（Renzulli, 1978）。该理论假定资优的一些基本组成部分（如任务承诺和创造力）本质上是发展的且需要联系相关情境的。其独特之处在于，通过教育培养这些拔尖品行与识别这些拔尖人才同样重要，有时甚至更重要，但目前大多数学校没有注重培养这些品质（Renzulli, 1999）。在"天资发展范式"的人才观下，学校对人才发展的作用源于这样一种信念：每个人都在改善社会的层面上发挥着重要作用，只有通过教育工作者为所有学生提供机会、资源和鼓励，他们的才能才会尽可能充分地得到发展。

第三类是"区分范式"（Differentiation Paradigm）。该范式强调每个学生的个体需求都是"即时性"的，因此培养过程中的各个环节都应该基于拔尖学生的个体需求，为其设计一套与其成长相匹配的、完整的课程体系。对此，伯罗蒂（Brody）指出，常规的课堂教学通常是为适应大多数学生而设计的，即使是针对拔尖人才的特殊项目也可能是针对最广泛的资优生，而无法满足极有天赋以及具有特殊智力的学生的特定需求（Brody, 1987）。"区分范式"尤其强调对课程与教学是否与拔尖学生的能力相匹配的评估和改进。当课程内容和学习过程落出了学生的最近发展区，即内容过难或过易以及进程过快或过慢时，区分范式就成为一种必需（Dai, 2010）。在课堂情境中，区分模式区分的是所教的内容难易、所学的进程快慢、所产出的成果繁简、所享有的教学环境的高下。在该范式下，资优研究者关注的重点不再是拔尖人才本身的特质，而是其未满足的个性化需求。

目前国际拔尖人才培养范式逐渐从"天才儿童范式"转向"天资发展范式"和"区分范式"，即逐渐从强调有天赋的个体才有资格获得培养，转变到认为每个人都在某一方面有天赋的潜质，后天的培养和环境在于揭开在个体体内的这些潜质和天赋，使其得到全面发展。如资优行动模型指出，拔尖人才的主观行为库呈现出不断提高的发展过程，对个体主观行为库所包括的能力和才智的培养是不可或缺的（Ziegler et al., 2004）。如何培养个体的应变能力，使其主观行为库处于持续更新状态应是教育的重心。而"区分范式"认为有效学习环境是学生成才的关键因素，它不仅能够为学生持续提供有效的学习资源、学习方法、学习支持、学习时间，而且更重要的是能够针对个体的弱点提供指导性反馈以使个体获得利于长足发展的学习环境。总的来说，在当前的培养范式下，如何为人才创造一个优化的学习路径应该成为教育者和教育机构研究的重点。

（三）拔尖人才课程重心的转变：从同质性到异质性

拔尖人才的培养始终徘徊在突出的专业技能与卓越的创造能力两大目标之间。拥有突出技能的专业人才，可将其深耕的领域提升到一个前所未有的高度（Ericsson, 2006）。拥有卓越创造力的拔尖人才，可以显著推进一个既定领域，抑或是缔造一个新的领域（Sternberg, 2006）。培养对特定领域精熟的技术专家还是具有创新意识和能力的新领域缔造者？二者的分歧来自相异的拔尖人才教育理念。一种理念是，拔尖创新教育在于发展高水平的专业知识；另一种理念为培养和缔造创新型生产力（Dai, 2010）。与拔尖人才培养目标相对，仁祖利认为天赋也分为两种：校舍型天赋和创造型天赋。校舍型天赋又被称作应试学习天赋，因为拥有该天赋的学生多是考试成绩最优异的；相反地，创造型天赋是指对原创性材料和生产创造的发展产生影响的行为能力（Renzulli, 1998）。国际上的拔尖人才项目过去大多将校舍型天赋的学生和创造型天赋的学生混为一体，给予同质化课程，未能区分教学内容和方式，也未根据学生的个体需求相应地调整课程体系。这些项目忽视了学生内部存在的异质性，未能适应个体在学术能力和兴趣等方面的差异。每个拔尖人才的心智发展都是独特的，在培养过程中如何通过配置"区分化—异质化"课程或者"个性化课程"来因材施教，对于个体能否实现卓越至关重要（Pang, 2012）。斯坦利（Stanley）就非常强调应为拔尖人才提供具有个性化和灵活性的课程。他指出，没有一个针对拔尖人才的学校项目能够充分满足不同个体能力发展的需求（Stanley, 2000）。在此理念指导下，约翰·霍普金斯大学天才少年中心（Center For Talented Youth, CTY）开发了个性化的 DT-PI 模型，即通过诊断测试（Diagnostic Testing, DT）为学生确定特定的课程指导（Prescribed Instruction, PI）。特别是，随着近些年区分范式获得越来越多研究者和实践者的拥趸，国际资优界转向提倡课程和教学都应基于拔尖学生的个体需求，为不同的拔尖学生设定个性化、异质化课程。

（四）拔尖人才培养理念的转变：从外在设定目标到内外目标协同发展

拔尖人才的培养理念涉及人才培养的价值取向问题。就国际拔尖创新人才培养实践而言，其培养理念主要涵盖四个维度：解决社会人类重大问题的癌症治疗理论、增加社会资本理论、自我成就理论以及独特需求理论

(Dai, 2010)。这四种理论主要存在社会本位和个人本位的分歧,癌症治疗理论和增加社会资本理论关注培养的社会和外在属性,而后两种理论则强调培养个人和内在属性。

对于拔尖人才的培养目标,国际上经历了从侧重于外在目标的设定规划逐渐过渡到目前强调拔尖人才的内在成长和外部贡献并重,诸多资优教育研究者对这一演变过程起到助推作用。斯腾伯格曾直言,国际上的拔尖教育大多没有追问和阐明什么是拔尖学生的终极人生目标,而是设置一系列程式化的目标,并不断寻找能够达到这些目标的个体。格兰特(Grant)和皮沃茨基(Piechowski)也提出了类似的疑问,拔尖创新教育更应该关注的是学生的天赋发展还是他们的情感需求(Grant et al., 1999)。舒尔茨(Schultz)也对拔尖项目过于强调学术成就的偏向表示质疑,他坚信培养拔尖学生体悟生命的意义和提升自我认同是为更重要的目标(Schultz, 2002)。摩恩(Moon)等人认为,拔尖人才的独特需求和个性化的成长模式应成为教育规划和干预的驱动力(Moon et al., 2002)。与此同时,拔尖人才是一种社会建构,资优理论往往反映社会所重视和希望培养的理想行为和潜力(Sternberg, 2005b)。仁祖利的资优三环理论和斯腾伯格的 WICS 模型都将社会责任力纳入资优模型,体现了具有超越性价值、强烈的社会责任感以及关注人类共同利益始终是拔尖人才教育的价值追求,这也是越来越多国家从顶层设计角度部署拔尖人才培养战略的原因之一。

总体而言,目前国际资优界从单一注重外在同一性目标的划定到注重拔尖人才对社会和全人类的贡献的同时,转向注重培养拔尖个体的人生意义和价值,即趋向于内外目标协同式发展。正如学者伯兰德所指出的,拔尖人才教育的课程体系应该是既对拔尖人才的个体潜力和需求负责,也要对外部国家和社会提出的拔尖标准负责(Borland, 1997)。

(五)拔尖人才的评价体系:从一元智能到多元智能,从领域专属逐渐走向领域通用与领域专属并重

拔尖人才的评价体系从以一维智能到日趋多元化评价。智能不再是一个单一的概念,而是有多元化指涉,因此单一的定义不能用来解释这个复杂的概念。斯腾伯格、卡特尔(Cattell)、加德纳是智能由一元走向多元的推动者。经过对智能的三个方面的多年研究,斯腾伯格认为智能不仅仅是一个人的分析、创造和实践能力。个体可能在上述任何一种能力中拥有天赋,或者在平衡能力以获得成功的方式上有天赋。"一个人是'有天赋的'",这种概念是一种过时的、基于测试的思维方式的遗迹(Sternberg, 1996)。

在斯腾伯格和格里戈伦克（Grigorenko）看来，智能不是一个固定的实体，而是灵活的、动态的（即它是一种发展专业知识的形式）(Sternberg et al., 2002a)。发展专业技能是在生活表现的一个或多个领域获取和巩固高水平掌握所需的一系列技能的持续过程。因此，一个人可以在一个领域拥有天赋，但在另一个领域却没有。此外，根据斯腾伯格的观点，智能只是产生创造性思维和行为的六种力量之一。从创造型生产的角度看，智能、知识、思维方式、个性、动机和环境的融合形成了拔尖创新人才的资优行为。卡特尔等学者则认为能力包括两个主要方面：一是流动能力，它反映了思考的灵活和新颖程度；二是固定能力，它反映了一个人成长过程中对各类所获得信息的积累（Horn et al., 1966）。

还有许多学者主张智能层次模型。他们普遍认为通用能力处于模型的顶端，一些更具体的能力依次向下构成不同的层级。加德纳基于多元智能层次模型提出了多元智能理论，他认为人类智能可以分为八或九个范畴，即语言（Linguistic）、数理逻辑（Logical-Mathematica）、空间（Spatial）、身体—运动（Bodily-Kinesthetic）、音乐（Musical）、人际（Interpersonal）、内省（Intrapersonal）以及存在智能（Existential）。前两种智能在学校里尤其受到重视。音乐智能（Musical）、身体—运动智能和空间智能通常与艺术联系在一起，人际关系智能和内省智能是加德纳所说的"个人智能"（Gardner, 1987）。在考虑了包括精神智能、道德智能和存在智能在内的一些附加智能之后，加德纳认为，数学家和物理学家所必备的包括对问题的逻辑分析能力在内的科学和数学思维需要逻辑—数学智能。作家、律师和演说家所必需的是语言智能，包括对语言的敏感性、语言学习能力以及使用语言实现某些目标的能力；音乐智能包括创作、演奏和鉴赏音乐技能；舞蹈演员和运动员必须具备协调身体运动来解决问题所需的心智能力的身体—动觉智能；建筑师、工程师和国际象棋选手所需要的是表现和操控三维结构的空间智能；心理咨询师、教师和政治领袖都需要具备理解他人意图、动机、欲望和行动，并据此理智而有效行事的人际关系智能；生物学家则需要高水平的自然主义智能，包括对生物世界及其分类学的广泛了解，以及对动植物识别和分类能力；个体对自身认知的优势和劣势、思维方式及情感和情绪的良好理解建立在自我认知智能的基础之上。

与国际资优学界逐渐接纳智能的多元多维性而非只存在一元智能的理念相契合，拔尖人才也不再是框范于领域专属，而是走向领域专属和领域通用并存的状态。斯腾伯格等人在研究中特别关注了创新能力的发展模式是特定领域的产物还是跨领域的结果，发现尽管拔尖创新的结果多隶属于某一专业领域，但过程多是跨专业的，是在多个领域交叉融合碰撞基础上产生的智慧。他在智力三元论（Triarchic Theory）中也指出，尽管体验式学习主要涉及与领域相关的体验，但与体验过程密切相关的认知过程和元思维分析都与特定领域无关。虽然领域专属的感知和直觉可能在学习领悟新的学习任务中发挥作用，与专业不直接相关的通用知识也可大大缓解学习的难度（Robinson, 2005）。福德（Fodor）也指出，"中枢流程"在评价拔尖人才的能力高低时至关重要。这些与特定知识领域无关，却在处理问题、获取旧知识和创造新知识上举足轻重的知识包括那些有控制的、有意识的认知流程，例如策略使用、元认知控制，尤其是信念和动力的形成（Fodor, 1983）。近年来，国际资优界对领域专属和领域通用的能力给予同样的重视，认为获取领域专属能力的优势在于模块化训练、封闭性的知识以及对特异领域的系列反应和判断，而获取领域通用能力的优势在于包括认知灵活性、元认知控制，以及归纳、演绎等思维过程的运用。正如福德曼（Feldman）指出的，真正的卓越既包括领域相关能力的卓越，也包括领域通用能力的卓越，二者应该并重（Feldman, 2003）。在拔尖创新人才的评价体系中除却对领域专属能力的考察，领域通用能力也应尽快纳入评价体系。

（六）拔尖人才研究体系：从单因素走向多维立体因素

国际学界对于拔尖人才的研究逐渐从单因素智能模型走向多维立体系统模型。资优教育研究者，如特曼最初对于拔尖人才的研究着重于以智力因素为基础的数理逻辑推理能力。随着研究的不断推进，学界逐渐转向构建多维立体系统模型。例如，仁祖利除了关注个体高于平均水平的能力外，还指出那些因独特的成就和创造性贡献而获得认可的人拥有另外两个与能力相关联的特质，分别为创造力和工作热忱。他同时指出，没有单一的特质能够"造就资优"，这三个特质之间的相互作用才是创造生产型成就的必要组成部分，以此纠正了在识别过程中过分强调卓越的能力而牺牲了另外两类特质的倾向（Renzulli, 2005）。德国学者海勒等人在2005年研发的慕尼黑模型（Munich Model of Giftedness, MMG）把拔尖人才成才的原因提炼出四个部分，分别是才智要素、非认知性的性格特质、环境因素和最终表现领域（Heller et al., 2005）。其中，才智要素是核心预测指标，它包括智力（语言、算数、技术能力等）、创造力、社交能力、音乐和艺术能力、实践智能，而非认知性的性格特质和环境因素均属于调节因素，前者包括成就激励、对成功的渴望、可控的期望、对知识的渴望、对压力的处理等，后者包括家庭环境、教学的质量、教室环境、教学风格、人生重大事件等。才智要素分别与非认知的性格特质及环境因素互相影响，最终在这三者的共同作用下，拔尖创新人才会在特定的领域（如数学与计算机科学、自然科学、社会活动与领导力、语言、音乐、体育等）产生突出的表现。类似的多维立体模型还包括由慕尼黑模型拓展而来的慕尼黑动态能力—成就模型（Munich Dynamic Ability Achievement Model, MDAAM）、加涅的天赋—才能区分模型（Differentiated Model of Giftedness and Talent, DMGT）模型以及茨格勒的资优行动模型等。

国际学界拔尖人才研究理论经历了从以智能为主导、将天赋等同于智商的传统时代（Renzulli, 1978）到信仰"人是环境产物"的环境主义，再到将环境因素、个体因素（包括认知因素和非认知因素）的多维立体动态整合模型这一变迁过程。最后一阶段的模型在一定程度上把资优研究拓展到立体空间，使理论研究者和教育实践者能够系统考量具体情境中每个因素对拔尖人才发挥的作用，大大增加了解释和指导个体卓越行为实现的维度，也使拔尖人才和相关专业人员可为和能为。正如茨格勒和斯特格尔（Stöger）所指出的，基于系统性的资优教育比以个人为中心的传统资优教育的目标要广泛得多（Ziegler et al., 2017）。

二、影响拔尖人才培养趋势演进的推动力

以上对涉及拔尖人才的本体论、认识论，以及选拔和培养的价值论和方法论问题的国际变化趋势进行梳理，以下我们尝试分析造成国际拔尖创新人才教育趋势的推动力（见图1-1）。

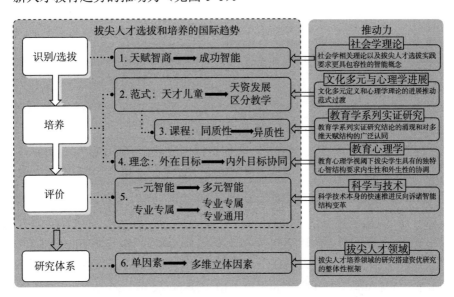

图1-1 拔尖人才选拔与培养的国际趋势和推动力示意

第一，社会学理论以及拔尖人才选拔实践要求更具包容性的智能概念，推动了拔尖人才选拔标准的改变。在社会文化背景方面，社会结构的变化（生活条件、机会结构、教育资源等）和社会资本的高低都能够压抑或滋养个体天赋的形成和发展（Bronfenbrenner et al., 1994）。个体成为拔尖人才的关键在于个体是否能够有智慧去和生长环境商榷，创造一条顺畅的成长路径，而自然禀赋仅仅是必要条件而非充分条件。马尔科姆·格拉德威尔特别指出，相较于"先天智商"，培养个体的"实用智商"更为重要（Gladwell, 2008）。以上这些社会学系列研究的结论极大地推动了拔尖人才选拔标准和培养重心的改变。而拔尖人才的选拔实践使洛曼等学者对用智力测试数据预测后天成就持保留态度，主要的原因在以下三个方面：首先，不同领域对天赋智力的阈值和能力结构的要求不同，但智力测试不具有领域针对性，因此对专业领域的后天成就进行预测的准确性不高；其次，在智力测试的结果与个体后天在专业领域所获的成就之间进行因果推断的做法本身存在问题，因为智商测试和专业测试在很多方面互相重叠；最后，类似于"智商先决条件说"，把智力测试的结果作为预测后天成就的唯一变量，非智力要素因此被忽略。基于此，学界普遍呼吁更具包容性的智能选拔概念，并提出强调在真实情境中运用策略解决问题的成功智能。

第二，文化多元定义和心理学理论的进展推进了拔尖人才培养范式从个体的天赋智能过渡到关注后天培养环境和培养路径。何为真正的卓越，何为高潜，何为资优的定义已经日趋多元。目前国际学界越来越多学者认为，对应不同的"人才"定义，人才选拔标准的侧重点也应该不同。以"人"为核心的资优概念，如超能儿童、天才等，倾向于重视个体的先天能力禀赋而非后天成就；以"专业"为核心的资优概念，趋向于强调专业领域的才能和成就；以"文化"为主体的资优概念，则将拔尖人才视作一个发展变化的概念，综合考量内在因素和外在因素以及个人和专业领域的相互作用（Csikszentmihalyi et al., 1986）。后者直接促成了"天赋儿童"范式向"天资范式"的转变。此外，多维天赋概念成为主流，维果茨基的"最近发展区"心理学理论对教育领域产生深刻影响（Morelock, 1996），后天培育对先天智能的补足和改善（Papierno et al., 2005），以及平等主义倡导者批判坚持先天遗传的观点反民主和精英主义等（Grinder, 1990），也都促进了"天资范式"的兴起。而在此基础上，全纳教育的推进，以及在包容性背景下对特殊教育实践中分化教学和响应干预（Response to Intervention, RTI）的借鉴，成为区分性培养范式出现的主要催化剂（Dai et al., 2013）。

第三，教育学系列实证研究的结论以及对多维天赋结构的理解推进了拔尖人才课程重心的改变。传统的同质性课程往往假设拔尖创新人才具有单一且相似的能力水平和心智品质，但近年来的教育学实证研究表明，拔尖人才项目内部的学生在能力、兴趣和心智结构存在着明显分层（Dai et al., 2015）。同时，当前的资优研究扩展到了包含多种表现形式的特征、技能和能力的天赋结构，使学界对拔尖人才多元需求得到更广泛认同（Reis et al., 2010）。由此，"一刀切"的标准不再适用于拔尖创新人才课程设置，用灵活分组、等级分组等区分策略结合适应个体需求的差异化教学内容和方法成为拔尖人才教育的课程设置重心（Tomlinson, 1997）。

第四，教育心理学指出，拔尖人才的心智结构发展历程具有独特性，他们具有强烈的成功导向和完美主义，而这二者时常成为其成长道路上的"双刃剑"，因此资优教育的重点除了关注拔尖人才的外部成就，也要重视他们独特的心理需要，拔尖人才培养目标应该寻求内生性和外生性的均衡。实际上，"拔尖人才"作为社会建构的概念，本身是为了服务于实际目的的（Borland, 2003），不同的价值观念和优先次序影响资优教育目标的确定（Dai et al., 2013）。早期以满足国家和社会对拔尖创新人才提升社会资本、解决人类重大问题的期待为导向。然而，后来教育心理学发现，拔尖人才的主体性价值包括自身的心理发展及教育需求是影响他们是否成才的关键（阎琨，2018a）。为避免天赋发展和个人成长的割裂而挫伤拔尖人才的同一性发展（Dai et al., 2015），国际资优界建议，拔尖项目设计者对拔尖人才的社会和情感发展予以高度关照，将他们的独特需求和个性化的成长路径作为教育规划和干预的驱动力（Moon et al., 2002）。

第五，科学技术本身的快速发展对拔尖人才的要求和评价也从一元智能和领域专属性向多元智能和跨领域知识转化。在19世纪，科学家没有高超的数学能力也可以在基因和进化领域作出开创性贡献，但今天要想作出和前人比肩的成就，缺乏顶尖的数学能力则不可能完成（Siegler et al., 1986）。同样地，今天物理学家所要掌握的计算机仿真技术，19世纪的物理学家闻所未闻（Ziegler, 2005）。而又如托尼·比彻（Becher）等人将理工科多划分为都市型研究模式。当前大型科研项目的团队分工协作在要求拔尖人才具备特定领域的智能外，还需要人际智能和内省智能等多种智能的协同（Gardner, 1987）。总之，技术发展日新月异，知识总量的指数级增长以及学科边界日益模糊等诸多特点，都反向诉诸能力类型和运作方式的变革，倒逼拔尖人才超越特定的专业领域。

第六，拔尖人才培养领域研究的进展推动拔尖人才研究。进入21世纪以来，拔尖人才教育领域本身的思维方式发生转变。茨格勒在谈到拔尖人才选拔标准时论断，天赋和卓越不应固定在某点，而是一条复杂的发展路径（Ziegler et al., 2012）。拔尖人才的发展，除了受个体自然禀赋的影响，还是一个文化赋予的过程，包括一系列世界观、价值体系、思维方式、方法论和技术支持（Ericsson, 2006）。个体能否成长为拔尖人才既是一个复杂的行动选择过程，也是多元体系内部的互动过程。以美国学者加德纳、斯腾伯格，德国学者茨格勒和海勒等拔尖人才领域的知名学者为主，倡导从单一智力因素到与拔尖人才发展的多维互动因素的全方位研究。在这一搭建起的立体框架内，资优研究者致力于不同文化背景下能力拔尖人才选拔和培养的理论和实践研究。

三、启示和建议

拔尖人才是人类智慧和能力的彰显者，有必要为其建立一个科学和规范选拔和培养体系。但我国目前的资优教育尚处于探索阶段，在拔尖创新人才的选拔和培养实践上也缺乏系统科学的理论模型和方法论的指导。梳理国际资优教育领域主流理论和实践的发展趋势，可以为我国拔尖创新人才选拔、培养和评价的路径和方法提供政策启示。

（一）在拔尖人才选拔和培养中关注实践智能

当前我国拔尖人才的选拔标准主要偏重于学生的学业测试和竞赛成绩的智商考量，在选拔中缺乏对拔尖学生的心智结构、志趣等个体因素的整体考量。但如前所述，单纯智商测试的信效度受到质疑，且智商对拔尖创新人才的影响存在一定的阈值。相较于传统的"天赋智商"，关注个体的"实践智能"对拔尖人才的选拔更有实践意义。因此，一方面，我国高校拔尖项目的选拔核心应该考察在学习者的特长、偏好、志趣和学科知识之间，心智结构与学科的深层文化结构之间，有无选择的默契感和亲和感（刘云杉，2017）；另一方面，对实践智能的考量也非常重要。拔尖创新人才选拔时，也应侧重于考察学生在实际情境中运用知识和技能来解决实际问题的能力，以及在他们感兴趣或表现出特长的智能领域，从而合理规划达成目标的路径并将其成功实现的能力倾向。而对于如何培养实践智能，斯腾伯格指出，在学校课程中融入自我管理、任务管理和与他人合作三方面内容至关重要。其中，自我管理包括引导拔尖学生认识多元智能，积极探索自我，展示和应用知识；任务管理包括认识问题、制定解决问题的策略、寻求解决问题的帮助以及时间管理；与他人合作包括如何展现自我，如何与他人进行有效的交流，以及如何从长远的角度对待他人（Sternberg, 1990c）。建立科学规范拔尖人才选拔体系是我国拔尖创新人才战略顶层设计的第一步，这个体系中既有定量的专业、学术和智商考察，也有定性的对拔尖学生实践智能的考量。

（二）为拔尖学生提供异质化课程

拔尖人才内部存在巨大的异质性。每个拔尖学生在智力能力、心智结构和发展需求等方面都存在显著差异。目前，我国基础学科拔尖创新人才培养方式主要采用的是以专业为导向，按照既定的目标，使用统一的课程内容、教学材料和考核方式来培养。这种同质性课程，把各式各样的拔尖学生框限于其中，既无法满足不同学生的研究志趣，也阻断或者限制了学生拓展其他研究领域的发展可能性。为拔尖人才提供异质性课程是国际教育改革的大势所趋，已在国际拔尖人才教育界达成共识。我国高校也应该顺势而为，转变拔尖人才培养理念，从现有以专业为中心的组织模式走向专业需求和拔尖学生个体需求相结合的育人模式。从学生个体需求出发，充分评估每个拔尖学生的认知能力水平和发展取向、非认知个体特征及其所处的环境特点，为他们提供适合自身特点的多样化课程。在配套制度建设上，构建本研一体化的课程体系，搭建跨学科平台，为拔尖人才自主选择拓宽和加深现有知识体系提供途径。在实践路径上，高校可以借鉴约翰·霍普金斯大学开发的个性化的DT—PI模型，也可以借鉴荣誉学院模式，从顶层设计上打破现有建制，采用院际联合培养模式，即专业课程在拔尖学生本身所在的学院完成，荣誉学院提供培养拔尖学生高阶思维能力的课程，拔尖学生可以根据能力、兴趣和发展需求进行自主选择和学习。如何构建中国特色的拔尖人才课程培养体系应当是当前我国高校拔尖人才培养的重要探索方向。

（三）为拔尖学生建立动态的发展路径

我国目前的拔尖项目在教育供给层面，如项目规划、课程教学、教材选择、师资培养等方面，缺乏系统设计和理论规划。根据天资发展范式，拔尖人才是个体与环境互动发展的结果，应该为拔尖人才提供一套与其发展相匹配的培养路径。茨格勒也指出，在特定领域的卓越表现不在于个体，而是由个体及其环境构成相辅相成的生态系统，系统中每个组成元素是有机融合的整体（Ziegler et al., 2012）。拔尖人才的培养需要一个持续互动为特征的支持系统，因此高校的培养项目应该根据拔尖学生的学习能力和学习风格,并结合拔尖人才培养理论,对包括学习的目标和计划、课程设置、教学设备甚至教学场所在内的学习环境进行重新规划和设计,构建一条适合拔尖人才成长的发展路径,具体构建方法可参考德国的"ENTER"模型。同时,应该注意的是,路径本身是动态发展的,拔尖学生通过与学习环境的互动来提升他们的行为技能库。随着学习者专业水平的持续提升,行为库的不断扩大,外界环境也应该越来越专业,更适合学生的学习需求。此外,拔尖人才项目应该追踪每个拔尖学生的学习进展,从而使教育者能够进行及时有效的指导和反馈。

(四)拔尖人才的培养目标应促进外部社会价值导向与内在个体发展诉求的整合

目前我国高校开展的拔尖人才培养项目致力于将先天禀赋的拔尖学生培养成为能够在基础学科和尖端领域解决国家和社会问题的顶尖人才。这些项目大多以拔尖学生外在的成绩和成就而非内在的成长来评判其价值,他们的社会心理以及职业发展需求没有得到充分考虑。此外,一些拔尖项目在选拔人才时忽略对项目目标的清晰阐述,往往造成项目目标与学生个体目标之间的错配,挫伤了拔尖人才参与项目积极性,导致天赋发展和个人成长的割裂。如何在培养目标的定位上平衡好社会价值导向和个体发展需求,应是我国拔尖项目关注的重点。高校一方面在拔尖创新人才选拔环节可以向候选人阐明项目目标,并将学生的非认知个性特征和志趣等因素纳入考察;另一方面,在培养过程中,拔尖培养项目应该评估每个学生的发展取向,并将其纳入个人的培养方案制定之中。此外,在拔尖项目中,高校要为学生提供职业教练,定期对拔尖学生进行发展路径和职业规划诊断,及时了解拔尖学生的心理动态和发展需求,帮助他们优化心理生态,并与其共同探索感兴趣的领域,从而实现整合外部设定目标和个体发展目标的结果。

(五)拔尖人才的评价应超越具体的学科领域

我国的拔尖人才项目以学科为区分标准,具有鲜明的学科界限,目标是培养特定学科领域的卓越人才,即领域专才。我国高校的拔尖创新人才培养实践还没有完全达到"通专结合"的培养目标。而国际拔尖创新人才培养趋势已经从领域专属逐渐走向领域通用与领域专属并重,主要表现在:一方面在学科内部对从业人员的技能要求更加多元;另一方面在专业能力之外,对领域共同价值和规范的体认、团队合作能力、管理协调能力等通用能力,以及批判力、思考力等思维能力对拔尖人才最终走向卓越有重要影响。在借鉴基础上，我国高校在拔尖人才培养上，除了使用模块化课程加强对学生专业技能的训练，还要通过搭建跨学科平台，促进不同学科背景的拔尖学生之间的融合。在评价上，在领域专业能力评估之外，应加强对拔尖学生通用能力的评估。

（六）建立全方位的拔尖人才研究体系

我国教育界对拔尖人才研究尚处在初期探索阶段。学者对什么是拔尖人才，拔尖人才是先天产生还是后天培养等基本问题缺乏共识，对如何培养中国特色的拔尖人才也缺乏与国际成熟理论的对话。我国应当鼓励研究者充分与国际资优教育范式和研究方法对接，积极探讨国际前沿研究模型在中国的适用性。在加强对拔尖人才通往卓越过程的一个或多个独立要素进行研究的同时，适时从全局和整体视角，结合中国社会、文化背景以及学习者特点，系统地研究不同要素之间的作用机制及优化途径，从而完善我国拔尖人才教育体系。在科学系统的研究体系指导下更好地解决拔尖人才在选拔和甄别、教育和培训、职业选择和未来规划、压力疏导等问题。

第二章　拔尖人才的产生和选拔模型

第一节　拔尖人才的产生模型——以西蒙顿的突现—表观遗传模型为例

对于所有研究拔尖人才培养和成长过程的学者来说，一个最根本、最旷日持久的争论或许就是天赋（Gift）与才能（Talent），也就是先天与后天之间的关系问题。对这一问题的思考甚至可以追溯至一个半世纪前高尔顿的《遗传的天才》（*Hereditary Genius*）一书（Galton, 1869）。它背后所涉及的是拔尖人才的本体论问题：拔尖人才是天生的还是后天培养的？纵观种种拔尖人才理论模型，不难发现，对该问题的不同理解把学者分为泾渭分明的两派。以西蒙顿为代表的一众学者关注天赋能力抽离于环境以外的后天发育，以及这些能力对外部环境的影响，因此认为天赋（先天的能力倾向）与才能（后天成熟的、能够产生实在作用的能力）之间没有本质的区别，而只是同一事物在不同发展阶段的不同表现形式（Sternberg et al., 2002）。这一流派绝非想要暗示人们，环境对个人的影响完全不存在，而是主张个人与社会环境是同一个世界中两个彼此分割的实体，即便不考虑环境的影响，天赋因素也可以自洽地解释拔尖创新人才的出现和湮灭。以加涅为代表的另一派学者则认为，环境会对个体通往卓越的发展过程产生质的影响，两者完全不可割裂，因此否认天赋与才能之间的等价关系。才能的出现与否不仅取决于人的个体特质，即与天赋，也与父母、老师、同伴以及社会大环境等有关。加涅的天赋—才能区分模型（Differentiated Model of Giftedness and Talent, DMGT）是这一派别的代表观点（Gagné, 2004）。该模型尽管也承认，天赋是个体获得特定领域里卓越才能的先决要素，但前者能否成功向后者转化，还要看个人的刻意练习、外部环境以及个人身心特征这三方面要素的契合。以上两种观点没有优劣之分，但折射了学界对于教育的不同理解角度。前者提醒我们顺应孩子天性的自然发展，并循着天性展开的方向辅以相称的教育，任何揠苗助长的企图都无异于缘木求鱼，而所有不遂人愿的现象可能都只是在遵从天性发展的内部规律，不能无端地将其归咎于学生不够努力或老师不够优秀等外部因素。后者则为教育者开拓出了可为空间。尽管决定孩童成长过程的部分因素非他人所能左右，但社会、学校和家长依然对拔尖人才的成长路径发挥了重要的调节和干预作用。

一、西蒙顿的突现—表观遗传模型

国际资优界普遍认同的是，拔尖人才的成长发展过程是复杂的，它来自父母基因的礼赠，以及实践、练习、学习和环境等因素的影响。多因素互相作用的结果便是拔尖人才呈现出无穷变换的类型。那么，到底是什么因素导致"神童"的出现？而为什么一个前景光明的神童可能沦为平庸之辈？有些领域中成为拔尖人才的年龄会推迟到很晚的原因又是什么？这些问题并非某一时代所独有，我们就不能将其归咎于时代或是命运片段性和随机性的因素，而应该寻求一些更加具有永恒性和普遍性的原因。这些原因的背后，可能正蕴藏着拔尖人才产生和成长的本质规律。

西蒙顿在模型中从遗传学和表观遗传学角度出发解释拔尖人才的出现，因此只关注拔尖人才身上稳定的遗传特质。他未尝试对"天赋"和"才能"这组术语做出区分，而是认为天赋或才能就像人的眼睛颜色一样蕴藏于基因当中，这些特征在人走向成熟时会使人变成"有天赋的"或"有才能的"。但这不意味着他否认环境对拔尖人才的塑造作用。相反，西蒙顿认为，相较于先天因素，后天因素往往在拔尖人才成长过程中起着更加重要的作用（Simonton, 1999）。他指出，环境的作用在于将遗传的潜在天赋转变为现实。即便如此，天赋与才能的概念却与生物学上的遗传有着更为基础的联系。西蒙顿在研究历史上120位古典音乐家的创作生涯后发现，越是有名望的作曲家，从开始接受古典音乐训练到呈现出处女作的时间越短（Simonton, 1991），这说明学徒成长为创作者的关键在于学生的能力本身而并非接受了多少训练。莱肯（Lykken）也发现，无论分开，还是一起长大，同卵双胞胎在能力、性格、兴趣上的相似性都比（哪怕是一起长大的）异卵双胞胎更大，印证了基因在某些方面比环境因素更加重要的观点（Lykken, 1982）。因此，尽管西蒙顿承认后天培养的作用，但他相信，先天禀赋在拔尖人才成长中依然占据着最基本的地位。既然它有意义，就有被研究的价值，这也是突现—表观遗传模型从遗传学视角关注拔尖人才的原因所在。

突现—表观遗传模型分为两个部分：一是关注天赋在代际间的传递，这是一种经典遗传学的观点；二是关注天赋在代际内的发展。这一表观遗传学的观点重点研究与天赋相关的基因表达水平随时间的变化情况。

（一）遗传学观点

遗传学观点解释了为什么不同类型的拔尖人才在人群中占比不同的问题。

首先，该模型假设拔尖的能力不是由单一的性状决定的，而是一系列与这一能力相关的单一特征（Trait）所共同决定。其次，这些性状相互结合的方式有相乘和相加两种。在大多数情况下，性状是相乘的，这时构成的才能为突现型才能。但有时，一些天赋领域的特征也可以以加法的方式结合，或是部分乘法、部分加法的混合结合。而在另一些领域中，加法作为一种"锦上添花"的形式存在于以乘法为主的表达式当中。将此模型用公式表达，即

$$P_i = a\prod_{j=1}^{k} C_{ij}^{wj} + \sum_{j=1}^{k} b_j C_{ij}$$

其中 P_i 代表个体 i 在某一方面（如作曲）的能力水平；C_{ij} 代表个体 i 在特征 j（如与作曲相关的，乐理、配器、情感表达……）上的得分，$C_{ij}=0$ 代表该个体在这一性状上毫无天赋可言，C_{ij} 值越大代表天赋越强，为了简化模型，我们规定对于每一个个体 ii，每一项特征之间没有相关关系，即 $\text{cov}(C_j, C_i)=0$。（这一假设似乎过于严格，但我们可以加入一个简单的修正，如果一项天赋领域需要 $m>km>k$ 个特征且彼此间存在相关关系，那么我们依然可以从中找出 k 个彼此正交的成分作为方程的构成部分，而其余特征可以用这 k 个要素表示。）w_j 代表性状 j 对于乘法法则中能力类型 PP 的重要程度，即权重，之所以角标中没有加入代表个体的 ii，是因为权重是由特定才能的性质而非每个个体的特点决定的。身高对篮球运动员永远是重要的指标，而对乒乓球运动员则不是如此，这只与项目特点有关，却与每个具体的运动员无关。而 $a \geq 0$ 和 $b_j \geq 0$ 则是对乘法整体和加法各项的赋权。

如果 $a=1$，$b_j=0$，则是才能的乘法法则：

$$P_i = \prod_{j=1}^{k} C_{ij}^{wj}$$

西蒙顿认为这是特征组合为才能的一种常见方式。这里的每一项特征 C_{ij}，只有在超过某一阈值的时候才会被赋值，比如某个智商水平，在这一

阈值以下无论智商具体是多少赋值均是 0。一些定性要素无法用连续数值表示，则可以被定义为哑变量，这些要素无法参与 P 值的计算，但它们的缺失却会导致天赋的丧失。另外一些变量恒大于 0，因此只可以被用于计算 P 值，而没有人会因为它的缺失而失去天赋。

而如果 $a=0$，$b_j \neq 0$，则是才能的加法法则：

$$P_i = \sum_{j=1}^{k} b_j C_{ij}$$

由这些公式，我们可以看到单一的性状之间如何组合并构成潜在的才能。西蒙顿以编舞家玛莎·葛兰姆（Martha Graham）作为突现型才能的典型例子，作为舞者的身体条件、肌肉能力，作为创作者的空间想象能力和乐感，作为舞团管理者的人际沟通能力，对于一位卓越的现代舞大师都不可或缺（Simonton, 1999）。这也解释了为什么拔尖人才在人群中的比例如此之小。当性状之间以乘法相联系的时候，一旦有一项的得分为零，那么相乘的结果也是零。比如，如果葛兰姆缺少了上述特质中的任意一点，她也就不是我们所认识的"现代舞之母"了。而创作歌剧与创作通俗音乐相比所需的单一能力更多（k 值更大），这就是为什么更多的人即便拥有作曲的天赋，却与创作歌剧的潜在能力无缘。

要想区分天赋的加法和乘法构成，观察它在人群中的分布情况是一个典型的方法。以智力为首的许多性状大体上服从正态分布。那么可以预见，如果某一领域天赋的性状是以加法法则进行组合，则该领域从业者的水平就应该服从正态分布。然而，这一推论却是反经验的。事实上，在许多行业之中，碌碌无为之辈是大多数，而真正的天才却凤毛麟角。例如，尽管古典音乐从业者很多，但经典作品却多是由包括莫扎特、贝多芬、巴赫等人在内的若干伟大作曲家所创作的（Simonton, 2005）。这种天赋上的严重正偏态分布与单一性状上正态分布的差异，就是才能禀赋以乘法法则为主进行结构的证据之一。而需要更多特质的才能类型，分布曲线的偏度和峰度也就越大，也就越具有精英主义的倾向，这也是瓦格纳歌剧与施特劳斯圆舞曲乃至流行音乐相比更加小众的原因。

如前所述，上面描述的才能发生方式被称作"突现"，这是天赋最常见的一种存在形式。但也有一些才能是以加法方式，或主要以加法方式（a 很小而每一项 B_j 都很大）生成的，比如，学生的学习或学术能力（Simonton, 2005）。这些能力在人群中的确是服从正态分布或类似于正态分布的，因为很少有人在每一项相关特质中得分都是零。当然，尽管这一才能形成方式导致相应领域（以及只需要一种特征的才能领域）的准入门槛很低，几乎人人都可以上手，但能够做到顶尖的个体同样很少，毕竟正态分布中处在均值右侧三个或更多个标准差之外的人的比例也是极小的。在这里，西蒙顿针对特质的理解提出了以下几点注意：

首先，没有必要根据潜在能力而对单一性状加以划分。第一，某些普遍性的性状，如智力，在多种才能中都是必需的，我们无法将其划分到某一特定能力之下。第二，同样特质的不同组合可能意味着不同的才能，作曲和指挥需要的能力类型可能是相似的，但不同的侧重点（W_j）导致了不同的结果。

其次，两个个体能够在特定的天赋领域表现出相同的遗传禀赋水平，而不需要拥有相同数量的相同特质。在某一领域中 $P=100$ 的两个个体，可以在三种特质中分别得分为 A(1，10，10) 或 B(4，5，5)。取得同样成就的人之间也可以各有所长、各具特色。西蒙顿举出美国历史上三位总统的例子——华盛顿（George Washington）、林肯（Abraham Lincoln）和罗斯福（Franklin Roosevelt）的人格特质截然不同，但都成功地肩负起了总统一职的责任。当然，尽管禀赋间的分配可以不同，但每一项禀赋都必须大于零。而与之相反的是，那些不具备天赋的个体之间差异可能很大，有人不能成为小提琴手是因为手指不够灵活，而有人则是因为对音准不够灵敏。A(100，0，0)、B(1，0，0) 和 C(0，30，10) 这三种特质组合的结果都是相同的，只要组合中一种特质的得分为零，天赋能力就不会展现。A 与 B 两人的第一项特质得分相差甚远，但由于同样缺乏一些其他的重要特征，A 在领域内的成就并不会比 B 更强。正所谓，有天赋的个人彼此相似，没有天赋的个人各有各的原因。

最后，突现型才能很难在代际间准确预测。我们知道，每个特质以独立的方式从父母传递给下一代，而这一特质在孩子身上出现的概率并非100%。因此，当每个小于100%的遗传概率相乘起来，代际间具有相同才能的可能性就变得很小。相反，具有相同基因型的同卵双胞胎间拥有相同突现型才能的可能性则很高。这一规律对乘法法则尤其适用，因为在服从加法法则的遗传过程中，单一特质的缺失对整体才能的影响是有限的，而乘法法则中任一项特征都是天赋存在的必要条件。越是复杂的天赋类型，子代继承亲代全部特征的可能性就越少。一个例子是，许多舞蹈家的儿女依然是优秀的舞者，而在需要调动更多能力的编舞领域，则极少出现家学渊源的情况。

（二）表观遗传学观点

表观遗传学从时间维度阐释才能的表达过程，解释了为什么有些职业在 20 岁就可以做得很好，有些职业却需要等到 50 岁，并给出了一些职业领域天才比例极低的其他理由。

西蒙顿认为，尽管基因是与生俱来的，但受精卵却不能被视作成年人的微缩版本。这是因为基因型向表现型的转化需要时间，也需要环境的刺激，天赋的潜质与天赋的实际显现并不是一回事。因此，我们需要在遗传的加法法则和乘法法则中加入时间因素，即

$$P_i(t) = a \prod_{j=1}^{k} C_{ij}(t)^{w_j} + \sum_{j=1}^{k} b_j C_{ij}(t)$$

由于每一个单一禀赋都有其独特的随时间变化的函数，从而每一个天赋组合都会出现与众不同的发展曲线。这种表观遗传曲线将决定特质的发展从何时开始、增长率以及发展逐渐放缓并最终完全停止的年龄，这意味着天赋的出现是动态而非静态的。个体天赋在童年、青春期和成年早期几个阶段中不断演化（Simonton, 2005）。

大多数特质随时间发展的函数是单增的分段函数，西蒙顿将其化简为线性的：

$$C_{ij}(t) = \begin{cases} 0, & t < s_{ij} \\ a_{ij} + \beta_{ij}t, & s_{ij} \leqslant t < e_{ij} \\ a_{ij} + \beta_{ij}e_{ij}, & t \geqslant e_{ij} \end{cases}$$

当然，函数也可以不按照线性发展，幂函数、逻辑斯蒂函数、对数函数都有可能。在方程中，s_{ij} 是性状 j 在个体 i 身上开始发展的时间点，e_{ij} 则是其稳定下来的时间点，a_{ij} 和 β_{ij} 是相关系数。这意味着，如果 s_{ij} 很大，那么这个个体在生命开始后很长的一段时间内都显得资质平平，却不妨碍它在成长的过程中逐渐呈现出可贵之处。如果 s_{ij} 很小且 β_{ij} 也很小，那么即使这个个体在很小的时候就展现出一些单一特征，长大的过程中也会后续乏力。因此，社会中常见的那种对指挥大师年龄太大的抱怨，或是对自家孩子输在起跑线上的担忧，都可以理解为对表观遗传函数的漠视。当我们正视这一人人都会经历的成长和成熟的过程，短暂的得失就显得没有那么重要——我们真正应该关注的既不是起点也不是终点，而是整个函数形状。每一项特征对于每一个人都有其独特的发展规律，更何况多项不同的特征要组合于一项特定才华，这时这种才华 [$P_i(t)$] 的函数图像种类就几

乎是无穷无尽的了。

特别对于每一项突现型才能 P 对应的若干个特征 C，它们的起始点 s 都可能不同。只有当每一项特征都开始发育（开始大于 0），才能才会显现。而加法法则下的才能在第一项特征开始发育的时候就可以被观察到。

这种表观遗传观点至少解释了三个问题。第一，天赋显现的时机问题。器乐演奏领域总是青年才俊频出，相比之下，培养一位优秀的指挥家则需要很长的时间。这是因为成为指挥家所需的特质种类更多，一些特质需要更长时间的发展，只要其中一项延迟发育，指挥家的潜质就不能变为现实。而在所需特质种类较少的器乐演奏领域，使得一个个体"准备好"所有特征在某一时刻前发育的可能性就大得多。又或者，器乐演奏的才能构成方式是加法性的，乐手根本不需要等到每一个特质都"准备好"，才能便出现了。在天赋的遗传部分中讲到的，才能的突现需要单一特质缺一不可，而加法法则只要求特质中有一项大于零即可。类似地，在表观遗传过程中，乘法法则需要最后一项特质开始发育，才能才会出现。而加法法则中，只要第一项特质开始展开，我们就可以合理地预期一个人是有天赋的。这也就意味着，那些时常会有神童出现的领域，很有可能其能力要求是由加法法则构成的。比如当琴童演奏出高难度的炫技曲目时，他极有可能并没有什么对音乐的深刻洞见，甚至连弓法都不够纯熟，能够熟练掌握的曲目也很少，但出色的音准和极佳的控制能力已经足够使之技惊四座了。当然，考虑到器乐演奏与指挥在某种程度上所需的特质有些相似，那么一个人年轻时成为演奏家，后来随着不同特征的发展速度变化又展现出指挥［比如指挥家、钢琴家巴伦博伊姆（Daniel Barenboim）］或作曲［比如作曲家、乐评家舒曼（Robert Schumann）］方面的才能也是有可能的。这种转变的原因有可能是环境造成的（比如舒曼由于手指受伤而放弃了钢琴），但同时也有可能是由基因造成的。研究表明，基因型完全相同的同卵双胞胎的心理发展同步率要比只有一半基因相同的异卵双胞胎高得多（Wilson, 1983），这便是基因在特征发展过程中拥有重要地位的证明。第二，禀赋随时间变化的函数尽管大部分情况下是单增的，但有时也会出现下降（时间 t 的系数 b_{ij} 既可以是正的也可以是负的，或者是时正时负的），这就解释了为什么某些领域的天才那么少。体操运动员技巧上的发展可能在青少年时期刚刚渐入佳境，但青春期的发育问题却使得其中一部分人的身形得分在同一时间变成了零。舞蹈家的身体素质在 20 岁达到顶峰，而大部分人对角色的深刻理解却要等到 50 岁。某一天赋所需的所有特点集于一人已是难得，如果这些特点没有同时在此人身上逗留过一段时间，那么他也就与天赋失之交臂了。第三，一些有才能的人后来失去了他的才能，这是人群中有才能者比例不高的又一个原因。西蒙顿认为才能的丧失可以分为两种情况：一种是相对型的，一些人年少成名，是因为比同龄人才能的发育速度更快而不是峰值最高，随着时间推移，他的才能数值逐渐被别人超过；另一种是绝对型，一些人在已经展现出过人的才华之后，某项特质的函数开始递减，名噪一时的钢琴家大卫·赫尔夫戈特（David Helfgott）因为生病而淡出乐坛就是一个例子。

尽管才能的快速发展在大多数情况下都出现在青春期，但发展路径的个体差异却是巨大且难以预测的。勃拉姆斯完成《第一交响曲》的时候已经43岁，而莫扎特、肖邦和舒伯特去世时年仅35岁、39岁和31岁，但他们都是伟大的作曲家。这意味着，才能出现的时机与成就的高度之间没有必然的联系。焦虑的家长希望孩子在早期就表现出系统的、尽管尚处在萌芽状态的天赋，但实际上才能的发展路径对每个人都是不同的。大部分儿童首先显露出的特质可能在自家孩子身上最后才显露出来，哪怕这一关键因素的显现比普遍情况推迟了很多。根据才能的表观遗传规律以及统计规律，随着年岁渐长，人与人之间的差异会越来越大。但是从个体层面上讲，有天赋者终将脱颖而出，无关乎时间函数的起点，不具备真正才华的孩童即便被赋予了本不属于自己的神童称号也无济于事。任何想要通过早期迹象预测孩子未来发展的努力都是徒劳的，因为特质间没有相关关系存在，前两项特质的高分并不能保证第三项特质会在可期的未来里发展出来。遗憾的是，对第三种特征不切实际的盼望正是许多望子成龙并且给了孩子太多压力的父母正在做的事。

二、才能的识别与培养

显而易见，当某个单一特质开始显现的时候，加法式的天赋比乘法式的天赋更加容易识别。而在乘法法则中，越是复杂的天赋越难以识别，因为其需要更多的特质才能确认。也正因如此，识别多维天赋（如建筑）将比识别一维天赋（如象棋）更难（Simonton, 2005）。

那么，一旦我们正确识别出某一特定领域的资优人才，该如何培养和发展他们的天赋呢？根据西蒙顿突现—表观遗传模型的观点，才能存在于一张横（突现）纵（表观遗传）交织的大网之中，是无法用点状的概念定位和理解的。对于同样类型的才能，不同个体在特质的组合方式上可能不同，发展路径也可能不同。这意味着，培养必须符合天性。教育者不仅需要了解这一特定专业领域的知识技能结构，也需要理解他们所面对的一个个具体而鲜活的教育对象。教师必须顺应学生独特的特质组合和发育方式，并帮助所有的特质顺利显现。是故，因材施教是必须的，每个学生都应该拥有量身定制的教育方案，为之扬长避短。此外，西蒙顿认为，越是复杂的天赋类型所需的干预就越多。这是因为天赋的源头特质越多，可能出现的弱点也就越多，要克服所有可能的弱点，所需的各方努力和独特干预策略就越多。

三、模型的启示

尽管许多研究者已经探索了特定类型天赋的早期征兆，但这种探索对于突现和表观遗传天赋来说可能是徒劳的。一个个体开始发展的首要必备要素可能位列另一个个体成长所需要素的最后一位。事实上，有许多不同的方式来开启发展，就像在一个特定的成就领域中，有许多组件作为习得和表现的基础，只有由少量组件相加整合而成的天赋才会有规律地呈现出早期征兆。

突现—表观遗传模型为早熟与晚熟者之间的关键区别提供了遗传学解释。根据加法模型，当第一个遗传因素开始发展时，资优者即开始发育；而根据乘法模型，直到最后一个组件开始有向上的轨迹，天赋的显现才开始。因此，相对于早熟个体，晚熟者可能是至少有一个特质表现出延迟表观遗传的个体。由于天赋的组件直到晚于正常标准才开始发展，按乘法原则组合的天赋会延迟表现。诚然，环境因素也能够影响晚熟，但该模型表明遗传还是最基础的。

如果个体在特定领域中表现非凡的天赋能力是多维的，并且每一个组件特征都有其独特的发展路径，那么个体天赋的最佳表现将会随时间的推移和年龄的增长而动态变化。当附加的组件开始发展时，个体可能会在某些附属成就领域表现出更大的能力。例如，一个孩子可能从弹钢琴开始，然后转向作曲，随着年龄的增长，最终成为管弦乐指挥。

不幸的是，鉴于天赋在发展过程中是不稳定的，一些年轻人随着年龄的增长可能会失去天赋，一个有前途的神童可能会成长为平庸之辈。表观遗传模型提供了两种不同类型的发育损失：一是相对损失，即个体的天赋程度的排名相对于同龄的其他人所发生的改变。因为同一群组的其他个体可能有延迟发育的表观遗传生长曲线，但随后发展速度会加快，早熟者从而能够被晚熟者赶超。二是绝对损失，即发生在个体发育的特定时期，其时遗传组件的出现会抑制整体天赋的未来发展。例如，一个有前途的体操运动员可能会在青春期经历体重增加，或者一位科学天才可能会患上精神疾病，导致最初的天赋可能会完全消失。总之，表观遗传操控下的基因，不仅给予天赋，也会将天赋收回。

四、结语

西蒙顿的突现—表观遗传模型着意从先天的部分入手刻画天赋的形成和显现，揭示了先天因素在拔尖人才产生过程中的复杂作用。他将在许多其他学者眼中视作整体的天赋拆分成了多个部分，并指出如果不首先辨别某个特定天赋是服从加法法则还是乘法法则的，以及它是简单的还是复杂多维的，就无法真正理解天赋，更无从干预它。

仅仅关注先天部分的模型貌似先入为主地扩大基因影响力的效果。诚然，西蒙顿所指的遗传天赋是广义的。热爱、坚持、精力等非认知领域的内部因素都被归类为基因带来的结果。卡桑德罗（Cassandro）和西蒙顿曾指出创造型拔尖人才的一些跨越文化、时间和地理的普遍特点：极强的自我实现意识、表达自己想法的能力和冲动、不惧怕批评、融会贯通和多元化的思想、开放的胸怀、坚韧不拔、敢于冒险的精神。当然，属于拔尖创新人才的珍贵品质还有很多，但在西蒙顿看来，这些都早已蕴含于人类的遗传密码当中。

西蒙顿无意于证明对于拔尖人才的培养来说，基因比环境更加重要。然而，他也的确指出，基因的作用比人们通常想象的要复杂得多，对现实的解释力度也要大得多。才能的出现不是一维的、累加的和静态的遗传过程，而是多维的、乘法的和动态的。早在20世纪中期，波特（Burt）就注意到个人收入的分布相较智力水平而言，偏度和峰度都更大。为何一小部分人占据了社会的大部分财富？如果把个人收入视作能力的替代指标，那么这一现象恰恰印证了才华的突现法则。这种解释方式并不是想要论证社会财富的高度集中是正义的，而只是想说明当我们深入地理解某一领域（比如遗传学）之后，或许就会对一些社会问题的存在和发展的理解更加深入，不是简单地将其归咎于生不逢时或人心不古。

西蒙顿的观点或许会受到不少机械论和还原论倾向的质疑。他构建的模型先将狭义的"天赋"，即"先天赋予"的部分从作为母体的"才能"中抽离出来，又将这个子部分再次视作可拆分的、更小的从属部分的和或积。这种观点受到了持系统论观点的学者的强烈批评。他们认为这是对资优现象的过分和不负责任的简化，因为才能本身就是一个不可分割的有机整体，而并非各部分的简单加总。正是这种难以避免的系统论思想使得突现—表观遗传模型显得有些自相矛盾。模型的基石在于将人的基因的存在作为环境的前提条件，并将其从环境之中剥离出来单独研究，但西蒙顿又无法避免将环境反过来作为基因表达的前提条件，特质的发展离不开学习，而是否进入这一学习场域（比如是否进入音乐学院求学）时常不是基因决定的而是环境决定的，这使得加法与乘法、一维与多维这些看似仅限于遗传领域的用词，实际上与基因和环境两者同时有关。这个问题似乎预示着系统论观点可能更接近于拔尖人才产生过程的"真相"。然而，系统论观点的拥趸者也指出，他们的理论缺乏实证上的可证伪性，还原主义的模型更加直接和有效，因此两者间应该彼此互为补充而非非此即彼。

从这个角度来讲，突现—表观遗传模型对于当代教育者的启示在于：其一，深入地研究每一专业领域独特的构成和发展方式是必不可少的。任何一个拔尖人才可能出现的领域都需要真正专业和深入的教育学研究以揭示其学科特性。其二，教师应该尊重孩子的天性和个性发展，给予每个学生独特的关注。其三，营造良好的环境。我们应该时刻牢记，尽管在抽象的理论概括中，先天因素可以自成一体，但现实中却难以将其与环境完全剥离。拔尖人才的出现是宏大叙事、环境塑造以及偶然的天赋共同作用的结果，教育者纵然对社会整体的改善力度有限，也有责任塑造一种适于天赋发展的环境。

而对于学者来讲，模型的些许不完整之处也需要后人的努力。笔者认为，需要在家族遗传、表观遗传函数值的变化、不同人在同一发展阶段的表观遗传函数值的对比以及不同专业领域间的对比这四个方面的更多实证研究来增加模型的解释力度。此外，当回归模型本身时，基因之间也大可不必拘泥于乘法法则或加法法则，而是通过更加复杂的形式互相产生作用。同时，西蒙顿也强调，在深入了解了天赋领域之后，接下来需要以同样的深度去探索环境，以及基因与环境间的交互作用。但无论如何，试图囊括所有拔尖人才培养的可能性的理论总有博而寡要、劳而少功之嫌。从另一个角度出发，深入理解复杂结构的一个组成部分本身就有意义，正如西蒙顿所做的那样。

第二节 拔尖人才的选拔模型——以慕尼黑天赋模型、ENTER 模型和 WICS 模型为例

人力资本作为经济增长中的重要组成要素，决定着经济体从事生产的效率。而对于一个在工业革命中已经落后于西方世界的发展中国家，如果

没有依靠自己力量而获得科技创新,它的未来则很有可能不会出现本质上的飞跃。拔尖人才具有加快国家经济增长,为科技创新提供人力储备的强大能力。因此,随着"科教兴国"战略的落实,科学和教育发展在我国受到了越来越多的关注,拔尖人才选拔和培养变得更加举足轻重。

改革开放以来,拔尖人才项目建设在我国受到了越来越多的关注。1978年,本着理科人才要从娃娃开始培养的信念,中国科技大学创办了中国教育史上的第一个拔尖人才培养项目,并遴选出两批共88名天才儿童进入少年班。1985年,又有12所高校经教育部批准成立了少年班(叶俊飞,2014)。后来,多数高校的少年班因为经费或师资等各种问题逐渐销声匿迹(Huang et al., 2018),而从20世纪90年代以来开始逐步建设的"国家理科基础研究与教学人才培养基地"(简称"国家理科基地")规模则不断扩大。在此之后,2010年《国务院办公厅关于开展国家教育体制改革试点的通知》中指出,将以北京大学、清华大学等17所高校为试点开启"基础学科拔尖学生培养试验计划"(简称"珠峰计划"),特别强调天才学生在基础科学领域创新能力的培养,是中国拔尖人才教育的再一次尝试。

从"少年班"到"珠峰计划",国家对拔尖人才项目的探索从未停止。无论是中国还是国际环境中,入选拔尖计划往往意味着是超高智商的天选之才,意味着未来金钱或学业、地位上的成功,也意味着有些异于常人的特异之处。显然,我们期待的天才少年绝非孤僻的异人,也不是席德斯(William James Sidis)或是方仲永那种年少成名却最终泯然众人的悲剧人物。那么,到底什么样的人才称得上拔尖人才?拔尖人才项目应该甄选具有何种品格的少年?应该使用什么鉴别方法来合理而有效地选拔拔尖人才?目前学界大多聚焦于资优儿童的教育方式,却对他们的定义和选拔关注甚少。上述问题出现在拔尖人才项目的最初阶段,至今没有达成共识。本节试图通过对国际上具有代表性的拔尖创新人才选拔模型进行译介,试图为我国拔尖人才选拔的方向和方法提供理论指导。

一、慕尼黑天赋模型

(一)拔尖人才选拔和鉴别的必要性

社会上一些排斥资优教育的人往往对资优教育存在偏见。他们时常有如下误解和担忧:禀赋出众的个体即使没有外界的帮助也能够获得最佳发展,那些集中在拔尖学生身上的资源可能会稀释普通学生对稀缺教育资源的获得，培养拔尖学生必定牺牲残疾人等特殊群体的利益，不符合现代民主观念，资优教育与精英教育密切相关，最终导致所培养的拔尖人才无法适应社会，出现行为失调（Heller et al., 1986）。但事实上，开展资优教育并不以损害普通学生的利益为代价。相反，部分拔尖人才常因为没有得到合适的发展机会而泯然众人，甚至偏离发展轨道。

拔尖人才的选拔和鉴别本身具有认识上的逻辑合理性。一方面，每个儿童都享有接受社会所能提供的最适合其发展的教育的基本权利，鉴别资优儿童，是建立在为所有儿童提供最理想的发展机会这一认识基础上的。另一方面，资优教育之所以重要，其背后的原因在于，通过诊断和鉴别拔尖人才，对其施以适切的教育，以释放受教育者的最大潜力，为社会资本的积累增益。正如柏拉图在《理想国》中所论述的，公平的教育是使每个人特有的能力得到发展的教育，同时，个人的能力应该以有益于整个国家的方式去发展。也就是说，公平的实质是区别对待不同的人。在英才主义视域下，要求才智出众的学生应该享有优越的机会，使他们的特殊才能得到最充分的培养。这一做法的最终目的是让整个社会有所裨益。

基于此，资优教育不是为了创造拥有特权的精英，而是在当前人类被极端民族主义盛行、恐怖主义、种族问题、环境问题和平等问题等诸多全球性问题困扰时，一个可能的解决办法是挖掘受过教育的成年人的创造力和社会良知。因此，可以说，教育，特别是资优教育，是为社会提供解决这些困扰的最佳路径之一。换句话说，资优教育的价值在于培养具有专门知识的拔尖人才，使其丰富不断演变的社会结构。从这个角度来看，为有天赋的拔尖人才提供最适合的教育机会是至关重要的，因为社会可能会从这些拥有创造性思维的人中受益。

（二）拔尖人才选拔和鉴别的理论视角

海勒等人指出，选择何种拔尖人才鉴定方法，既取决于对天赋（Giftedness）和才能（Talent）概念的认识，也取决于鉴定的目的（Heller & Perleth, 2008）。当前与鉴别拔尖人才特别相关的方法是基于心理测量学的诊断和专家—新手范式。心理测量学所谓的状态诊断（Status Diagnostic）模型与动态或过程导向模型侧重于识别用于诊断—预测目的的个人潜力，专家—新手范式则侧重于个性特质（动机和学习）和社会文化条件，在这些条件下，天赋仅起轻微作用。慕尼黑天赋模型和慕尼黑动态能力—成就模型尝试将两种研究范式结合起来，以优化人们对天赋和才能的洞察（Heller & Schofield, 2008）。

天赋是遗传因素和环境因素相互作用的产物。在不同因素的交织影响下，个体存在不同类型和不同水平的天赋，如加德纳在多元智力理论中假设至少有七种天赋，因而传统的智商测试等方法已不足以诊断天赋。实际上，自20世纪80年代以来，大多数现代的资优模型以多维度能力建构为特征（Heller & Perleth, 2008），如仁祖利的资优三环模型和加涅的天赋—能力模型等。根据这种趋势，海勒等人基于多维天赋概念，提出了MMG模型。

在MMG模型中，天赋存在于智力、创造力、社会能力、实际知识、艺术（音乐）能力和心理—运动能力等七个相对独立的领域，它们是天赋表现领域（标准变量）的预测因子。但需要指出的是，它们并非已经涵盖所有的天赋／才能领域。除了认知能力，MMG模型还涉及各种非认知人格特征，例如动机、行动控制、任务承诺和自我概念等，以及家庭和学校的社会化因素，包括课堂上的"创造性"刺激、教学质量和班级氛围等。家庭和学校作为调节变量，影响众多领域中个体潜能（预测因子）向卓越表现（标准变量）的转变。根据以上的描述，基于诊断—预测方法，MMG模型中的天赋因素或预测因子、个体非认知特征和社会文化条件相关的调节变量以及成就标准变量之间存在相对明确的因果关系。

天赋和才能的多维概念是适当鉴别程序的先决条件，多维视角使得鉴别诊断和数据处理的分类方法是必要的（Heller et al., 2004）。

（三）拔尖人才鉴定的功能与潜在危险

拔尖人才鉴定的目的是什么？海勒指出，鉴定有两个主要功能，分别为人才搜索（Talent Search）和天赋诊断（Diagnosis of Giftedness）（Heller et al., 2004），二者通常是不同决策策略的基础。人才搜索是人才培养的一种手段，侧重于解决特殊资优项目或教育干预措施中个人先决条件与课程或教学要求（如任务难度和学习科目的复杂性、可用的学习时间等）之间契合度的问题。人才搜索通过每个人都有获得天赋发展所需的最佳培养的权利以及每个人对社会作出适当贡献的社会需求而合法化的。因此，全面和差异化的方法是人才搜索不可或缺的组成部分。

天赋诊断中的个案分析作为（学校）咨询和教育治疗的基础，目的是提供有关预防或干预由天赋直接或间接造成的个人行为和表现问题、社会冲突、教育和社会问题的信息。在制定和实施合理的教育心理决策、咨询或干预措施之前，需要对相应的假设进行确定或否定诊断。海勒指出，有20%～30%甚至到50%的拔尖人才没有被鉴别，可能有很多失误造成了鉴别失败，而这其中，与个体适当发展培养相关的失误，是因没有对天赋进行诊断造成的，这点在高风险群体中表现得尤为明显（Heller, 1989）。并且，在现有的关于心理社会适应的研究中，存在许多有关天赋发展和相应的社会化问题的咨询。即使不是所有的拔尖人才都需要这样的帮助，但让大约有一半的拔尖人才（包括他们的父母和老师）独自面对并解决个人和社会问题是不负责任的表现。咨询和问题案例来自智力发展的加速与自然年龄"不成熟"的感觉之间的不同步；由于长期缺乏挑战而导致的行为问题；由于缺乏与天才同龄人接触的可能性而导致的社会孤立；由于角色期望和教育态度而导致有天赋的女孩所特有的问题，特别是在数学和科学方面；以及由于父母、兄弟姐妹和老师的冷漠甚至拒绝行为而导致的精神疾病风险，例如神经性厌食症。在许多情况下，没有鉴定就很难提供针对性的人才培养，鉴定实质上提供了关于具体问题的基本诊断信息。故天赋的诊断不但在（认知）人格发展方面发挥重要作用，还在危机情况下也是一种预防和干预措施。

当然，拔尖人才的鉴定还存在一些未被完全证明的风险，如与标签化问题相关联的现象，社会孤立、以自我为中心的态度和行为的发展、通过极端的成就压力或过多的责任而危及或干扰个人发展和自我概念等。在鉴别过程中应该警惕这些危险，必要时还应辅以咨询措施。

海勒指出，如果对比拔尖人才鉴定的优势和可能的风险，前者是明显大于后者的。拔尖人才鉴定是个人发展机会的一个重要因素，偶尔发生的不良影响应通过伴随的咨询措施来处理。天赋和才能的鉴别或诊断不仅对于在社会（家庭和学校）环境中拔尖人才的最佳人格发展具有重要作用，而且是危机局势中的预防和干预措施。因此，在许多情况下，从幼年开始的持续鉴别或诊断过程作为预防措施是必不可少的。总而言之，更重要的问题是在儿童和青少年时期诊断和鉴定其天赋和才能，但应考虑预防不良甚至有害的措施，以及关注拔尖人才的不同认知和社会情感需求。

（四）拔尖人才的鉴定方法和鉴定过程

1.拔尖人才的鉴定时间

关于拔尖人才的鉴定时间问题，包括两个方面内容，一是在学龄前或小学阶段鉴定，即应该尽早鉴定吗？二是应该间断还是连续鉴定？与这些密切相关的另一个问题是：拔尖人才鉴定应该以自愿的方式还是通过教育系统以强制性的方式进行？

强调尽早鉴定的学者认为，从优化个体社会化和教育过程的目的考虑，应尽早进行鉴定。鉴定不仅影响认知，也影响人格发展的动机和社会情绪领域。如果没有关于人格发展状况和预后的充分诊断信息，就不可能培养更广泛意义上的天赋。过程诊断的传记资料为确定天才儿童的个人发展过程和决定具体个案的独特教育措施开辟了道路。因此，尽早鉴定能够使孩子得到最佳的培养和发展机会。近年来，神经生物学家也呼吁尽早识别。但其他一些教育和发展心理学家则对此持怀疑态度，他们强调所有的学龄前儿童和小学及中学生都必须得到最好的培养，都需要在家庭和学校中为他们提供丰富、刺激性的学习环境。海勒指出，这一论断是正确的，但它并不能驳斥尽早鉴别拔尖人才的观点。

在讨论早期鉴定时，必须考虑方法上的问题。一些资优研究者认为，早期鉴定的困难源于缺乏可靠和实用的鉴别拔尖儿童的标准，并且人们对拔尖儿童解决问题的过程及其发展缺乏足够的认识。但海勒大体上是支持尽早鉴定的。他直言，认为学龄前或低龄群体智力测试可靠性不足的观点并不合理。学龄前儿童的智力测试已经相对可靠，对天才的早期鉴别可以为人才的培养提供重要信息。他还指出，对于直接援助或预防措施而言，关于天才儿童和青少年积极和消极发展状况的现有知识往往是不够的。在许多情况下，从幼年开始对天赋的持续诊断作为预防措施是至关重要的。

当一个人确定了伴随人格发展的持续诊断预后之后，鉴别尝试何时开始的问题就失去了效力。持续性诊断对于诊断按时间顺序发展的进步和识别个体独特性会更好。从形成性评价的意义上说，通过及早发现对拔尖人才的误诊，从而可以不断调整个人对实际支持措施的需求，这使得培养天赋和才能以及个性特质成为可能。与此同时，海勒也表示，每个人的自由选择权利，包括拔尖人才的权利，必须得到尊重。

2. 拔尖人才鉴定的信息来源

由于天赋是多维概念，并且个体将天赋发展为特定领域卓越表现的这一过程同时受到非认知个体因素和环境因素的影响，因此，鉴定拔尖人才的信息来源应该是多样的，包括生活信息、问卷调查和测试数据。具体的信息收集方式包括测量工具、行为观察和观察技术（I—数据）、诊断访谈和问卷，其中，问卷还包括自我、父母和教师提名或核对表（Q—数据）以及标准化测试（T—数据）。如有必要，可以用传记分析或类似的方法来补充指定的工具。在人才搜寻和个案诊断中鉴别资优青少年，通常不仅需要一套充分区分的适当工具，而且还必须考虑到量表的水平和测试质量特征，如客观性、可靠性和有效性。当使用标准化测试（Normed Tests）时，必须处理天花板效应，尤其是针对禀赋卓著的人群。因为一些测试没有在量表的最上端区域进行充分区分，使得最优秀的拔尖人才难以得到与其能力相匹配的鉴别，这就需要特殊的测试量表来鉴定高天赋。海勒在这里提到的是慕尼黑高能力测试组（Munich High Ability Test Battery, MHBT）。

3. 拔尖人才鉴定的工具

慕尼黑天赋纵向研究（Munich Longitudinal Study of Giftedness, MLGS）于1984年提出计划，最初于1985—1989年在慕尼黑大学开展调查。从1986年到1988年，研究人员进行三次大型跨区域抽样，从六个队列中收集了26 000名拔尖学生的数据。MLGS作为区分队列的追踪调查，能够从横向和纵向两个维度对比分析拔尖学生的现状特征和资优的发展规律。第一阶段的拔尖人才鉴定于1986—1987年进行，致力于识别问题和所使用的天赋模型的有效性。此阶段的目标包括发展及评估测试和问卷，以鉴定资优学生；测试作为研究基础的天赋模型的各个方面，特别是所调查的天赋领域的独立性；分析样本的类型结构，特别是识别不同年龄组资优学生可能的类型。在项目的第二阶段，进行了纵向阶段、发展—心理、学术和非学术成就分析。第二阶段的基本目标是通过第一轮（1986）、第二轮（1987）和第三轮（1988）的测量，鉴别一年级至十三年级的资优学生，评估仪器的预测效度，纵向评估天赋类型概念的有效性，以及不同类型天赋与绩效之间的关系，评价个体特质和环境因素对资优学生长期表现的影响，描述和分析资优儿童和青少年的发展过程与认知和非认知特征变化的关系，分析天赋、成就、个性特质和环境之间的相互作用。总的来说，纵向研究包括构造和试验诊断工具、不同情境下资优学生的成就行为分析以及资优儿童和青少年个体发展过程的纵向分析。

从上述可知，在慕尼黑天赋纵向调查研究框架内发展起来的慕尼黑高能力测试工具组是基于MMG模型参考开发的，众多实证研究证明了MHBT的信效度（Heller & Perleth, 2008）。MHBT的测试和问卷包含了24个不同的问卷和标准化量表（表2-1），不仅测量天赋的各个方面（作为预测因素），还测量各种非认知人格和社会环境学习条件（作为调节因素），用于评估预测因子和调节变量，这些变量大多与促进天赋发展有关。由于MMG认为卓越的标准是复杂的，所以MHBT提倡使用多重预测因子和调节因子，需要用多个工具来测量。在初步筛查阶段，MHBT的核对清单有助于在以下几个方面对鉴别对象的个人能力水平进行粗略估计：智力能力、创造力、音乐性、社交能力和心理—运动能力，而在更加精确的筛选环节中，可以根据鉴别对象的具体情况，从MHBT测试组中选择不同量表组合对其进行测量，以筛选出在这些测试中表现优秀的拔尖人才。

表2–1　慕尼黑拔尖人才鉴别模型所使用的MHBT量表组

MHBT–量表	MHBT–纬度（选择）	年级
清单（教师评分） 清单：智力能力 清单：创造力 清单：音乐性 清单：社交能力 清单：心理–运动能力	思考和学习能力、知识等 创造性思维、原创性等 声学灵敏度、音高差异等 合作技能、领导力等 灵巧型、手工技能等	1～12+
KFT–HB 3： V1（词汇） V2（单词分类） Q1（数量比较） Q2（方程式形成） N1（图形分类） N2（图形类比） Gl（总分）	语言能力 语言能力 数量（数学）能力 数量（数学）能力 非语言（技术–建构）能力 非语言（技术–建构）能力 认知能力水平（智能）	3
KFT–HB 4： V1（词汇） V2（单词分类） Q1（数量比较） Q2（方程式形成） N1（图形分类） N2（图形类比） Gl（总分）	语言能力 语言能力 数量（数学）能力 数量（数学）能力 非语言（技术–建构）能力 非语言（技术–建构）能力 认知能力水平（智能）	4
MHBT–小学水平清单（MHBT–P）： KRT–P（创造力问卷） SK–P（社会能力问卷） LM–P（成就动机问卷） AV–P（工作行为问卷） KA（因果归因问卷）	独创性、灵活性等 社会认知 成功的希望与失败的恐惧 注意力和对思维过程的控制等 成功和失败归因	1～4

续表

MHBT-量表	MHBT-纬度（选择）	年级
KFT–HB 4-12： V1（词汇） V2（单词分类） Q1（数量比较） Q2（方程式形成） N1（图形分类） N2（图形类比） Gl（总分）	语言能力 语言能力 数量（数学）能力 数量（数学）能力 非语言（技术–建构）能力 非语言（技术–建构）能力 认知能力水平（智能）	4～12+
MHBT 中学水平清单（MHBT–S）： AW（展开测试） SP（镜子图像） APT（物理和技术任务） KRT–S（创造力调查表） SK–S（社会能力问卷） IFB（利益问卷） FES（对知识的渴求问卷） LM–S（成就动机问卷） AV–S（工作行为问卷） SCHUL（学校氛围问卷） FAM（家庭氛围问卷）	空间推理 空间感知 解决现实和技术问题 原创性、灵活性等 社会认知 兴趣倾向 好奇心是寻求知识的初步形式 对成功的渴望和对失败的恐惧 专心、控制思维过程等 学校氛围方面 家庭氛围方面	5～12+

说明：Ktf–Hb= 高天赋学生的认知能力测试；V= 语言能力；–P= 小学水平；Q= 数量（数学）能力；–S= 高年级水平；N= 非语言（技术–建构）能力

4. 拔尖人才鉴定过程

鉴别拔尖人才首先需要明确的是鉴别目的。鉴别目的决定了鉴别的内容、程序以及投入的精力。例如，如果在学校里寻找数学能力强的学生参与充实性课程，则通过数学老师推荐或者简短的数学能力测试或许可以达到目的。但如果是要确定一位在未来几年有资格获得高昂奖学金的学生，则需要更精确的诊断措施，以避免错误的决定（Heller et al., 1986）。但在现实中，鉴别目的和鉴别方法之间的关系经常被人们所忽视。如有学者抱怨，认为许多测试工具被用于与预期和设计完全相反的目的和人群。

在资优鉴定中，一步一步的顺序决策策略是最有效的（如图 2–1），因为这最能满足个人需求，并且通过最小化宽带—保真度困境来降低鉴别失误的风险（Shcheblanova et al., 1997）。因此，拔尖儿童和青少年的鉴别通常发生在涉及几个步骤的程序中。而正如上文所说，当前天赋和才能相关理论几乎是从复杂或不同层次结构演变而来，多维测量方法和分类方法比传统的一维方法（如智商临界值）更受推荐，为此，需要各类有天赋学生的详细测试资料，故一些步骤可以包含多种测量方法。

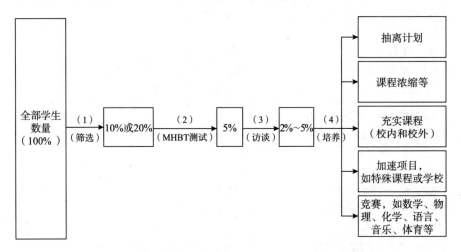

图 2-1　学校层面拔尖人才选拔和培养的顺序策略模型

图例说明：（1）＝就天赋的不同维度提名 10%～20% 的班级拔尖学生，例如，通过教师检查表，见表 2-1；（2）＝通过 MHBT 测试，按照一定比例，对步骤一提名的特定领域的拔尖学生进行筛选；（3）＝（如有必要），可选择面试以做进一步选择；（4）＝分配进入各种培养计划，例如课程压缩、课程浓缩、充实课程和加速课程等。

　　鉴定的第一步通常是一个全面的筛选程序，这一步骤往往包含了不太精确但范围更广的鉴定工具。最常见的方法是使用教师或家长的推荐名单，有时也会要求年龄较大的学生进行自我推荐。表 2-2 给出了 MHBT 关于智力天赋的清单示例，根据清单的操作性条目，教师提名一定数量符合所列特征的学生名单。通过这种方式，能够提供关于个体行为特征及其表现的相关信息。这种方法对评分者有一定的要求。选择评分者时，必须仔细注意他们的个人经验领域。从这个角度来看，教师和家长的评价能很好地进行相互补充，自我和其他的评价也可以进行补充。

　　由于评级和其他"软"数据被假定为不如测试数据准确，有研究发现，在教师提名的具有出众智力和创造力的拔尖学生中，有 1/3 在随后的测试中没有取得佳绩。同时，在对照组中，7%～13% 的学生的能力测试指标明显高于教师对他们的评估（Shcheblanova et al., 1997）。因此，筛选步骤应该尝试尽可能少的错失有天赋的候选人，可以通过有意识地包含不太小的"击中错误"来实现第二或第三个选择步骤的目的——借助于精确度更高但宽度有限的诊断工具,来识别个体的才能维度,减少鉴别错误的风险。最后,收集与天才培养项目或特殊教育措施相关的个体非认知因素和社会调节变量。需要注意的是,如果涉及连续的资优鉴别过程,应该注意回归效应(Heller et al., 2005)。

表 2-2　教师清单 智力能力天赋

学号或姓名	等级	要评估这项天赋,您可以参考以下方面(它们不需要全部存在,如果学生在其中一些方面表现出色即可):
1	1　2　3	
2	1　2　3	·逻辑/分析思维
3	1　2　3	·抽象思维
4	1　2　3	·数学思维
5	1　2　3	·科学/技术思维
6	1　2　3	·语言能力(丰富的词汇量,表达能力,外语能力)
7	1　2　3	·学习能力(快速理解,记忆储存,精准再现,主动学习)
8	1　2　3	·演绎、合并等能力
9	1　2　3	·广博的知识
10	1　2　3	·巩固一个或多个领域的特殊知识
11	1　2　3	现在,请考虑您所在班级中哪些学生可以适用这个评估,在他们的学号旁边附上相应的评级!
12	1　2　3	
13	1　2　3	评分系统:
14	1　2　3	1= 前 10%
15	1　2　3	2= 前 20%
16	1　2　3	3= 低于前 20%
17	1　2　3	
18	1　2　3	
19	1　2　3	
20	1　2　3	
……	1　2　3	

5. 拔尖人才鉴定中的宽带—保真度困境

决策的选择常伴随着风险。使用上述的顺序决策策略,随之而来的方法论问题是处理宽带—保真度困境。珀斯（Perleth）和海勒提示，任何选择决策都容易出现失误。在鉴别资优时，容易产生的两类错误：Ⅰ类错误的风险存在于误认为某人有天赋的时候。Ⅱ类错误的风险在于未能准确识别出真正有天赋的个体。可以通过使用更加严格的标准，如提高智商或测试的阈值来减少Ⅰ类错误；用不那么严格的标准来减少Ⅱ类错误。但是，Ⅰ类和Ⅱ类错误不可能同时减少。负责鉴别的资优研究者需要解决哪种类型的错误更可以被容忍（Perleth et al., 1994）。海勒认为，拔尖项目通常倾向于降低Ⅰ类错误，而最小化Ⅱ类错误的风险更符合个体的最佳"利益"。因此，后一种策略应该在人才搜索、人才鉴别中得到青睐，接着进一步使用有效的工具和连续决策过程来降低Ⅱ类错误的误差（Heller & Schofield, 2008）。但在实际甄选中，具体的筛选策略应根据实际情况来进行确定。鉴别策略的质量可以根据佩尼亚托（Pegnato）和伯奇（Birch）建议的有效性和经济性标准进行评估。有效性是在筛选期间被正确识别为有天赋的学生的百分比。海勒指出，就上述筛选和选择策略而言，识别尽可能多的天才更为重要。经济(效率)由筛选配额中实际天才的百分比决定，可以将其视为总体识别过程所需努力的度量（Pegnato et al., 1959）。当试图找到所有资优时，最好把有效性作为第一标准。

6. 特质导向诊断（状态测试）和过程导向诊断（动态测试）的抉择

海勒认为，虽然传统的心理测量（以特质为导向或状态测试）方法在诊断和鉴别拔尖人才的过程中是不可或缺的，但它的局限性在于对作用机制缺乏足够的解释力。在以认知心理学为导向（过程导向或动态测试）的分析中，人们希望能对拔尖人才所使用的学习和思维过程类型有重要发现。相应的模型主要试图证明天才和非天才学生之间的推测性质量差异，特别是在解决困难和复杂问题过程中的信息处理方面。与在心理测试范式中，许多被认为是基于技能测试的限制性问题解决的情况相反，过程导向的诊断尝试了一些开放的和较少结构的任务。这些任务尤其是当它们在实验设计中重现时，不应仅进行产出分析，还应做过程分析和因果分析。如果人们想要深入了解那些负责专业知识发展的学习和思维过程在拔尖学生的发展和社会化过程中是有利还是不利的条件，这也需要以过程为导向的测试。此外，关于天才进一步发展或提高其效率所需的条件信息，也可以从动态诊断中获得。关于最佳识别结果，海勒认为，应该过程诊断优先于状态诊断方法，但心理测量程序无法被取代。然而，这种过程诊断也具有一定的局限性，理解学习和思维过程的主要目标在技术上还没有令人满意的实现，这有待计算机辅助技术的发展，并且当前对这些新的诊断程序的验证不足。此外，在认知心理学方法的帮助下，天才和非天才学生之间能够在知识获取和使用等方面测量出质的差异的希望尚未实现。不过，这可能是由于质量上的差异实际并不存在，而是只有在心理测量上可证明的数量差异以加速发展或缩短学习时间的形式存在。

二、ENTER模型

ENTER 模型认为，理想情况下，鉴别方法应该反映当前关于天赋的概念。例如，鉴别如果基于单一因果关系的概念，在这个概念中，资优等同于高智商，那么对资优的鉴别应源于智商测试。与此相对，如果资优的理论基础是多因素或系统的概念，那么个体和背景因素必须整合到鉴别过程及发展过程中。然而，当前的资优鉴别方法既没有体现出资优概念的复杂性，也没有反映出考虑情境、过程和行为的趋势。相反，概念上的鸿沟将资优的相关理论与识别方法分开，即研究和实践的分离。大多数鉴别方案依赖于单一诊断标准，通常是智商或成就，通过等级或标准化测试来衡量，这种简化产生了各种问题。一般情况下可以认为，更复杂的天赋概念和鉴别策略能够更好地反映现实，与单一的诊断标准相比，组合使用多个诊断标准肯定可以作出更好的诊断，比较单个预测因素与组合预测因素对未来成就的预测能力能够证明这点。不仅如此，在鉴别过程中考虑环境因素，有助于鉴别来自社会经济地位较低的家庭的儿童，也有助于确保被识别的拔尖人才在其各自社会文化环境中是真正的杰出者。此外，在鉴别过程中包含的发展和学习过程越多，就越容易应用鉴别结果来提高人才开发的有效性（Stöger et al., 2018）。

正如不存在统一的天赋观念一样，目前也缺乏统一的识别模型。然而，ENTER 模型提供了一个理论上不确定的独立鉴别框架。该框架使得 ENTER 模型既灵活又具体，灵活性体现在它可以在不同资优概念下实现，也可用于不同的鉴别目的和不同文化。具体性体现在该框架需要结合具体的天赋模型进行使用，其优点在于理论和方法上的特殊性（Stöger, 2013）。例如，格拉辛格（Grassinger）扩展了 ENTER 模型为 ENTER-Triple L- Model 咨询模型，解决了学习咨询、学习计划和学习路径三个从天赋发展为卓越的连续路径问题。斯特格尔等人还指出，拔尖人才的鉴别不应该同步衡量，而应该历时测量。前后多个测量时间的鉴别可以体现出能够监测发展路线的诊断优越性。例如，ENTER 模型的鉴别包括了从最初的探索性诊断到确定发展路径并实施再到对整个诊断过程的最终审查这些形成性诊断步骤（Stöger et al., 2018）。这种一步一步的鉴别模型，能够更好满足拔尖人才的个性化需求，并且最小化鉴别错误的风险。总的来说，ENTER模型不是描述拔尖人才的"正确"鉴别方法，而是概述了一种一般性的用于拔尖人才鉴定和发展的启发式过程（Stöger et al., 2018）。这种拔尖人才鉴定模型是基于系统性的方法，其鉴别的目的不是鉴别拔尖人才以给个体贴上有天赋的标签，而是确定一条潜在的学习途径，从而使一个人取得卓越成就。因此该鉴定过程并不以识别某些个性特征（例如智力或创造力）为结束，而是包括确定最佳发展机会。最后，ENTER模型认为每个人都有一个独特的行动群落，因此没有标准的鉴别程序。如果要确定一条独特的学习路径，则结果必须针对所鉴定的主体进行独特的定制。因此，历时长、精力投入高、个性化的ENTER模型往往更加适合小规模、个性化或有特殊需求的拔尖创新人才鉴别。

（一）ENTER模型鉴别的边界条件

一项鉴别方案由三个具体条件所确定（见图2-2）：所选择的理论模型，调查团队可用的资源，鉴别的目的或目标。只有确定了这三个参数，才能确定对应"ENTER"模型五个诊断步骤的具体方法。

在理论模型方面，由于ENTER模型是独立的鉴别模型，它需要结合具体的天赋理论模型进行使用。在资源方面，具体的诊断机会往往受到现有资源的限制。资源上的不利条件定会影响鉴定质量的，甚至导致在鉴定过程中所作的努力可能被证明是毫无价值的。只有在资源足够可用时，才可以进行有意义的鉴别过程。然而，为了简单起见，通常假定资源是无限的，换句话说，鉴别过程有足够的鉴别和咨询技能以及专业知识，例如训练有素、经验丰富；充足的调查时间；获取资料的途径，如家长、教师和学生本身愿意接受访谈；物质资源，有足够的调查办公室和诊断材料等。

实际的鉴别特别依赖于鉴别目标，因为它决定了需要收集哪些类型以及收集容量多大的信息。例如，如果目标是确定一个孩子是否可以跳过一个年级，那么学术学习潜力应该重点评估。而如果目标是确定一个孩子是否能在音乐领域达到卓越的水平，那么在艺术领域的学习能力将是评估过程的重点。鉴别本身不是目的，而是为特定目的提供信息。鉴别模型必须能够适应并满足诊断过程提出的要求，通常有人才搜索、个人咨询、教育和学术咨询、职业咨询、为拔尖人才提供特殊项目的指导、招募参与科学研究的人员等。

只有当以下框架内的三个条件——理论模型、资源和鉴别目标都已经阐明并充分存在时，才可以开始 ENTER 模型中的五个诊断和鉴定步骤。

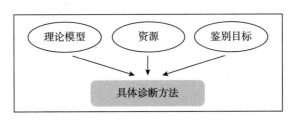

图 2-2　拔尖人才鉴别的边界条件

（二）ENTER 模型的诊断步骤

ENTER 由单词探索（Explore）、缩小范围（Narrow）、测试（Test）/转换（Transform）、评估（Evaluate）和回顾（Review）的首字母组成，即由五个诊断步骤组成，这些步骤在鉴定过程中可能会重叠（见图 2-3）。在前三个步骤中，主要涉及特定类型数据的收集，这些数据必须组合起来才能进行完整的诊断。步骤四用于验证鉴定的有效性；步骤五用于验证鉴定模型的有效性。纳入这些步骤有助于鉴定过程的永久改进。

如上文所说，ENTER 模型鉴别的边界之一是鉴别目标。第一步是探索一种筛选程序的形式，根据天赋的应用模型（这不是 ENTER 模型预先指定的）和确定的目标（例如，寻找天才、职业咨询或为天才的特殊项目提供指导）对个人进行预选，主要是通过对个体及其与周围环境系统的互动进行调查。除此之外，还需要了解学生在学校、家庭以及同侪群体中的总体表现水平和行为模式。第二步是缩小范围，试图为个人确定一个才能领域。随着年龄的增长和能力水平的提高，这个界定通常会变得更加严格。在确定有潜力的才能领域后，必须在第三步转换/测试，对个体在才能领域中必须能够执行的操作进行规范分析。该诊断步骤的目标是确定个人的学习路径，以便他/她能够执行规范分析中确定的操作。总的来说，前三个步骤的关注点集中在：

探索：个体及其在构成其环境的系统中的整合。
缩小范围：为个体确定合适的才能领域。
转换/测试：确定个体的学习路径。

前三个步骤收集到的信息和测试结果将指导评估阶段，在此阶段将作出适当规定的决定。第四和第五个步骤主要是事后的评估和回顾。对于这两个步骤，茨格勒用一个类比的例子来说明了各自的主要功能以区分二者。他举了一个例子：一个商人在一个大城市里建立了信使服务，目的是尽快投递信件和小包裹。由于其所在的城市交通密度高，自行车是服务的最佳交通工具。因此，他的"鉴别目标"是寻找那些骑自行车特别快的人。如果他后来想评估（Evaluate）是否为这份工作选择了最合适的人，他很可能会对自己的选择感到满意。与此类似，当根据对资优项目的参与情况来确定最佳申请人时，诊断专家也会对选择结果感到满意。然而，如果商人扩展了评价的视角，这种高度的满意很可能转化为不满。例如，事后发现，提供送货服务的人得出结论，他应该选择摩托车而不是以自行车作为交通工具。在人们确定选出了那些最能从资优项目中获益的申请者之后，可能会意识到另一种提升项目对这些人更有利。

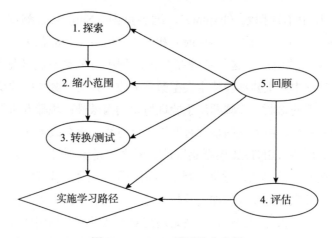

图2-3　ENTER模型鉴定步骤

ENTER模型考虑到这个类比中两个不同事件之间的区别：一方面是对鉴别的直接目标是否达到进行"评估"；另一方面是在"回顾"中，将这一直接目标置于整个卓越发展的过程中，审查天赋本身的识别目标和基本鉴别模型。因此，在ENTER模型的最后一步，不仅要检验理论模型，还要检验实践经验，并在此基础上明确了鉴别目标的学习路径，同时也对鉴别目标本身进行了检验。鉴别的目标不适合该人，或者所应用的模型未包括解释卓越发展的相关因素。评估和回顾作为鉴定质量的控制点，最重要的是有助于进一步发展鉴别方法、教育方法和天赋理论。回顾阶段持续监测儿童，以确定最初鉴定的原因，并确保用于识别的天赋模型与评估阶段提出的实际建议之间具有良好的契合度。综上所述，ENTER模型最后两个步骤，评估和回顾涉及以下任务。

评估：对鉴定目标是否作出正确决定的评价。

回顾：对鉴定的目标是否真的最适合此人进行批判性的审查，以支持卓越的发展。

（三）资优行动模型下的 ENTER 模型

此处对资优行动模型相关理论不再赘述。将 ENTER 模型和资优行动模型结合起来的目的是设计一个鉴定过程，该过程将行动群落中所有成分（行为库、目标、主观行动空间和环境）以及它们的系统交互作用（共同适应、稳定性和可修改性）都纳入鉴定的考量范围。基于 ENTER 模型的鉴别过程在资优行动模型理论框架内需要密集的、长期的咨询努力，需要咨询师和咨询者投入大量时间和精力。

1. 探索

探索的目标是收集关于个体及其在现有环境系统中相互作用的信息。在资优行动模型中，可以从三个方面形成概述：一是个体行动群落的组成部分；二是行动群落的系统特性，特别是其灵活性和稳定性；三是行动群落的先前发展及其实现进一步适应的能力。

为了整合种类繁多的信息，人们必须能够利用各种资源（见表 2-3）。在这里，人们应该首先关注 L—数据（Life），这个数据可以使人们了解现实生活中个人的行动和潜在行动。由于全面收集所有 L—数据无非是一个人的完整传记，包括他／她与环境的系统性相互作用，所以必须进行选择。特别重要的是能够简单地窥见个体行为库。为此，需要在学术领域整合以下资源：要求家长以每周计划的形式描述学生在学年和暑假期间，每周参与的典型活动。此外，他们被指派给一名学术领域的联系人（大多数情况下是一名学校教师），并被要求在第一次面谈之前填写一份由 Ziegler 等人开发的问卷，并发送到咨询中心。根据这些信息，咨询中心计划实施一项诊断项目，对咨询者及其父母进行半结构式访谈，并为其制定了特别的检查表，用于评估个体行动群落的组成部分、系统特性和适应性。为此，采用两步程序，首先收集关于个体行动群落的一般信息，然后在"缩小范围"中专门进行针对才能领域的诊断。

除了收集学生的生活数据，还需要收集 Q—数据（调查问卷）和 T—数据（测试数据）。Q—数据主要基于问卷调查，涉及学生的目标、主观行动空间和行为库。具体来说，主要收集关于学生的目标成分、愿望水平或动机取向的信息。而主观行动空间的组成部分主要关注的是学生对自己能力的信息、无助感或自我管理的技能。

T—数据是标准化测试的结果，主要关注行为库及其决定因素。为了确定学术领域中行为库的当前状态,可以利用非语言智力测试(Nonverbal Intelligence Test)并进行差异认知能力测试(Cognitive Ability Test)。后者也可作为一个指标,表明哪些领域可能需要采用"缩小范围"步骤进行更具体的后续研究。例如,它可以与数学能力的特殊测试相结合。更有趣的是关于学习策略的信息。以上这些数据综合起来便可评估:①个体拥有多少学习和教育资本;②这两类资本在系统支持策略中可运用到何种程度(Stöger,2013)。

茨格勒指出,如果将上述收集的数据与ENTER模型探索步骤的总体目标进行比较,就会清楚地发现,其中对"个人及其系统"的关注已变为对"行动群落及其系统"的关注。因此,基于资优行动模型对拔尖创新人才的诊断比通常的诊断更为复杂,根据实践经验需要大约4个小时才能完成。通过在小组测试中收集Q—数据和T—数据,可以节省时间。

表2-3 探索阶段数据的来源及其具体内容

资料来源类型	具 体 内 容
第一次电话咨询	个人信息;预先设定的咨询目标
文本资料分析	成绩单;医学和心理学报告
针对父母的调查问卷	父母和兄弟姐妹的一般信息;咨询动机及咨询历史;关于咨询的儿童;其他问题
针对教师的调查问卷	—
每周时间表	学校/假期
半结构访谈(教师、父母、儿童)	各种主题的清单,如家庭互动、创造力、学习行为、学习环境、学习策略、焦虑、资源、压力、课堂教学、课堂气氛、学校等,一份清单大约有8页,帮助咨询师了解每个主题最重要的方面
测试(T—数据)	非语言智力测试、差异认知能力测试、运动技能测试(小学)、动机测试、学习策略测试、注意力测试、个性特征测试、焦虑测试等

2. 缩小范围

只有在收集了足够的一般信息来对行动群落进行评估时,才会过渡到"缩小范围"阶段。进一步的诊断进展取决于诊断的具体目标。第一种选择是预先确定一个具体的识别目标,例如,一个孩子是否有能力参加资优项目，或者跳级对孩子来说是否是一个合适的挑战。第二种是有一个鉴定目标，但不是具体的，而是探索性质的，比如一个在学校表现出快速学习能力或有大量非凡成就的孩子是否能够在某个特定领域（甚至几个领域）取得卓越成就。"缩小范围"的目标是针对特定的鉴别目标或者不完全确定的才能领域，在行动群落的组成部分、行动群落的灵活性和稳定性以及天赋领域适应的发展机会这三个方面收集信息，以确定适合的才能领域。

ENTER 模型为一系列步骤提供了具有层次结构的鉴别过程。在此过程中，发生了从对行动群落的一般考虑到特定考虑的演变。通常，个体才能领域会随着年龄和成就潜力的增长而变得越来越清晰。一旦有潜力的才能领域已经确定，就需要对个人行为进行分析，即需求分析。与探索阶段一样，需要收集 L—数据、Q—数据和 T—数据，但"缩小范围"阶段要根据鉴别目标或才能领域来重新定义，因此数据收集更具有领域特殊性。茨格勒指出，不幸的是，现在许多才能领域还没有开发出合适的测量工具，特别是没有标准化的测试。当这种情况出现时，通常依赖于该领域的专家或通过经验丰富的培训师的判断来评估才能领域的学习潜力，经常需要来自专业领域的专家来帮助诊断。

在实践中，对拔尖人才的鉴别通常被简化为对拔尖人才的选择。在"探索"和"缩小范围"阶段收集的信息通常认为是足够的，因为对于纯粹基于状态的诊断而言，该信息似乎是足够的。实际上，这种鉴别的概念是基于特质取向的，即天赋或才能被视为个体的一种属性，而个体只需要认识到这一属性，就可将其正确地安置在一个资优项目中。然而，资优行动模型所认为的动态观点与这种是不一样的。只有在结束"缩小范围"步骤之后，才能知道个体是否能够达到鉴别的目的（如跳级）或在才能领域取得卓越，而不是必须无条件地达到，需要做的是必须确定一条学习的路径。

3. 测试／改变

总的来说，测试／改变阶段是为个人确定通往特定领域卓越能力的学习途径，帮助个体发展到成功执行需求分析所描述的行为的程度。测试／改变阶段的第一步是对动作进行规范分析，学生应该能够执行。如果鉴定的是跳级问题，那么鉴定专家应该关注学生跳级后所在的年级对学生能够执行的行动的要求，明确地说就是执行特定数学运算的能力。在确定鉴定领域的行为描述时，必须牢记行为的三个属性。一是它们具有相结构，例如它们由一系列局部动作组成。这里有一个例子：人们很可能满足于"必须能够执行八年级课程中描述的数学运算"的描述。但规范分析中可能需要对相结构进行更深入的分解,例如"必须能够执行八年级课程中描述的代数和几何运算"。当在"缩小范围"步骤中发现指标时,分解就变得尤为重要;如果"缩小范围"指出空间技能方面的薄弱环节,在学习八年级几何课程之前,需要充分发展空间技能的薄弱环节。二是还必须考虑到动作实际上总是并行执行的,即有多个动作。一个简单的例子就是"解决数学习题"的任务,通常将其描述为一个单独的动作。实际上,在解决这一问题时,需要并行执行几个动作。因此,患有测试焦虑症的孩子在解决问题的过程中,可能一边担心无法解决问题的负面后果,一边寻求应对这种潜在情况的策略。如果练习要求将答案写在纸上,这可能会由于书写技巧或运动技能的薄弱而对成绩产生不利影响。三是要求它们在各个层面上进行调节,这是由第二个属性衍生的。因此,应该确定需要哪些调节技能,以及应该在多大程度上期望儿童具备这些技能。

对于学习路径是否可以开发的问题,需要评估行动群落是否处于复杂适应的状态,以便能够执行规范分析中抽离的动作。为此,在资优行动模型背景下,必须从以下五个方面收集信息:①儿童是否可以使用一个标准(或者在某些情况下使用多个标准)来识别有效和无效的行为?在这方面,已经有人提出过这样一个例子,即小提琴家在演奏不利落的时候,自己的耳朵需要有能力识别出来;如果孩子没有这种识别能力,必须确定是否可以为其提供专业的反馈。②这个孩子有能力识别能够促成更有效(学习)行为的环境吗?如果不行,必须提供获得条件性知识的机会。③孩子有能力产生不同的动作吗?对学习路径的评估规定,儿童需要能够将自己的知识广泛地应用于不同情境之下。④孩子是否已经做好充分准备以对他的行动群落进行大规模调整。例如,跳级后,孩子必须能够在另一个概念层面上思考。在代数计算中,不再像算术那样使用具体的数字进行计算,而是使用未知变量进行计算。那么咨询师必须能够识别在学习路径中将会遇到的调整状况,并评估是否已经掌握或者是否需要额外的支持。⑤确保在整个学习过程中能否可以提供有效的反馈是很重要的。反馈可以包含各种类型,如专业反馈、周期性的学习循环、后续学习阶段的支持以及激励性反馈等。同样,为了避免功能失调的过度激励,动机反馈回路也是必要的,因为它可能对行动群落的稳定性构成严重威胁。这种考虑也与测试/改变中需要的另一种评估相关,即行动群落是否具有承受这些复杂修改所需的稳定性。

在确定学习路径过程中,特别重要的是行动群落中各个成分共同进化的方面。这需要分几个阶段与咨询者及其父母进行讨论，讨论主要是基于系统性咨询的原则。例如，需要确保在主观行动空间中也能描绘出正在不断发展的行为库，并确定相应的具有挑战性的目标。此外，需要预先确保环境能够提供越来越多的刺激学习机会。对于随后的每个学习步骤，都需要确保行动群落始终具有足够的稳定性，因为每一个学习步骤原则上都意味着偏离平衡一步。同样，需要集体努力，以确保这五项适应性功能得以实现。

如果同时考虑前三个诊断步骤，则在将 ENTER 模型应用于资优行动模型时需要强调以下规范：对于 ENTER 模型的每个步骤，都必须针对特定的问题区域进行诊断，探索是一般的行为，缩小范围与天赋领域的行为有关，鉴别和测试的既定目标与学习路径有关。此外，必须在三个层面上进行观察，即行动群落的组成部分（行动、行为库、主观行动空间、目标和环境）、系统层面（特别是灵活性和稳定性，这意味着共同进化是可能的）和行动群落有效适应的可能性。

在 ENTER 模型中，咨询是在测试阶段进行的，即在公开了潜在的学习途径之后。咨询是测试阶段的核心。这个阶段的目标是通过咨询者和咨询师共同开发学习路径的潜在实施。在具体操作方面，茨格勒和斯特格尔提出了 11 个咨询步骤组成的过程（The 11-Step Counseling Cycle, 11 - SCC）（图 2-4），如果需要，可以循环重复。这些步骤实践中根据实际情况会有

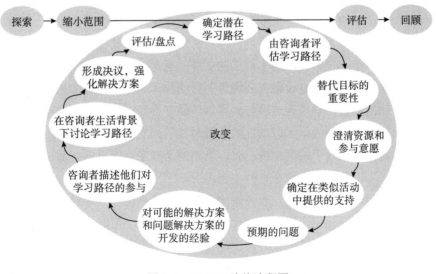

图 2-4　11-SCC 咨询流程图

所不同。在咨询周期的所有步骤，都要遵循系统咨询的原则，比如建立一个合作的氛围。

第一步是呈现初步的诊断结果，确定潜在的学习路径。在这个过程中，要尽量与咨询者的原始意图保持一致。咨询师必须始终考虑咨询最初的期望是什么，已经确定了哪些问题，以及发现了哪些意见分歧等。

第二步是由咨询者评估学习路径。咨询师提出的建议学习途径需要咨询者的充分合作，因此必须明确他们潜在的保留意见。在这一点上，咨询师经常发现他们试图减少甚至反驳意见上的分歧，但这往往适得其反，意见上的分歧应该得到处理和解决。此外，重要的是要求咨询者评估他们个人在学习路径上可能经历的后果。

第三步是替代目标的重要性。即使在第二步中可以达成共识，也应该询问咨询者是否存在替代目标，因为这些目标的存在可能会不断地诱使咨询者放弃学习路径，或以较低的热忱去实施。在这里同样重要的是要注意共识和分歧。如果确定了另一个目标，而咨询师有不支持它的理由，就应该在有机会的时候立马提出观点。如果仍然不能达成一致意见，则需要进入咨询周期的第 11 步。

第四步是澄清资源和参与意愿。当咨询者和咨询师就学习路径的优点达成一致时，必须对咨询者可用的资源及其参与意愿进行详细调查。此外，有必要要求咨询者确定其他人对他们的期望以及他们赋予这些期望的意义。咨询师找出咨询者计划采取的措施也很有帮助。因为咨询者常常为自己设定额外的、几乎不可能实现的高目标，这反过来会导致失望。咨询师找出他们计划采取的无效措施，可以帮助预防适得其反的行为。

第五步是确定类似活动中提供的支持。通常，咨询师会竭尽所能地开发学习路径，从而更好地融入咨询者的行动群落。特别是咨询师已经有过类似行动的经验，意识到这种行为可以帮助咨询师洞悉这种学习路径成功的机会。例如，当处于类似情况的父母对孩子的支持很少或没有，或者过去无法解决涉及孩子的类似情况时，重要的是确定是否寻求到解决这些问题的方法，以及找出为什么它们不起作用。

第六步是预期的问题。一条新的学习路径几乎总是要求对行动群落进行重大调整。因此，咨询者需要预测他们在预期的学习路径上可能会遇到什么类型的问题。同样重要的是，如果问题真的出现，知道谁可能会参与进来，相关人员可能会如何反应，以及这个问题会对参与者和其他人产生什么样的影响。

第七步是潜在解决方案的经验和解决方案的开发。很可能咨询者已经遇到了类似于预期问题的问题，并且已经提出了合理的解决方案。在实际咨询过程中，通过与咨询者及其父母等共同解决疑虑，协商发展潜在问题的解决方案。

第八步咨询者描述他们对学习路径的参与。咨询者对他们参与学习路径的具体描述至关重要。在这里，咨询师必须确保该描述包括具体的行动，主要包括：需要具体说明谁在做什么，何时何地以及如何指定。此步骤可帮助咨询者识别不切实际的计划。如果此过程不成功，则必须返回到步骤四。如果反复尝试执行步骤四至步骤八无法产生令人满意的解决方案，则必须继续进行步骤十一。

第九步在咨询者的生活背景下讨论学习路径。咨询师只是展示一条潜在的学习路径，咨询者必须根据在咨询过程中收集和处理的信息，在不受包括咨询师在内的其他人影响的情况下，决定自己走上这条路径。然而，必须考虑采用这种学习路径的决定对所有相关人员产生的影响。例如，如果适合更换学校，则旧的友谊可能不再维持，咨询者愿意为此付出代价吗？什么可以帮助他们管理这种过渡？在这个过程中，咨询师不应该对被咨询人施加压力。

第十步形成解决方案并强化解决方案。如果作出了有利于学习路径的决定，咨询师应该要求咨询者制定解决方案。咨询师强化这些方案，在某些情况下，如果他发现这些决议有缺陷，则可能要求辅导员进一步完善他们的决议。在某些情况下，可能需要返回第九步。

第十一步是咨询师对整个咨询过程进行评估。具体来说，咨询师重申了各方的目标，或者解释为什么无法就学习路径达成共识，所有参与者都同意这一过程将如何进行，咨询周期的第一至十步可能需要重复，在极端情况下，需要回到 ENTER 模型的探索或缩小范围阶段。

在实施学习路径之前，11-SCC 步骤必须全部完成至少一次。然而，咨询应该是一个持续的过程，在这个过程中，个体在稳定他或她的行动群落方面得到帮助和支持，在达到卓越的情况下，再改变行动群落。在实施了学习路径之后，如果需要，可以再次进入咨询周期。只有当咨询师认为他/她不能再作更多的贡献时，咨询才应该结束。

综上所述，在测试/改变测试阶段，咨询师、咨询者及其父母进行合作对话，概述了可能的学习路径，讨论了其实施方式。基于 11-SCC，详细介绍诊断阶段的结果以及可能采取的行动，父母和咨询者对这种学习路径进行评论，并在对话中根据当前资源具体化。例如，对话澄清了父母可以在多大程度上提供支持，然后定义任务和角色，专业指导尤其适用于中学拔尖学生。在最终决定是否针对讨论的学习路径作出决定之前，咨询师具有解决其他潜在替代路径的作用，以确保儿童/青少年能够在最佳的路径内行事，咨询者在特定领域的学习过程中表达决心。作出决定后，咨询师对其进行汇总，并在学习过程中请所有相关人员实施其任务和角色。测试阶段的结论是以达成第一个子目标以及评估阶段的会面呈现。

4. 评估和回顾

在一般实践中，通常在将一个人识别为有才华之后，就认为完成鉴别；在极少数情况下，在鉴别中也确定了学习路径。评估和回顾两个阶段通过审查识别过程所基于的目标和方法、所选择的学习路径，识别所基于的天赋理论的质量和持续发展，确保所有诊断和咨询工作的质量。

评估步骤的功能是确定受试者实现识别目的和目标的程度。例如，跳级是否成功。为了确定这一点，必须阐明合适的成功标准。可能的标准非常广泛，包括学术成绩、学术头衔、荣誉以及在出版物或艺术上的非凡成就。然而，重点不仅在于实现中间目标（例如，儿童根据建议，在课堂上获得的成绩是否达到期望值）或卓越目标，还在于行动群落的共同发展是否符合系统方法。

在"回顾"步骤中，对鉴别的目的和鉴别所基于的天赋模型进行评估（Stöger et al., 2018）。特曼在 1925 年进行的研究提供了一个例子，说明了审查天赋模型的必要性。这项研究基于的天赋模型认为天赋等同于高水平的智力，高智商会催生卓越。特曼拒绝让两位后来诺贝尔奖获得者进入样本，因为他们没有达到他提出的智力水平。显然，特曼的研究是基于一个不充分的拔尖人才模型。关于对鉴定目的的检查，回顾步骤要求在达到鉴定目标的咨询者与未达到鉴定目标的咨询者之间进行方法上的比较。最后，专业知识的掌握程度决定了鉴定目的成功与否，以及鉴定所采用的天赋模型的实用性。

用 ENTER 模型进行拔尖人才的鉴定和发展，在某些方面，诊断过程本身已纳入鉴定。在鉴定过程中，咨询师成为其分析对象的行动群落的积极部分。例如，如果诊断是一个选择的问题，通常会决定是否接受某个特定的提升项目的情况，那么它们很可能成为几个行动群落的相关部分。仅仅向申请人提供鉴定结果，也很可能会引起他们行为群落的改变。通过提出一条学习路径，诊断医生对发展至卓越产生巨大的影响。简言之，从诊断医生启动鉴别工作起，他就在行为群落的发展中起着作用，因此不能从整体情况中去除。除了个人对其行动群落的影响，还有另一个有效的理由将评估和审查纳入 ENTER 模型。咨询师也是适应复杂系统的一部分，必须在环境变化和挑战的框架内发展。他通过观察先前诊断的效果，或者通过对同事提供的信息进行反思，或者基于天赋研究领域的新发展，也学会了如何作出更好的诊断。上述成功适应性系统的标准也适用于诊断医生本人。评估提供了关于他选择的学习路径是否成功的反馈，回顾为他提供了关于他的方法和理论模型是否正确的反馈。这些信息有助于他朝着诊断卓越的方向发展他的行为群落。

（四）ENTER 模型的独特作用

ENTER 模型鉴别拔尖人才的一个特殊特征是，由于每个人都有一个独特的行动群落，所以没有标准的鉴别程序，无法通过如固定的智力、动机和创造力测试的组合等来进行鉴别。实际上，每个人都被嵌入一个不同的系统中，这个系统本身可以产生很大的影响。如果要确定一条独特的学习路径，则结果必须针对所鉴定的主体进行独特的定制。虽然其他的拔尖创新人才鉴别模型使用某些测试组合以及针对特定主题领域的问卷、清单或访谈作为标准，但基于资优行动模型的鉴别方法，认为鉴别目标之间、人与人之间以及环境与环境之间都可能存在很大差异。在特定领域取得卓越成就的人物传记着重证明了这一点。例如，如果在"探索"和"缩小范围"两步骤中的鉴别显示出个体在行动群落的各个组成部分有相似之处，但对未来学习过程的适应性不同，则在"转换"中应该制定不同的学习路径。这种鉴定需要咨询者和咨询师投入大量时间和精力，作为回报，人们则有可能获得诊断精度形式的大回报。这一过程实际上是与 ENTER 模型主要确定一条通往卓越的学习道路，而不是确定资优有直接关系。

ENTER 模型在识别具有特殊教育需求的拔尖人才时，个性化学习路径以及系统性的方法可能特别有用。这些拔尖人才在基于智力测试的鉴别过程中通常难以被发现，例如在标准化智力测试中，有特殊教育需求的人的认知能力由于残疾、发育障碍或行为问题等，经常无法以释放的方式进行衡量，他们的能力经常被低估。在对行动群落的组成部分进行分析的背景下，以及在探索和缩小范围阶段对行动群落的渐进适应性进行分析的过程中，对咨询者的优势和劣势进行了广泛的考虑，使得有特殊需求的拔尖人才无法被发现的可能性较小。最重要的是，对主观行动空间的深入评估非常重要，因为在这种情况下，以特殊的方式考虑了学习和表现的抑制因素。如自卑、无助、不利的动机或缺乏专注力等。主观行动空间可能会因当前存在的残疾、发育或行为问题，或者由于以前的消极学习和表现经验，而对有特殊教育需要的人，在"改变"阶段确定学习路径，从而为其提供机会，对于具有特殊教育需求的拔尖人才来说是一种重要的选择。有许多鉴定过程在确定一个儿童为资优后结束鉴别过程，但 ENTER 模型鉴别的重点在于支持最佳的发展和提升的概念，这对于部分拔尖人才来说特别受益。这同时也是对学习和生活环境以及潜在的支持或抑制因素的详细识别。

总的来说，茨格勒提出了一个 ENTER 模型，规范拔尖人才的鉴别策略，又开发出了"资优行动模型"描述拔尖人才的特征，作为人才鉴别的理论基础。与其他天赋概念相比，茨格勒采用了一种系统的方法，不强调人的身份鉴别，而是鉴别一条通往卓越成就的学习路径。ENTER 模型可以提升人才鉴别的成效，为拔尖人才的理论和实践的持续发展提供支持。

三、WICS模型

毋庸置疑，世界上永远只有少数学生可以称得上"资优"。那么，当两个各具特色的学生出现在招生官面前，我们更应该录取哪一个？换言之，谁表现出了更多日后成功的特质？斯腾伯格在分析了大量高校奖学金项目的选拔标准后发现，这些项目往往关注于使学生成为某个特定领域未来领袖的某种素养。而斯腾伯格的雄心不止于此，他想构建一种普世的模型，适用于所有拔尖人才项目的选拔。

斯腾伯格的 WICS 模型将促进成功的要素分为四个部分：智慧（Wisdom）、智能（Intelligence）、创造力（Creativity）以及将其综合运用（Synthesized）的能力。这里的智慧、智能、创造力并非并列的概念。智能是创造力和智慧的基础，创造力又是智慧的基础。在拥有了智能、创造力和智慧以后，学生只有将这三种品质综合运用，才能成为改变世界的人才。在斯腾伯格的定义里，智能、创造力和智慧都不仅仅是那种与生俱来的过人才华，它们更多地需要学生坚毅的品质、理性的价值判断、与他人和环境的复杂交互以及对自身和世界的深刻洞见。它们也都不是使用传统的测量方法可以简单获得的指标，而是要结合所处的特定环境和时代背景才得以展现。因此，它们可以指导现有的资优项目改进选拔和评价标准，使之更符合人才本身的发展轨迹，为改变社会作出真正的贡献，而不是成为一些短期目标的傀儡。

(一) WICS 模型的构成要素

1. 智能

关于什么是"智能"的讨论在学界由来已久。早在 1921 年，《教育心理学杂志》（*Journal of Educational Psychology*）就在专家学者间发起了对智能内涵的讨论，这一概念在经历了六十余年的演变和扩展后，逐步得到了公认，即智能并不是简单的智商，它包括学习能力、元认知能力（即对自身产生合理评估的能力）与适应环境的能力三个方面（Pfeiffer et al., 2018）。

1985 年，作为心理学家的斯腾伯格在其著作《智商之外》（*Beyond IQ*）中提出了智能三元理论（The Triarchic Theory of Intelligence），将智能划分为情境智能（Contextual Intelligence）、经验智能（Experimental Intelligence）和成分智能（Componential Intelligence）三个子领域（Sternberg, 1985）。其中，情境智能包括适应环境、选择环境和改造环境的能力。经验智能指的是基于经验对已有知识的迁移能力和完成任务的能力。成分智能则衡量信息处理过程，包括：

① 元成分（Metacomponent）：对信息的加工、监控和评估；

② 操作成分（Performance Component）：对元成分中得到的计划加以实施；

③ 知识获取成分（Knowledge-Acquisition Component）：是指对新信息的学习能力和新旧信息的结合能力。

那么，这些智能的复杂分支与成功间的关系是什么呢？答案是，学生应该综合上述三种能力成分，并将其运用于更为复杂的现实。因此，只有一个人在智能中的三种子领域有着优秀且均衡的表现并协调运用，他才可以说是具备了成功智能（Successful Intelligence）。1999 年，在斯腾伯格正式提出成功智能的概念时，又将元认知考虑纳入智能范畴。基于此，斯腾伯格总结了成功智能的四个要点（Sternberg, 2005d）。

① 在特定的社会文化背景下实现目标。由于不同学生的目标各不相同，拔尖人才计划应该认真地考虑学生的人生规划是怎样的，而不是一刀切地选择出一批全部具有相同理想的学生入学（或是假设他们具有相同的理想）。我国资优计划培养目标随国家发展目标的迁移而变化，而斯腾伯格认为学生自己的目标才是更重要的。对于一个有才华的学生，斯腾伯格认为他所确定的人生目标只是第一步，我们更需要关注的是

他为了达到目标而作出了哪些针对性的努力。事实上，中国目前的拔尖人才培养项目恰恰面临着这样的批评，尽管它们在努力权衡学生与社会的种种不同期望，但是有时依然单一地选择了有志于学术理想的优等生进入项目（Yan et al., 2016），这并不利于多元化的学生彼此学习和分工协作。

② 充分利用优势并纠正或弥补劣势。这个要点针对元认知：卓越的技能和评估自己的真实水平是完全不同维度上的能力，很少有人可以拥有同样出类拔萃的分析能力、创新能力、实践能力和基于智慧的能力，而聪明的学生必须对自己的长短处有足够的认识和了解，知道选择一个适合自己的领域并坚持下去。因此，在资优项目的选拔过程中，面对具有不同特点的学生，我们应该考察的不是谁更优秀，而是谁的优势更适合他未来的发展道路。

③ 努力适应、塑造和选择环境。不同于大部分的资优理论，斯腾伯格认为具有成功智能的个体仅仅拥有适应环境的能力是不够的，他同样应该懂得选择和改变环境（Sternberg, 2003）：有能力的人可以改变外部环境来帮助自己实现目标，而且能够急流勇退转向另一个更加适合自己的环境。

④ 综合运用分析能力、创新能力和实践能力。心理学家普遍认为，这些能力的基础是信息加工过程，也就是成功智能。针对学校教育单纯强调记忆和分析能力的现状，斯腾伯格提出了批评，指出，成功智能更应该关注创新能力和综合运用知识的能力。这里需要注意的是，"创新能力"不同于 WICS 模型中的下一个要素——"创造力"，创新能力是"能力—素质—专才"发展链中"能力"一级的要素，是创造力的前提条件之一，而只有当一个人拥有包括创新能力在内的许多能力、素质和品德，并有意识地选择成为一个有创造力的人时，他才称得上拥有"创造力"。关于这一点，本书将在后文中深入讨论。

根据这些定义，智能对于每个人的内涵是不同的。不仅如此，研究表明由西方主导的智能测试在其他文化中的测试评分往往较低，这或许并不是因为其他文化中的人不够聪明，而是因为智能对于不同文化和年代的人有着不同的内涵（Sternberg, 2019）。因此，WICS 模型提醒我们不能用一个普世的标准来要求所有学生的智能。

斯腾伯格对智能的阐释，很好地解释了生活中那些不具备顶尖智商的成功人士的存在。许多学者都指出，智商测试没有我们想象中的那么重要

（Murdoch，2007），智能远远不是传统考试所能覆盖的，更不是智商测试所能覆盖的，而这一部分难以测量的智能却对未来的成功至关重要。智能是一个内涵广泛的要素，它是成功的基石。但是很多人拥有高的智能却没能够作出太多实际的贡献。他们是好的批评家，但不是好的创造者（Sternberg，2003）。因此，我们需要 WICS 模型中的第二个元素：创造力。

2. 创造力

智能到创造力之间的桥梁是排除万难、虽千万人吾往矣的行动力和勇气。斯腾伯格为创造力下了这样一个定论：与其说创造力是一种能力，不如说是一种决定。它具有认知、情感、动机和环境因素，但更是对生活和工作的态度（Sternberg，2018a）。斯腾伯格相信，创造力不光属于名垂青史的伟人，普通人也可以拥有新奇的点子并发扬光大。至少在某个极小的领域中，你我的创新可以说是世界上独一无二的，关键在于产生新奇点子的人能否意识到这个创意价值几何，并为这个创意可能带来的后果承担相应的代价。

许多学者认为创造力并非单一的能力，而是多种因素融合的结果。例如，曼贝尔（Amabile）将创造力分解为领域相关技能（Domain-Relevant Skills）、创新相关技能（Creativity-Relevant Skills）和任务动机（Task Motivation）（Amabile，1983）。契克森米哈（Csikszentmihalyi）认为创造力指的是创新的出现，他人的接受、实践以及记录的全过程（Csikszentmihalyi，1996）。与契克森米哈相似，斯腾伯格没有把创造力简单地定义为发明家灵光乍现的一刻所表现的才华，而是将关注点更多地放在那一刻后随之而来的东西。

斯腾伯格认为创造力并不仅限于创新发生的一刻，他将这个过程比作投资时的低买高卖，在"买进"的一刻过去之后，随后的事情是勇气、能力甚至运气的结合体。因此，创造是一个漫长的完整过程，从一种思想的诞生开始，以它为普罗大众所认可来终结。这一理论后来被发展为创新三元理论（The Triangular Theory of Creativity）：创造力来自对人群（Crowd，某个领域的信仰、价值、实践）、自我（Oneself，自己曾经的信仰、价值、实践）以及时代精神（Zeitgeist，领域内的预设和范式）的反叛（Sternberg，2018a）。历史上取得创新突破却不被时代所接受的例子屡见不鲜，但并没有阻碍这些优秀的思想生根发芽。这一方面是因为创意本身就是有价值的，另一方面是因为创新者的坚毅品质，在这些创意的幼年时期对其施以呵护，尽管这些品质在人群中实属难得（将在后文中详细展开）。

斯腾伯格认为创造力并不一定是与生俱来的，创造力的基础是三种智能：创新能力、分析能力、实践能力。这些能力都可以通过后天学习获得。其中，创新能力指的是产生新奇点子的能力，在产生这些点子之后，我们通过分析能力来判断它价值几何，卓越的实践能力帮助我们将其推广为公众接受的想法，三种能力缺一不可。当然，三种智能并不是创造力的全部，知识、思维模式、性格和动机都是其基础（Sternberg, 2003）。

在明确了创造力的基础能力后，斯腾伯格指明了几点可以反映创造力的标准：①跳出思维定式，重新定义问题；②质疑和分析思维预设，以及生活中司空见惯的事物；③具有说服别人接受自己观点的能力；④意识到知识与创新的关系：没有知识的人是很难取得创新突破的，而专家学者一旦故步自封，放弃了终身学习，就很难再去创新了；⑤克服障碍的意愿，因为新事物常常受到大众的抵制；⑥承担风险的意愿，因为创新便意味着失去了循规蹈矩的安稳和按部就班所能获得的成就；⑦忍受含糊：尤其在创新的初期，很难讲一个创意到底有多少价值，但优秀的创造者可以坚持过这段并不明朗的时光；⑧自我效能感，即坚定不移相信自己的能力；⑨对事业的热爱和使命感；⑩延迟满足的意愿：创新带来的快乐不在一时，等待自己的思想被众人接受可能需要几年乃至几十年的时间；⑪作出改变的勇气；勇敢是资优者最基本的品质，只有拥有知其不可为而为之的勇气，才能作出他人难望项背的卓越成就（Sternberg, 2003）。

这十一点中，第一、二、四点是关于"产生想法"本身的。资优创造者一定是具有批评性思维的，他们可以理性地分析自己的既有观念，质疑其预设，梳理其逻辑，同时，他们也愿意跳出头脑的舒适圈，去思考别人未曾涉足的领域。然而，有了新的思想只是创造的一小部分，关键在于一个人能否预见到这个思想所带来的一连串连锁反应并有勇气和能力正视和战胜它们。斯腾伯格列举了形成创造力的六个要素：智能、知识、思维方式、性格、动机、环境。其中的后四个都与产生想法之后的事情相关。简言之，有创造力的人一定具有"天将降大任于斯人也"所必需的卓越品质，能够在"苦其心志，劳其筋骨，饿其体肤，空乏其身，行拂乱其所为"的时候坚持下去直到成功。但要达到这一水准谈何容易，斯腾伯格的模型将其拆分成了八种能力和素质（上述第三、五至十一点）。斯腾伯格一再强调，提出新想法后，随之而来的极有可能不是赞誉,而是质疑和反对。因此,创造者需要拥有强大的实践能力去推销自己的创造,不仅要拥有忍受的毅力,而且也愿意享受孤独的过程。

3. 智慧

在智能和创造力之后,一个人能否成为人才的最重要因素是智慧。在创造力之上,智慧的人还需要另一种智能,斯腾伯格称为基于智慧的能力(Wisdom-Based Skills,将共同体利益置于个人利益之上的能力)。如果说智能和创造力是能力和品质的混合体,那么智慧则要复杂得多,它具有哲学性,与政治、道德和法理都密不可分(Sternberg et al., 1990)。斯腾伯格把智慧定义为对于智能和创造力的协调运用(Sternberg, 2003),是对拔尖创新人才选拔的最高等级标准。

智慧的最后结果是帮助拔尖人才适应和改变既有环境,或选择新的环境。这一标准与"智能"中的第三条标准有些类似,其区别在于:智慧的人会把他人乃至社会所需考虑在内,对环境的改善或变更,不仅是为了一己私利,更要使自己和环境更加相融,并使社会向好的方向发展,智能则是纯粹事关自己的。可以说,智慧是一种家国情怀。在我国改革开放初期,教育改革就强调培养"符合社会要求,有觉悟、有能力的专门人才",可见拔尖人才不应该仅仅具备高超的技术和智力,更应该对所处的社会和周围的人产生有益的影响。

斯腾伯格将我们身处的共同体拆分为三个部分:自我(名和利)、他人与社会(学校、组织、国家等)。但很多时候,自我、他人、社会三方利益并不能完全调和,而平衡三者需要的不仅是能力,更是卓有洞见的价值判断。价值判断往往没有标准答案,这也是智慧在人群中尤为难得的原因。

在解释自我—他人—社会间的权衡取舍时,斯腾伯格将其细分为五个不同的方面:

① 目标:一个人如何定义共同体的最大利益。
② 对环境反应方式的平衡:适应、改变还是选择新环境?或是兼顾其中的两种?
③ 在彼此冲突的利益中做出平衡。
④ 长短期目标间的平衡。
⑤ 价值判断:有些人倾向于选择坚持自己认为对的事情,而另一些

人则选择屈从领导。

由此可知,智慧世界上"聪明不智慧"的人很多,他们大多没有平衡好以上五点中的一点或几点。过度自信的人显然是没有智慧的,不管是不把他人放在眼里还是不考虑他人的感受;过度自信、盲目自大、自以为全知全能无所不侵的人(Sternberg, 2004),哪怕能力极强也不会是拔尖计划的合适人选——他们只会带来自我毁灭式的后果。

(二)三种因素的测量

WICS模型作为一种指导拔尖人才选拔的模型,必须回答的一个问题是如何测量和评价拔尖学生的水平。斯腾伯格反复强调拔尖是因人而异且没有标准答案的,因此任何测量方法都只能尽量精确地测试学生的智能、创造力和智慧。

1. 智能

斯腾伯格模仿Sat考试使用三向度能力测试(Sternberg Triarchic Abilities Test, STAT)以及两个补充测试来衡量学生的智能。尽管斯腾伯格认为的智能指的是包括元成分在内的高级智能,这里我们只测量WICS模型中与下一环"创造力"有关的传统智能:创新能力、实践能力和分析能力。每种能力分别用语言、数字、图表和一个简答题进行考察(见表2-4)。通过对三种能力分别进行测量,得到的结果将比直接测量智能整体要更加精确(简答题的加入降低了共线性的可能性)。此外,这种更加细分和全面的测试一定程度上修正了不同文化对智能的理解差异导致的测量偏误。例如,尽管印第安裔学生在STAT考试中通常处于劣势,但出色的口头表达能力却可以帮助他们在STAT中获得相对更高的分数(Sternberg, 2009)。

表2-4 智能测量

能力类型	语言	数学	图表	简答题	补充测试
分析能力	在自然语境下判断一个新词的意思	通过一系列的数字寻找规律	补全一个缺失了右下角的矩阵图	分析保安在校园的作用	

续表

能力类型	语言	数学	图表	简答题	补充测试
实践能力	看到在某位青少年生活中发生的一系列状况,在选项中选出最好的解决方案	通过数学计算解决一个生活情景剧中出现的日常数学问题	依据地图有效设计某一区域的线路	对一个现实问题给出三种解决方案	一些关于日常活动的图像,例如被不熟悉的人要推荐信应该如何决定
					基于商务场景的问题片段,例如解决一个复杂问题或处理一些有利益冲突的工作
					基于大学校园场景的片段,例如向财务处递交一份旅行方案或和难搞的室友周旋
创新能力	从一些基于反现实假设(如钱从树上掉下来)的文字类推解决问题	使用一个新的函数解决数学问题	分析一个包含多重变换的图表并基于这些规则完成新图表	描述一所理想学校	给漫画起标题,考察其聪慧、幽默感、原创性
					根据规定题目撰写短文,考察其原创性、复杂性、情感唤醒、描述性
					根据规定题目(口头)讲故事,考察其原创性、复杂性、情感唤醒、描述性

2. 创造力

由于创造力在很大程度上是一种主动选择,它很难给出精确的测量(Sternberg, 2018b)。考察创造力的题目是发散性的,因此没有标准答案(Sternberg, 2003)。学生在写作、艺术、广告和科学四个领域进行创作,但这四个领域的测试结果存在共线性,与传统的对创造力整体的测试结果之间也有相关性。此外斯腾伯格还给出了一系列有标准答案的创造力测试,但它们偏向于衡量智能中的创新能力。

3. 智慧

智慧是 WICS 模型中最重要的组成部分，同时也是最难被测量的。斯滕伯格并未给出完善的智慧测量标准，但指出它类似于对智能中实践能力的测量，只是更偏重个体对共同体利益的寻求，比如是否愿意为家庭牺牲自己的事业。对于实践智能，斯腾伯格给出了一系列针对隐性知识（Tacit Knowledge）的测试，结果发现隐性知识与智商间不存在相关关系，并比后者对学生的未来业界表现有更好的预测。

（三）小结

作为一个指导拔尖人才选拔的模型，斯腾伯格的 WICS 模型相对系统地揭示了资优的不同等级标准。更重要的是，作者给出了一套具体可行的测量方法，使此模型得以成为对指导现实学校教学和测试的基线。这一模型不仅限于指导学术拔尖人才的识别，更强调筛选未来领袖，这使得模型的运用范围变得更加宽广。

更为可贵的是，尽管斯腾伯格致力于探索出一套 SAT 式的标准化考试来识别人才，却没有忘记"莘莘学子皆英才"的朴素道理。规定考试标准是为了现实世界中的可操作性，但从更高的角度上讲，我们需要的是各行各业的领袖，也就是各具特色的拔尖人才。WICS 模型调和了标准化考试与个性化能力培养间的矛盾：只要我们可以探索出一套足够合理的考试机制，就能以不变包容万变。学校并非千篇一律的考试机器生产商，哪怕是在最程式化的考场里，因材施教的初心也是可以达成的。在多元化评价的概念日益发展的今日中国，斯腾伯格的理论提醒我们，考试本身并不是坏事，这样的一种考试机制是可能的，它有能力反过来引导教学系统向着培养未来领袖的方向走去。

当然，WICS 模型也面临着一些批评。如茨格勒等人认为斯腾伯格过度地从认知的角度理解资优人才（Ziegler, 2005）。没有深入地解释环境变化对拔尖人才内涵的深刻影响，因此也难以帮助教师在日常教学中使这些因素真正为教育所用（Stöger et al., 2018）。

除此之外，WICS 模型并非一个完全抽离于现实世界的理论模型，它的许多地方甚至有些缺少传统话语中对理论模型所期待的对称和简洁。它更多地是斯腾伯格作为一位卓越教育心理学家的思维提炼。模型中的智能、创造力和智慧是层层递进的关系，但智能中存在与创造力无关的因素，创造力也需要智能以外的素养作为补充；创造力与智慧的关系亦然。尽管这些"枝丫"使得 WICS 模型略显烦琐，但却也使之更好地贴合了实际。在斯腾伯格的文章中，经常可见作者自己作为学者的经历和见闻、实证研究，而对其他学者的引用却不多。可见，斯腾伯格在提出 WICS 模型的过程中在一定程度上并非基于精准的数据，而是基于自身多年学术探索形成的洞见，这也是 WICS 模型的一大特点。

在斯腾伯格看来，拔尖人才项目的目的不仅应该是国家的、宏观的，更应该发掘学生内在的理想和闪光之处。此外，拔尖人才不能纸上谈兵，必须具有强大的行动力和铁肩担道义的责任感。斯腾伯格希望借此模型创造一种普世的拔尖人才选拔标准，以大大减少各个项目之间的重复劳动。当然，达成这一目标并不容易，也期待其他学者（尤其是对于创造力和智慧的评估方面）的努力，因为识别拔尖人才本身就需要卓越的创造力和智慧。

拔尖人才培养的重要性在我国已成共识，但如何界定和筛选拔尖人才这一问题却没有得到充分的讨论。我国拔尖人才教育讲求因时施教、因势施教，却对因材施教没有给予足够的关注，遑论因材选拔。面对千变万化的外部环境和学生个体，如何发扬其最大优势，同时又抽象提炼出适用于项目整体的选拔标准，是资优教育选拔过程中永恒的基础问题，但无论在理论还是实践中都没有得到充分的讨论。

第三章 拔尖人才的培养模型

拔尖人才作为科技创新的最关键要素，对国家能否赢得未来发展的战略优势起决定性作用。党的二十大报告强调，"教育、科技、人才是全面建设社会主义现代化国家的基础性、战略性支撑。必须坚持科技是第一生产力、人才是第一资源、创新是第一动力，深入实施科教兴国战略、人才强国战略、创新驱动发展战略……全面提高人才自主培养质量，着力造就拔尖人才，聚天下英才而用之。"在新时代，我国对科学知识和拔尖人才的需求比以往任何时候都更加强烈，如何选拔培养一批创新型拔尖人才成为重要研究课题。

以1978年的中科大少年班为起点，我国政府和部分顶尖研究型高校对拔尖人才培养的政策和实践探索从未停止过。为回应"钱学森之问"，2009年，教育部发布"基础学科拔尖学生培养试验计划"（简称"珠峰计划"），2018年，教育部等六部门又发布《关于实施基础学科拔尖学生培养计划2.0的意见》。2020年，教育部发布《关于在部分高校开展基础学科招生改革试点工作的意见》（以下简称"强基计划"），提出以"一流大学"建设高校为试点，选拔一批有志于从事基础科学研究的拔尖学生进行专门培养，为国家重大战略领域输送人才（教育部，2020）。"强基计划"将拔尖人才考核评价机制、培养模式与经济社会发展需求相对接，体现了服务国家战略的目标导向和追求全人发展的价值导向。以此为基础，高校在完善拔尖人才选拔标准和程序、创新培养模式和管理体制等方面进行多样化探索。例如，清华大学于2009年推出了"清华学堂人才培养计划"，构筑基础学科拔尖人才培养特区；2020年，在吸收借鉴学堂计划和新雅书院在拔尖人才培养经验的基础上，清华大学进一步探索现代书院制等新型拔尖人才培养模式；此外，我国的一些高校将拔尖人才培养工作与本科生教育改革相结合，推动建立荣誉学位制度（苏芃等，2017），如复旦大学于2015年起以部分院系为试点实施"本科荣誉项目"。

以上这些实践尝试为我国拔尖人才培养提供了重要的经验借鉴。但不可忽视的是，我国高校的拔尖人才培养和荣誉学院教育模式目前还处于探索和试验阶段（张晓明，2016）。在拔尖人才选拔和培养的理论研究上还处于空白状态，实践未与国际前沿培养理念和范式完全接轨，公众对拔尖人才培养的概念和内涵了解甚少。此外，拔尖项目在实践过程的一些具体环节，包括选拔标准、培养过程、管理模式、学院文化建设等方面，还存在许多误区需要规避（吕成祯等，2016；阎琨，2013）。因此，有必要对国际拔尖人才培养的相关前沿理论进行梳理，为我国拔尖人才培养提供理论指导和经验借鉴。本章将重点介绍茨格勒的资优行动模型，加涅的天赋—才能模型以及慕尼黑天赋模型。

第一节 茨格勒的资优行动模型

茨格勒首先批驳了传统资优教育的理论和实践。他认为，传统资优教育很大程度上植根于机械论研究范式。在这个范式下，要理解这个世界，只需要简单地识别它的组成部分以及它们是如何组合在一起的，机械论观点依赖于发现和应用支配各部分相互作用的法则。受机械论的影响，早期的资优研究经常把天赋分解为可测量的组成部分，旨在通过线性的因果关系实现对高于平均水平或卓越成就的预测。在此背景下，天赋的多因素模型确定了天赋的一系列因素。这些因素通常可以分为三类，包括语言和数学能力等狭义上的天赋，动机、控制信念和焦虑等非认知内部因素以及课堂氛围、家庭环境等外部因素。机械论方法的不足在于认为只要测量这些因素，就可以为预测天赋提供基础，并且将天赋定位于个体内在的解释。例如智商概念，代表了一种严重的过度简化。茨格勒指出，用机械论的观点来理解资优是基于一个错误的前提，即当每个离散的部分都被理解时，才有可能理解整体。由此，基于机械论，促进资优教育的教学干预在很大程度上是无效的，资优教育出现严重的信任危机。而系统理论对组成部分和整体之间的关系提供了另一种观点：对整体的理解使我们能够理解它的组成部分，它描述了相互作用的元素的稳定配置，这些元素由于一个统一的意义或目标，共同形成一个实体（Ziegler & Baker, 2012; Ziegler & Phillipson, 2012）。

茨格勒还驳斥了传统资优研究中把天才当作个人属性的观点。他指出，天才或天赋是会随着环境因素的变化而出现和消失。例如，假设篮球比赛的规则改变了，现在篮筐比以前规定的要低20厘米，这将严重降低比赛中身高的重要性。在该规则生效的那一刻，许多被认为在这个领域中有天赋的球员会"失去"他们的"天赋",而很多没有天赋的运动员会从中"获益"。在这个例子中,除了篮球规则改变,唯一变化的是人们的观念。人们不再认为高个子篮球运动员在他们的领域中会有取得卓越成就的机会,不再认为他们是有天赋的。由此可见,天才和天赋不是个人属性,而是科学家归因的结果(Ziegler, 2005)。与上述传统资优研究领域常见观点存在明显分歧,茨格勒提出需要重新审视资优研究的核心假设,并且应该对关于不同领域中卓越的资优研究的实际对象选择进行理论上的更新,进而提出资优行动模型(Actiotope Model of Giftedness, AMG)。

资优行动模型植根于系统理论,与主要关注个性特征(如智力或创造力)的资优模型形成对比,该模型运用整体视角并考虑几个组成部分之间的系统性相互作用。"Actiotope"一词是类比物种构成生物群落(Biotope)的一部分和群体构成社会群落(Sociotope)的一部分的方式。生物群落实际上是指生活空间或生活场所,它的主要特征是非生物因素。例如溪流或山谷,而界定边界的空间标准由居住在特定生物群落中的各种物种的生态系统所反映。社会群落也是指社会实体的生活空间,强调了所居住的空间与占据这些空间的社会实体之间的密切关系(Grassinge et al., 2010)。相似地,行动群落将个体视为自身行为群落系统的一部分,由行为个体和行为中与之互动的环境构成,展示了现实中个体和其所处的(社会)环境之间复杂交互及协同发展的过程(Ziegler & Phillipson, 2012; Ziegler, Vialle & Wimmer, 2013)。茨格勒不认同天赋或天才是个人属性的观点,行为者也不是静态的实体。他观察到卓越的发展会持续很长的一段时间,通常大约有十年之久,因此从发展的角度来解释卓越(Ziegler et al., 2007)。

整体而言,茨格勒基于系统性视角,提出卓越是人与环境复杂互动的结果。他将卓越定义为以效率为特征的行为状态,卓越的识别标准是杰出的行为。因此,资优行动模型以个人和他/她的行为为分析中心,关注个体通过与行动群落中各个要素进行复杂互动,不断调整行为,适应才能领域,探索达及卓越的学习路径的动态发展过程(见图3–1)。而由于个体和要素本身以及互动的情况千差万别,每个个体都因此拥有一条通往卓越的个性化路径。在这个过程中,环境也应提供促进个体实现卓越发展的条件。资优行动模型通过强调行为和系统方法而区别于其他天赋模型。对该理论模型的考察需要从三个视角展开,分别为要素视角、动态视角和系统视角。

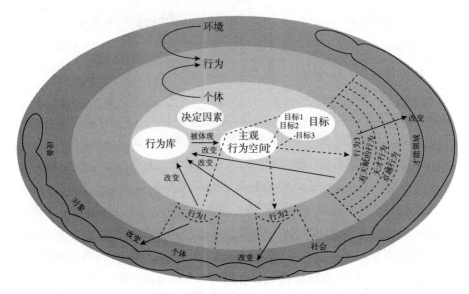

图 3-1 茨格勒的资优行动模型

一、资优行动模型的理论剖析

（一）要素视角

茨格勒和菲利普森（Phillipson）把资优行动模型理解为"目标导向的适应性行为"，模型各组成部分的概念及其内在结构是许多学科的研究对象，包括生物学、社会学、神经学和信息科学等，因此往往需要借助如动机和兴趣等研究理论来支持要素视角下对行动群落中组成部分的分析。从概念上看，资优行动模型可以简化为行为库（Action Repertoire）及决定因素（Determinants）、目标（Goals）、主观行动空间（Subjective Action Space）和环境（Environment）四个要素。茨格勒认为，这些不应该被认为是孤立的要素，而是复杂交互系统的一部分，四个组件都具有系统特性，并且它们本身由子系统组成。

行为库及其决定因素。行为库是指个体理论在特定时间点上能够执行的所有行为合集，但个体实际可能只会实践这些行为的一小部分。例如，一个学龄前儿童通常拥有一个数学行为库，该行为库仅仅涵盖有限数量的整数计算。在学校的第一年，儿童的数学行为技能扩展到包括基本的算术，随后几年里，他们可以进行基本的代数和几何运算。茨格勒指出，传统上资优研究更为关注的是行为库的内在决定因素，并且一些研究者假设所有才能领域的所有行为的内在因素都是相同的。他不认同这种观点，而是建议采取更加有区别和灵活的立场。对个体在才能领域取得卓越成就后能够执行的行动的规范分析，为确定内在决定因素提供了基础。这些决定因素在卓越发展的每个阶段和每个才能领域都可能有所不同，很大程度上由基因、认知能力、目标和环境等因素所共同决定。

目标。人类的活动总是指向特定的目标。个体有着多样化的心理需求，如饥饿、安全和认可等，他们需要为自己的行为设定目标以满足这些需求。茨格勒表示，将需求转化为行动目标的有效性差异很大，一些目标可能与预期的需求实现完全不符合，或者可能无法实现。当个体追求某些目标时，这些目标可能会在很长一段时间内扩大个人的行为库，但最终缺乏适应性。在茨格勒看来，目标的功能是为参与行为选择、激励行为和为行为提供指导等。为了促进目标功能的发挥，他建议首先资优教育需要确保在扩大个人行为库的领域追求功能性目标；其次，这些目标应融入个人的整体目标系统；最后，必须优先发展目标制定和目标调节系统，这是因为目标需要不断适应扩大的行为库。值得一提的是，同一行为可能同时追求几个不同的目标，目标之间可能会彼此冲突。此时，应该调和每一个目标，从而使行动作出迈向卓越的最佳进化。如果不适当的目标浮出水面，应该适时将其消灭（Ziegler, 2005; Ziegler & Phillipson, 2012）。

环境。在资优行动模型中，两类环境特别值得注意。一是才能领域，即个体经过长期学习过程可以在其中取得卓越成就并创造社会价值的领域。茨格勒认为才能领域作为环境尤其重要，因为模型把追求卓越的发展过程理解为适应才能领域的渐进过程。对于大多数才能领域，特定领域的课程作为一种社会化存在，调节着个人行为库的扩展。二是客观环境，即环境中表现出与行为库、主观行动空间和目标互动的系统特征的部分。这里的环境能够为个体行为提供机会，同时产生制约。例如，家庭单位或者诸如运动训练设施之类的场所，在其中可以很好地达到提高运动技能的目的，这些环境必须能使行动展现出关于卓越的最佳进化（Ziegler, 2005; Ziegler & Phillipson, 2012; Ziegler et al., 2004, 2017）。

主观行动空间。茨格勒在不同文章中对主观行动空间的表述略有不同。综合来说，他认为主观行动空间是一种认知空间，这个空间是主观的。在这种认知空间中，个体感知各种行为选项，以最有效的方式产生并作出关于行为可能性的决策，所选择的行为选项是将当前情况转化为所期望的未来状态的一种手段。这一过程由个人的能力和在其特定环境中给定的行为选项共同调节（Ziegler et al., 2008; Ziegler et al., 2011）。从这个角度说，主观行动空间从行动模型的其他三个构成要素提供的可能性总和中产生最佳行为可能性。茨格勒认为，对于一个不成功的行为，容易出错的是产生行为可能性并从中选择行动的过程。出错的原因有很多,包括一个人可能错误地评估自己的行为库,如男孩往往高估自己在学术方面的能力,而女孩往往低估自己在该领域的技能。在特定情况下,行动的可能性得不到利用以及需求被转化为不恰当的目标等。茨格勒指出,在学习过程中的每一步,以及每一次行为库的扩展,都增加了在任何特定情况下的真实可实现目标的数量。因此,资优教育工作者需要确保学习步骤很好地融入每个学生的主观行动空间(Ziegler & Phillipson, 2012)。但加涅曾批评主观行动空间难以理解(Gagné, 2012)。

虽然在资优行动模型中没有提及,但茨格勒等人近期提出,资源在行为群落中的重要性,并将行为群落描述为一组处理资源的交互要素,以保持内部稳定性并产生某些行为。他们区分了外生学习资源(教育资本)和内生学习资源(学习资本)的概念,并认为如果没有足够的资源,那么人才的发展不可能实现。因此,资源的可得性和有效利用是资优教育的核心问题(Ziegler & Baker, 2013; Ziegler et al., 2017)。

(二)动态视角

茨格勒认为,行动者不能被视为一个静态的实体,而是以永久变化为特征的实体,必须在其对才能领域的动态适应中加以考虑。资优行动模型的观点根植于学习理论,认为在通往卓越的道路上,每个个体都有独特的最佳学习路径,该路径弥合了当前状态与可以称为卓越之间的距离。茨格勒举例说,居里夫人完成伟大发现不仅仅在于她的智商,因为从六岁到成年,她的智商没有发生太大变化。通过对她的学习道路进行分析发现,她在六岁时没有发现的科学现象却在成年之后发现的原因在于她成长过程中培养出执行优秀行为的能力(Ziegler et al., 2007)。在这个过程中,行动要素构成一个系统,该系统通过要素之间的多种互动来区分。人们倾向于认为,作为一个系统的行动主要是在不断寻求平衡。但事实上,才能的卓越发展过程并非如此。例如,行动群落通过成功的自主学习活动获得发展,个人的行为库相应扩大,新的学习行动成为可能,这些又将继续扩大行动库。也就是说,追求卓越者的行为是一个打破平衡、不断发展的动态系统。行为的发展可以被描述为一种复杂的适应性系统,而卓越代表了"逐步适应的产物"。茨格勒设想了有助于拓展学习过程、促进成功适应的五个条件。(1)目标有效性,即个体必须有能力评估一个特定的行为是否已经达到预期的目标,或者至少已经接近了某个目标。例如,如果一个小提琴手不能认识到自己演奏时严重走调,他就不会成为专业的首席小提琴手。此时，导师能够在目标有效性领域提供有价值的反馈至关重要。（2）生态有效性，即个体不仅需要了解陈述性知识和程序性知识，还需要认识到每种情况下行为成功的条件。如篮球运动员如果想绕过对方队员，必须决定哪一步最合适。（3）替换有效性，即个体必须能够在他们的主观行动空间内产生行为变化，并能够从行为库中作出明确的选择。在一个特定的才能领域，追求卓越总是基于所采取行动的适应性和灵活性，这个过程不仅仅是发现和释放新的可能行动的潜力，还包括取代那些陈旧、低效的行动。茨格勒认为，实现卓越需要大量的替换行为，有能力达到这一水平并朝着这个方向发展的人总是在寻找更好的行动选择。（4）预测有效性，即为了保持适应性，个体不仅必须具有反应能力，还必须具有预测性。特定的行为在以前的环境中是成功的，并不能保证在未来的环境中也是如此。在漫长而又艰苦的行动发展过程中，个体必须采取许多预备性学习步骤，以确保其他学习步骤能够在未来有效进行。例如，我们在学生时代学习英语，是因为预见了大学有阅读英文文献的要求。在教育机构中，课程支持个体获得这种预期的能力。此外，行为系统的发展也受到不可预见的挫折、发展停滞和其他关键事件的影响。预先发展的行为系统能够更好地克服学习障碍。（5）在才能领域中，个体必须具有有效的反馈和前馈循环。反馈可以由指令、行动和反馈组成的学习步骤来实现，其中个体以自我调节的学习过程来完成行动，在许多情况下，也需要由父母和老师等有能力的人的充分反馈。这种反馈不仅包括关于学习目标实现情况的信息，还包括关于如何优化前四个动态功能的想法。这五个条件也可以被理解为成功学习的先决条件，以及形成与才能领域有效互动的基础条件，从而促成在才能领域采取越来越有效的行动。资优行动模型假设上述功能失效会降低自主学习成功的可能性（Ziegler, 2005; Ziegler & Phillipson, 2012; Ziegler et al., 2004）。

（三）系统视角

茨格勒反复提到，资优行动模型是基于系统论的。系统总是有结构的，结构包括系统组成部分、系统与环境的关系和相互作用以及系统与环境相互依赖的性质（Ziegler & Phillipson, 2012）。资优行动模型强调在特定领域取得卓越成就之前的漫长学习过程中，其组成部分以几种不同的方式互相作用，整个行动群落需要进行不断地修改以及模型内的所有要素也要共同进化。传统资优研究中认为卓越的实现是个体特质的产物，或将环境因素纳入考量，但只作为促进或抑制卓越的因素而本身不产生实际变化的天赋模型。例如，加涅的 DMGT 模型将环境解构为各种催化过程（Gagné, 2004）。

催化剂，顾名思义，在不改变自身构成的情况下对行为产生催化作用。

茨格勒认为，环境的这种静态化概念可能会使我们忽视在学习过程中所引起的环境的动态性变化。举个例子来说，一个有天赋的学生不可能每天都得到同样的学习刺激，相反，他/她的学习环境将根据他/她的能力得到发展。实际上，资优行动模型从系统视角出发，认为在通往卓越的学习过程中，不只是一种能力的孤立发展，而是对一个复杂系统的适应。在与环境动态的交互中，行为库及其决定因素、主观行动空间、目标甚至环境要素也应相应地进行改变，协同进化，相互协调适应。在这个过程中，行动群落首先应具有足够的灵活性来适应。例如，要想获得卓越成就的下棋者必须不断扩大自己的行为库，更新他的学习目标，以使其始终略高于当前的表现水平。同时，导致该目标的下一个学习动作必须在他的主观行动空间中体现出来，环境还必须能够支持此过程，即随着下棋者专业水平的不断提高，提供的外界环境应该日益专业化，更适合其特定学习需求（Ziegler et al., 2004）。换言之，在学习过程中，个体在其主观行动空间中探索出一个巨大的可能性空间，其中一些可能性被选中并执行。如果该行为可以被习得，那么这些行为就可以造成行为库的变化。随后，必须对主观行动空间和目标进行协调，以便执行新的行动。如果达到了学习目标，行为库就得到了发展，下一步则必须开发更具挑战性的学习目标，以激发学习过程。为了实现这些新的目标，新行动的可能性必须在主观行动空间中出现。通过这种方式，更高层次的复杂行为得以实现。同时，学习环境本身也必须发展升级。当环境系统不能再响应个体行为库的扩展，相互作用不再有助于学习，就必须对环境作出改变。日常生活中常见的例子包括从高中到大学的转变，职业运动队教练的更换以及在学校中跳级等。而行为群落在转化成功之后，系统还要保持足够的稳定性。例如，如果父母认为自己承受太大压力，可能就无法支持孩子发展自己的成就，自尊心受到资优学生威胁或者嫉妒学生的老师也可能威胁行动群落的稳定性，茨格勒提醒要注意消除这些不稳定因素（Ziegler et al., 2004）。

二、卓越的鉴别和发展

资优行动模型驳斥了天赋或天才是个人属性的观点。与之相关的，茨格勒不认同在特定领域中将一定百分比的个体划分为天才的行为。其原因有两个：一是不同领域的卓越表现无法进行比较。二是部分领域可能也没有达到卓越的行为。茨格勒指出，卓越的识别标准是杰出的行动，他建议使用"天才"术语来代表通往卓越成就道路上的点。具体而言，当个体在一个或多个领域的行为库都表现出超越同龄人时，他就具有了天赋，此时，其有可能在一个或多个领域取得杰出的成就。当个体在这条道路上达到临界状态时，他就成为天才。在这一点上，他们的行为库充分发展，很有可能在一个领域实现卓越。而当评估个体目前处于某一阶段时，需要基于当前相关才能领域的成就发展的知识，因此有多少人能够在某一特定领域达到卓越，这一比例事先不能严格确定（Ziegler, 2005）。基于此，与传统鉴别天才的方法不同，资优行动模型的目标不是把一部分人划归为天才，而是为个体创造一条通往卓越的学习道路。

基于资优行动模型，茨格勒提出一种鉴别和促成特定才能领域中天赋发展的 ENTER 模型。ENTER 模型的目的正是帮助参与鉴定者确定一条个性化的学习路径，使其发展至卓越。该方法不仅要评估实际状态，例如智商，还要考察整个行动的动态发展。ENTER 由单词探索（Explore）、缩小范围（Narrow）、测试（Test）、评估（Evaluate）和回顾（Review）的首字母组成。在资优行动模型背景下，需要从探索、缩小范围、测试、评估和回顾五个维度进行信息收集。总的来说，前三步的关注点集中在探索个体及其在环境系统中的整合情况，为个体确定一个适合的才能领域，并确定个性化的学习路径。评估是为了检查是否达到识别的直接目标。而通过回顾，这一直接目标在卓越发展的整个过程在事后被批判性阐明（Ziegler, 2005; Ziegler et al., 2004）。

三、资优行动模型视域下拔尖人才培养的实践问题

在拔尖人才培养的具体实践上，茨格勒指出，目前很多资优教育实践者沿着错误的路线开展工作，他们像是在挖金子，天才就在某处，通过足够的观察和测试能够找到他们。而资优研究还基于一个错误假设，即确定天赋的组成部分来理解卓越的发展是可能的。因此，资优教育的重点是确定一系列能够支持卓越发展的变量，包括兴趣、创造力等。一旦确定了这些变量，紧接着开发针对一个或多个变量进行提升的拔尖项目，并从更大的学生群体中选择有天赋的学生，按照一定的策略，将他们暂时从常规教学中剔除以进行特殊教学。但这些方法至少存在以下三个问题。（1）通常只关注一个变量，并且希望通过对一个变量的精准干预来对学习能力产生普遍的积极影响。实际上，这些干预措施的理念植根于机械论范式。但与资优教育相关的问题过于复杂，无法从经典的因果科学概念提供的分析角度进行理解。基于对任何一个或少数特定变量的干预，对能力的总体改进效果有待观察。有些教学支持的干预措施已经显示出效果，

但益处只是暂时的，仅限于特定的目标变量（Ziegler & Phillipson, 2012）。（2）拔尖项目往往面向以群体为单位的学生，策略中没有真正注重提高个人的学习能力和动机，难以适应个人需求。（3）这些项目只在某些情况下可用。如在某些学校和在某些地区以及某一阶段。

相较于传统资优研究主要聚焦在一个或多个领域有可能取得卓越成就的个人身上，资优行动模型认为卓越不在于个人，而在于由个人及其所处环境共同构成的系统的表现。当一系列相辅相成的因素同时出现时，一个人是"有天赋的"，这些因素包括养育家庭的环境、良好的教师和学校、良好的校外学习条件（例如，鼓励特定领域人才的国家方案）等，这样的系统是卓越的源泉及其发展卓越的潜力。如果只关注单一因素的发展，就无法达到发展目标（Ziegler & Phillipson, 2012）。与此同时，资优行动模型认为，资优教育实践者不是要追踪天才，而是在一个共同构建的系统中开发人才。

具体到学校教育中，应当如何帮助学生实现向卓越的蜕变呢？一个基本原则是，追求卓越者需要一个以持续互动为特征的支持系统，因此资优教育应当关注人与行为库、目标和环境之间的动态交互，重点是系统中所有构成要素的共同进化。对于有天赋的人来说，支持策略本质上是共同进化或共同适应的，为一个人提供资优教育的决定应该建立在共同进化的学习路径的基础上——这些学习路径是通过学习理论来证实的。例如，随着学习的成功完成，个体需要将成就建立在个人的自我效能信念上，并且需要重新设计学习环境，以纳入新的学习机会，从而为下一步的学习过程做好准备。而系统的资优教育必须是全面的，资优项目设计的目的是沿着有意义的路线发展整个系统，而不是对系统的稳定性造成威胁（Ziegler & Phillipson, 2012）。这就意味着，随着个体行为库的不断扩大，环境必须能够支持此过程。因此，随着学生行为库的扩大，教师需要充分意识到新的能力水平，并需要根据适当的困难水平和相关反馈调整学生未来的学习活动。这样的决策过程需要有合适的资优教育专家陪同，并在必要时进行重新评估，即伴随行动者专业水平的不断提高，提供的外界环境，包括设备、信息、资源和服务等应该日益专业化，更适合其特定学习需求。

此外，从事资优教育的人将自己视为拔尖人才发展活动的一部分，认为教师只要说几句鼓励的话，就能对个人的发展产生持久的积极影响，这是一个善意的假想。资优教育中的教学计划需要跨越时间，这比传统资优教育中常用的干预措施和鼓励教学措施持续时间要长得多。同时，干预项目不仅要适用于认知学习方面，还需要创设适合学习的社会情境、指导和反馈支持。

四、总结

资优行动模型基于系统理论和学习理论，该模型认为，天才和天赋不是个人属性，而是由个人及其所处群落共同构成的系统性表现。当一系列相辅相成的因素同时出现时，一个人是"有天赋的"。与其他天赋模型研究个体特质，或在模型中纳入环境等因素，但只关注环境对个体天赋发展所产生的单向影响不同，资优行动模型运用系统的视角，从宏观环境层面和微观个体层面，描述了行为库、主观行动空间、环境以及目标等要素之间进行的复杂的双向循环互动。伴随着这些互动，个体不断适应才能领域，系统中所有构成要素的共同进化，直至实现卓越。从这个角度说，资优行动模型实际上驳斥了天赋决定论，而把资优研究拓展到立体的系统，理论研究者和教育实践者需要从全局视角，系统考量具体情境中每个因素对卓越发挥的作用，这大大增加了解释和指导个体卓越行为实现的维度，也使资优个体和相关专业人员可为和能为。正如茨格勒和斯特格尔所指出的，基于资优行为理论的系统性资优教育的目标比以个人为中心的传统资优教育的目标要广泛得多。一个在资优行为理论的系统范式下工作的资优教育者，目的是开发一个活动区域的整个生态系统。以资优行动模型为框架的ENTER模型以及进一步细化的11–SCC鉴别过程，都为鉴定资优、资优个体学习行为选择以及在特定才能领域指导资优发展提供了操作性较强的理论指导（Ziegler, 2007）。

同时，尽管在茨格勒看来，资优行动模型代表了对理解卓越等复杂现象发展的重大改进，代表了对传统方法的一种阶段性转变，但这里也需要引用加涅对该模型的批评来帮助我们辩证对待该模型。加涅认为，资优行动模型否认能力和稳定的人类特质的存在是他们理论立场之间的根本分歧点，而茨格勒否定前人天赋模型中要素之间互动的复杂性是片面论断，资优行动模型中反复提及的"系统性"方法与DMGT模型之间表现出潜在相似性，茨格勒将系统表述为"由互动的元素构成"，DMGT模型也同样提出了四个主要构成要素，并且资优行动模型中的一些要素可以被包含在DMGT模型之中，且DMGT模型中组成要素之间互动较资优行动模型复杂得多（Gagné, 2012）。

第二节 加涅的天赋—才能区分模型

天赋—才能区分模型（Differentiated Model of Giftedness and Talent,

DMGT）是利用天赋（Giftedness）和才能（Talent）的区别而建立的（Gagné, 2009a）。作为一个天赋发展模型，加涅在模型中除了讨论二者区别，还详细分析了天赋发展为才能的过程。为了准确表达发展过程的复杂性，他最初在模型中引入"催化剂"因素，包括内在催化剂、环境催化剂和偶然性因素。但随着研究的不断深入，加涅对 DMGT 原始模型进行调整，并发展形成了 DMGT2.0 模型，其中偶然性因素退居模型各因素的背后，模型主要由天赋、才能、发展过程、内在催化剂和环境催化剂五个要素构成，每个要素内部的具体组成因素较 DMGT 也有变化。在加涅的模型中，其构成要素可以分为两组。第一组三个要素的互动描述了才能发展过程的核心，即通过长期的学习、训练和实践过程，将杰出的自然能力（天赋）转化成为特定职业领域的高水平技能（才能）。第二组要素有一个共有概念，即催化剂，它们在才能发展过程中起着促进或抑制作用。

一、天赋和才能的概念区分

资优教育领域常用天赋和才能这两个关键的概念来定义研究对象。但在已有的天赋研究中，这两个术语并不意味着截然不同的概念（Gagné, 1985, 2009b），相反，它们时常被用作同义词，如马兰（Marland）著名的定义"天赋和才能儿童是……"（Gifted and Talented Children Are...）（Marland, 1971）。有时候，才能会成为天赋的一个子类，如费尔德胡森（Feldhusen）表示了"天赋的第二个组成部分是才能"（Feldhusen, 1986）。费尔德曼（Feldman）将才能与潜力、天赋与成就联系在一起（Feldman et al., 1986），而坦南鲍姆（Tannenbaum）对天赋的定义与此相反，他认为成熟的才能只存在于成年人中，而天赋儿童则指那些拥有成为卓越者潜力的儿童（Tannenbaum, 1986）。当这两个术语被区分对待时，人们往往把"天赋"对应于出众的认知能力，而"才能"是指所有其他形式的卓越，如艺术、体育和科技等。另一些人则认为天赋代表着比才能更高层次的卓越。

加涅指出，"天赋"和"才能"概念之间有三个共同点：其一，都是指人的能力；其二，针对的是不同于标准或平均水平的个体；其三，都是指因杰出行为而显得"非正常"的个体。这些共同的特点解释了为什么在这个领域的大多数专业人士和一些门外汉，都将天赋和才能混而用之（Gagné, 2004）。但他进一步指出，尽管学者对这两个概念的界定存在一定的矛盾之处，但他们在讨论中都普遍认同具有强大生物学基础、先天的、通常在儿童早期出现的杰出能力与成年时期充分发展的杰出能力之间存在区别。这一区别通常用一对术语来表达，如潜力与成就、才能与实现、承诺与履行（Gagné, 1998, 2009a, 2009b）。

对于天赋研究领域中，天赋和才能的概念丰富且常常自相矛盾的现状，加涅在天赋—才能区分模型中正式区分了这两个概念。他认为，天赋指的是至少在一个能力领域拥有和使用未经训练和自发表达的自然能力，其程度至少在同龄人中位列前10%，而才能是指至少在人类活动的一个领域对系统发展的能力（或技能）和知识的杰出掌握，其程度使个体至少处于活跃于或曾经活跃于该领域的同龄人的前10%。简言之，天赋多指涉自然禀赋，而才能与后天习得有关。此外，天赋一般指在一个或多个领域（Domain）内具有突出的能力，才能指在这些领域（Domain）内一个或多个专业（Field）中取得突出的成就；也就是说才能是作为学习过程的结果，是能力的产物（苏雪云等，2012）。

二、天赋和才能的普遍性

天赋和才能要求在自然能力或系统开发技能方面的表现达到"杰出"，但"杰出"的标准是什么？加涅认为此类概念需要引入一个百分比估计值或者阈值（Gagné, 2004）。人数规模将阐明概念的含义，即通过划定概念的"外延"，将属于该类别的人与不属于该类别的人分开。例如，如果将有天赋的人定义为总人数的前1%，那么它所传达的关于特殊性的信息与将其定义为总人数的前20%完全不同。然而，确定适当的阈值并非易事，一些专家表现出更大的开放度，而另一些则保持更严格的立场。例如，特曼认为天赋的界定应为人群的前1%，智商阈值为135及以上者（Terman, 1925），马兰定义为前3%~5%的人群（Marland, 1971），仁祖利则在他的"旋转门"模型中提出创建包括前20%人群的人才库。由于没有"正确"的答案，所以某个领域的专家最终将不得不就"最佳"选择达成共识，但这种共识在资优教育领域还不存在。纵览前人的研究，基于传统上使用标准偏差单位（z分数）来标记各个子组之间的临界值，加涅最初对天赋和才能采用15%的最低阈值。他后来对该阈值进行修订，将最低水平定在10%。这一阈值开放度略大，但他创造性的通过创建基于公制的五级等级体系，分别标记轻度、中度、高度、超常和极度来调和偏大的开放性。基于此，那些智商大于或等于155的超常天赋（智力）个体在普通人群中的普遍性约为1∶10 000，是一种非常罕见的现象。表3–1列出了这五种群体及其在总人口中的对应比例、z分数以及近似的智商当量，其中每个连续的等级代表前一组的前10%，这个阈值适用于每个自然能力领域和每个才能领域。

此处需要考虑的是，天赋和才能代表了什么人群中前10%的人？也就是说，被认定为是"有天赋的"和"有才能的"的参照组是什么群体。加涅指出，天赋和才能应采用不同的参照组。简言之，由于每个人都具有某种程度的自然能力，因此，所有人都应该成为选择任何形式天赋的前10%的参考基础；但自然能力有很强的发展曲线，所以必须与同龄人进行比较。而就才能而言，参照组应由所有（此时或曾经）掌握某一才能领域的特定技能以及学习和实践时间大致相同的人员组成。

表 3-1 加涅的基于公制的天赋/天赋群体等级体系

层次	标签	普通人口比率	智商当量	标准差
5	极度	1:100 000	165	+4.3
4	超常	1:10 000	155	+3.7
3	高度	1:1 000	145	+3.0
2	中度	1:100	135	+2.3
1	轻度	1:10	120	+1.3

三、DMGT模型的构成要素分析

（一）才能发展过程中的三个要素

DMGT模型的发展过程纳入了天赋、才能发展过程和才能三个核心要素。

天赋是在能力领域拥有和使用未经训练和自发表达的自然能力。加涅强调，自然能力不是天生的，天赋会在个体的一生中不断发展，但其发展和表达水平在一定程度上受遗传禀赋的控制（Gagné, 2009a）。在早期研究中，他认为自然能力有四个关键领域。一是智力领域，指的是推理能力及解决问题的能力、良好的记忆力以及元认知能力等。二是创造力领域，即有能力用新颖的方法来完成任务，具有一定的想象力和原创性。三是社会情感领域，即个体社会情境下理解他人的情感、进行沟通的能力。四是感觉运动领域，即平衡、调整和控制能力，有很好的身体意识和空间能力（见图 3-2）（Gagné, 2004, 2009a, 2011）。

但在 DMGT2.0 中，加涅发展了模型。他把天赋分为六个组成部分，其中四个是心智层面的，分别为一般智能、语言、计算和记忆力等相关的智力；与想象力、艺术原创力和雕刻等相关的创造力；与洞察力、互动能力以及领导力相关的社交；以及与视觉、听觉、触觉等相关感知能力。另

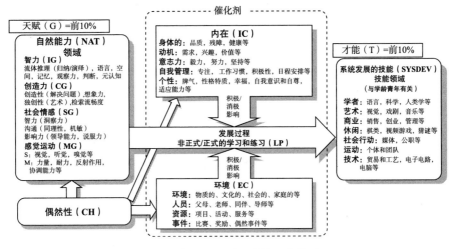

图 3-2 加涅的天赋—才能区分模型

外两个是身体层面，分别为致力于力量、速度的肌肉能力和与精细运动控制和反射相关的能力（见图 3-3）（Gagné, 2010）。个体只有在上述一个或多个自然能力领域中表现出众，才能称为拥有天赋。这些"未经训练"和环境调节的自然能力在幼儿中能够更容易、更直接地观察到。然而，天赋

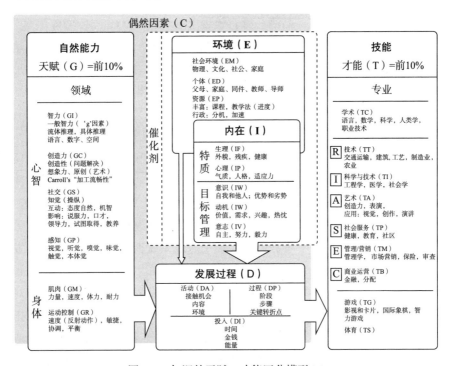

图 3-3 加涅的天赋—才能区分模型 2.0

也通过一些个体在任何人类活动的领域获得新技能的聪慧程度，在年纪较大的儿童甚至成年人身上表现出来；学习过程更简单或者效率更高是天赋的关键特征。

才能是由卓越的能力逐渐向特定人类活动领域中训练有素的技能转化而来的，在潜能—成就连续体中，才能是绩效的极点，是才能发展过程的结果，它可以表现在诸多专业（Field）领域。在最初的DMGT模型中，加涅列出学术、艺术、商业和运动等七个专业领域。在DMGT2.0中，加涅对才能表现领域做了更系统的整理，其中六个专业领域与世界工作职业分类相对应，分别为技术、科学与技术、艺术、社会服务、管理/营销、商业运营，另外三个对世界工作职业分类进行补充，包括学术（K–12）科目、游戏和体育，共计九个专业领域（Gagné, 2010, 2013）。加涅认为，与其他天赋概念主要关注精英行业的杰出人士不同，DMGT模型强调在所有职业领域内，对杰出技能的掌握跻身于前10%的个体，都应被视为才能。他进一步指出，天赋领域和才能领域之间没有直接的双向对应关系。根据活动领域的不同，一种特定的自然能力可以在不同技能领域表现出专长，如灵巧的手可以模仿钢琴家、画家或者电子游戏玩家的特殊技能。然而，一些职业领域技能直接与特定的自然能力相关联。例如，运动技能建立在运动能力的基础上，品酒与感官敏锐度密切相关（Gagné, 2004）。

才能发展过程是具体自然能力转化为标志着某一具体职业领域中竞争力和专业程度的技能。加涅在DMGT模型中指出，发展过程包括四种形式。一是成熟，它很大程度上是由基因组控制的过程，保证了所有生物结构和生理过程的生长和转化。这一发育过程反过来又在表型水平上影响其他功能，如研究发现，大脑生理结构的重大变化与认知成就的变化相吻合。二是非正式学习，它主要与日常活动中获得的知识和技能相对应。许多所谓的"实用智能"就是这种非正式或非结构化学习活动的结果，如幼儿在进入学校系统之前掌握的一般知识、语言技能、社交技能或手工技能等。三是正式的非机构学习，相当于自学。很少有人通过自学能够达到特定领域中最好的水平，但自学者在专业技能上超越系统训练者的情况也偶有发生，在DMGT模型中，这些自学成才者也会被贴上才能的标签。四是正式的机构学习，这一学习过程是最常见的，以制度为基础，并促成官方对能力或才能某种形式的认可（Gagné, 2004）。在此基础上，加涅进一步指出，这四种类型的发展过程对天赋和才能发展的影响并不相等。例如，成熟通过作用于自然能力而间接影响才能的成长。一般来说，这四个过程对才能发展的影响与其正式程度成反比。换言之，天赋的主要发展因素是成熟,其次是非正式学习。而就才能而言,情况正好相反,正式的机构学习可以解释大部分的发展影响。此处实际进一步强化了加涅对天赋和才能概念的分化。相较于原始 DMGT 模型在发展过程要素中没有具体区分结构,DMGT2.0 在此处进行了较大改动。加涅将才能发展过程正式定义为在相当长的时间内,系统地追求一个有组织的活动计划,从而达到特定的卓越目标。基于定义,加涅糅合了原始模型中的一些要素,将发展过程分为活动、投入和进展三个部分,其中每个子部分下又包含若干内容。当个体通过识别或选择获得系统的、以专长为导向的活动项目时,才能发展就开始了。这些活动包括在特定的学习环境中提供特定内容的课程。这种学习环境可能是非结构化的(自学),也可能是结构化的,例如学校和音乐学院等。投入是通过时间、金钱或心理能量三个指标转换成随时间变化呈现上升或下降趋势的曲线来量化才能发展过程的强度。投入是才能发展的一个非常重要的组成部分,在发展过程中,投入的时间、提供的经济支持以及消耗的心理能量导致了学生之间的差异(Gagné, 2009a, 2011)。个体从初入专业领域到成为顶尖专家的过程可以划分为一系列阶段(如新手、高级、精通、专家)。这个过程主要通过速度来量化,即与同龄人相比,才能朝既定目标前进的速度有多快。才能的长期发展过程或多或少会遇到至关重要的转折点,如被老师或教练挖掘、获得重要奖学金、意外事故等(Gagné, 2015)。

（二）催化剂要素

加涅在 DMGT 模型中引入三组影响发展过程的催化剂,分别是内在催化剂、环境催化剂和偶然性,每一组又都可以从其对发展过程的影响方向(积极／促进或者消极／阻碍)和因果影响强度两个方面加以审视。然而,随着他对偶然性作用的重新认识,认为该因素不应再出现在 DMGT 模型可视化图表中。因此,在 DMGT2.0 中,加涅把偶然性因素从模型中移除,保留了内在催化剂和环境催化剂维度,每个维度内部的构成维度也进行较大调整。"催化剂"一词原指化学反应中引入的化学物质,通常用于加速化学反应,这些物质最终会恢复到初始状态。换言之,催化剂有助于反应,但不是初始物质或最终产物的成分,其自身不会随着发展过程发生变化,这与资优行动模型存在一定区别。

加涅最初把内在催化剂细分为生理、动机、意志、自我管理和个性五个平行的子成分。但通过借鉴德沃尔(De Waele)等人提出的自我管理概念,加涅对内在催化剂进行了重新定义,产生了一种新的二分法,即生理因素和心理因素，二者均受遗传禀赋的部分影响。他在 DMGT2.0 中更加详细地对内在催化剂进行解释。他将内在催化剂分为相对稳定的生理和心理特征以及目标管理过程。生理特征包括外貌、性别、种族和疾病等。而加涅认为心理特征涵盖范围极广，包括气质和人格等，其中气质是指具有强大遗传成分的行为倾向，人格包括大量后天习得的行为方式，其中最被广泛认可的是"大五人格模型"。目标管理维度关注个体如何定义他们的卓越目标以及他们如何努力实现这些目标，其下设意识、动机和意志三个子维度。在组织和实施发展性活动时，意识到学生的优势和局限是至关重要的。动机可以分为目标和动机两个不同元素，分别代表任何动机过程的"是什么"和"为什么"，简单来说，动机水平和个体准备为学习目标投入多少努力相关。意志是个体致力于实现学习目标和目标实现活动的过程。在 DMGT2.0 中，加涅对内在催化剂，尤其是目标管理维度下的各要素给予较多关注，从内在催化剂在因果模型中的等级排序也可以看出其个体才能发展中举足轻重的地位（Deci et al., 1991; Gagné, 2010）。

　　在环境催化剂中，加涅认为，其以许多不同的方式发挥积极或消极的影响。在 DMGT 模型中，他区分了四种不同的环境来源，分别为环境、人员、资源和事件。环境可以从宏观（例如，地理、人口、社会学）和微观（例如，家庭规模、社会经济地位、社区服务）两方面进行考察，例如，居住在远离大城市中心的天赋年轻人很难获得合适的学习资源，而在儿童的家庭环境中，父母经济的宽裕程度，父母是否缺席成长、家庭中兄弟姐妹的数目和年龄分布以及许多其他直接环境因素都可能对儿童的才能发展产生某种程度的影响。在人员方面，主要是重要他人，如父母、兄弟姐妹、大家庭、朋友、教育家、导师、偶像等，对发展过程的影响。随着越来越多的研究发现，后天培养比先天的作用更大，重要他人的作用更加突出。资源主要包括专门针对才能培养的各种各样的个人或团体的系统干预措施。在天赋教育领域，专业人士传统上把干预类型分为充实（通常被称为"差异化"）、分组和加速三类。设立事件类别是为了将环境条件的突然变化，例如从农村迁往城市、遭受重大事故或疾病等，与更稳定的环境影响分开，重大事件会对天赋发展过程造成积极或消极的显著影响。在 DMGT2.0 中，环境催化剂由三个部分构成。一是环境，包括多种环境的影响，从物理影响到社会或文化影响以及经济影响。二是个体，主要关注重要他人的影响。三是资源，涵盖了所有形式的才能发展的服务和项目，这认可了学校教育、发展性服务和项目的作用。原始模型中的"事件"在 DMGT2.0 中被糅合到了发展过程维度（Gagné, 2004, 2011）。

偶然性在 DMGT 模型中的位置变化相对较大。加涅最初把偶然性作为环境催化剂的第五个子部分引入模型，后来又将其归入三种催化剂之一。最终，加涅意识到，偶然性"真正"的角色是个体对天赋、发展过程、内在催化剂和环境催化剂因果影响的控制程度。例如，我们无法控制遗传禀赋，但遗传禀赋影响自然能力和气质；儿童也无法控制他们所成长的家庭的社会经济地位。但由于加涅对偶然性作用的重新认识，认为该因素不应再出现在 DMGT 模型可视化图表中，因此 DMGT2.0 中该因素以灰色背景形式隐匿于其他因素之后（Gagné, 2004）。

（三）DMGT 模型要素之间的关系

加涅根据实证证据、假设和猜想，进一步探究了 DMGT 模型构成要素之间的关系，并探索是否有可能根据各个要素在促成才能产生中扮演的相对因果关系来建立这些要素的层次结构。换言之，他关注那些才能和非才能的区别在哪里。

加涅认为，各个要素之间最基本的关系涉及天赋和才能的概念。如前所述，才能培养对应着将杰出的自然能力或天资转化为特定职业领域的技能特征。在 DMGT 模型中，自然能力被视为"原材料"或才能的构成要素。例如，化学家的研究技能被假定直接来自获取和访问特定知识库、分析数据、在概念之间建立因果或其他关系以及根据观察到的事实推断等方面的一般认知能力。同样，年轻钢琴家的技能来自一般的感觉运动能力，包括双手协调能力、手指灵巧性、运动反应时间、节奏和听觉辨别力等。由于这一基本关系，才能的存在必然意味着拥有远远高于平均水平的自然能力。一个人如果完全或几乎没有天赋，就不可能成为才能，反之则不然（Dever, 2016; Gagné, 2004）。例如，在艺术或体育等其他领域，那些拥有杰出自然能力但对追求卓越兴趣不大的人有可能随时辍学。

如图 3-3 的模型所示，内在催化剂和环境催化剂通常通过才能发展过程发挥作用。例如，聪明、积极性高的学生会多学习以获得更好的成绩。家长也将帮助孩子改善学习习惯或出钱资助孩子参加体育夏令营，从而提高孩子的表现。这种中介者角色在学习过程中是相当正常的。有时，环境的影响并不直接作用于学习过程，而是通过内在催化剂。例如，当父母或老师试图增加孩子的学习动机，使他们能够更多地学习，并希望提高他们的学习成绩时，父母或老师的干预将通过修改个人内在因素来影响过程的组成部分。更有效的才能发展过程往往会产生更好的绩效，从而导致才能水平提高。

实际上，加涅认为，DMGT模型中的组成部分，两两之间都存在双向因果相互作用。例如，环境与才能发展过程的因果关系很容易观察到，如新教练的培训计划对日常练习活动的影响，父母搬到离音乐学院更近的地方，以便与老师进行更多定期的接触，或者学校政策变化对学生家庭作业量的影响。相反，不良的学习过程通过孩子完成质量不令人满意的家庭作业表现出来，这可能会导致家长和老师进行更密切的监督。交互作用还可以在给定的组成部分内部体现出来，如在内在因素中，自尊障碍可能会影响目标设定过程。此外，加涅还提到，作为学习／培训过程中预期（或希望）的结果，在大多数用于预测杰出表现的实证研究中，才能通常扮演因变量的角色，但它可以成为自变量。例如，当它进入一个反馈回路，并影响实践中的个体和／或他们环境中有影响力的人时。年轻运动员的早期成功有助于增强他们继续训练甚至增加训练强度的动力。同样，父母会更有动力去维持或增加他们的支持，教练会更加渴望监督年轻运动员。

以上只摘取模型中部分要素之间和要素内部互动的例子来具体说明要素互动的情况。总之，DMGT模型各要素之间以及与学习过程之间的交互都非常复杂，而且这些互动模式因人而异。尽管五种因果因素都是活跃的，但加涅认为，这并不意味着它们在促进才能涌现方面同样强大。这是因为每个才能都遵循一条独特道路通往卓越，各个因素在贡献强度和连续性上都有很大不同。但从整体看，是否有一些因素被普遍认为是杰出表现的更有力的预测因素？加涅试图探索因果强度的次序。在DMGT2.0中，由于偶然性因素从模型可见部分删除，剩余四个因素的因果递减顺序依次为GIDE（即Gifts、Intrapersonal、Developmental Process和Environment首字母缩写，在DMGT模型中，发展过程用字母P表示，在DMGT2.0中，用D表示，故各因素实际的因果影响顺序没有变化）(Gagné，2000, 2004, 2010)。

原始DMGT模型中，偶然性因素之所以被赋予如此重要地位主要是因为其对遗传禀赋和内在因素的影响上，它是其他几个因素发生作用的基础。加涅从认知能力和身体能力两个方面进行考量，把天赋置于第二位，在DMGT2.0中，其在因果次序中位列第一。他认为，智商测试是迄今为止预测学术成就的最佳指标，且预测能力随对象学习经历变化而保持相对稳定。在身体能力上，他也认为"自然才能"（天赋）是能够在运动中取得卓越成就的人与不能取得成就的人之间的主要区别。从这个角度看，加涅实际上认为，自然能力是后天成就的先决条件。内在催化剂的作用仅次于天赋，加涅认为，之所以把其置于天赋之后，是因为动机对学业或职业成就预测的独立贡献似乎有限，比认知能力的独立贡献弱得多。在DMGT2.0中，他又从动机和意志因素（如责任心、内外动机、激情、勇气）的强大作用角度强调内在催化剂包含大量与成就相关的变量。而将学习和实践的过程因素置于内在催化剂之后，与一些已有研究结果存在冲突，加涅否定了能力水平和练习的数量和质量之间有很强的因果关系的观点（Ericsson et al., 1994），认为他们忽视了比较研究群体之间存在的巨大个体差异。他进而解释说，时间和精力的投入，通过刻意练习对成就发挥重要影响，但学习和训练过程的驱动力来自内在催化剂和环境催化剂。比如热情、竞争力、父母的支持、教练的监督等都有助于保持一个稳定的学习和实践习惯。DMGT模型中处于因果层次最底层的是环境催化剂，这也与常识以及许多研究结论相矛盾。加涅通过分析行为遗传学中后天培养的先天特性、家庭影响只占个体认知能力和个性差异的一小部分，环境的影响通过个体的知觉过滤等研究成果，以及心理学对心理弹性的研究中得到启示，把环境影响置于较低的位置。对此他指出并非是说环境影响不重要，而是在正常条件下环境差异不会以显著的方式影响杰出成就与高于平均成就之间的差异。在DMGT2.0中，环境催化剂在模型中的位置与内在催化剂部分重叠，表明内在因素在环境影响方面起着关键的过滤作用。加涅认为，环境催化剂对拔尖人才的发展过程具有一些有限的直接影响，但大量的环境刺激必须经过个人需求、兴趣和个性特征的筛选。

四、DMGT模型新的发展

DMGT模型呈现了众多促进或阻碍因素。在这些因素中，自然能力和内在催化剂发挥了重要的因果作用。随着神经影像技术和神经科学的飞速发展，揭示出大脑结构是如何与个体在认知、社交、兴趣和其他行动功能差异上直接相关的。加涅把自然能力定义为具有重要的生物学根源，他认为有必要将这个生物学根源置于DMGT模型内的某个位置。这些技术和思考促成了DMGT模型理论方面一些新的发展方向，目前的研究结果集中在四个方面。（1）确定DMGT模型构成要素的生物学基础的主要类别和水。（2）将这些生物学基础纳入现有的DMGT模型之中。（3）确定这些生物学基础与负责自然能力发展的其他影响因素之间的动态相互关系，从而建立自然能力发展模型。（4）创建才能发展综合模型，作为对两种现有模型的自然延伸（Gagné, 2013, 2015）。

加涅用房子来比喻自然能力的生物学基础，其下侧有三层不同的地下室。最底层预留用于基因型基础，如基因突变、基因表达、表观遗传现象等，他把这一层称为化学层；中间层是生物层，它将基因型现象转移到表型现象，但隐藏的本性使其被称为内表型，也即这些特征不是外在可见的，而是可以测量的。最上面一层包括解剖学或形态学特征，这些特征大多是可观察到的外表型，如篮球中的身高条件和体操中的体型等是可以直接观察到的，以及通过神经成像间接观察到脑的大小，它们已被证明能够影响自然能力或内在催化剂。内表型和形态特征都是连接基因和身体能力，并最终发展成系统技能复杂因果链中的一部分。加涅把这些生物学基础纳入 DMGT 模型之中，并通过研究其对自然能力的影响机制，开发了在结构上类似于 DMGT 模型的自然能力发展模型（Developmental Model for Natural Abilities, DMNA）。简单来说，上述三个层次的生物基础通过发展过程，促成智力和身体等自然能力的发展。其中，催化剂同样扮演重要的促进或抑制作用。不同的是，自然能力的发展过程主要包括成熟和非正式学习活动两种类型，它采取的是自发学习的形式，主要是在潜意识中获得的。在催化剂方面，个人和环境催化剂在结构上没有发生变化，即仍具有相同的子维度，但每个维度下的内容以及相对因果关系有所不同。例如，无法期望幼儿在优势和劣势上可以表现出与成年人同样的意识。

基于以上研究成果，加涅将 DMNA 模型整合到 DMGT 模型中，构建出才能发展综合模型（Comprehensive Model of Talent Development, CMTD），具体见图 3-4。天赋要素居于模型的中心位置，保证了左侧杰出自然能力的积累和右侧才能发展过程之间的联系。具体说，CMTD 表明，才能培养的发展最早源于自然能力的逐步积累，而其又来自精子细胞和卵子的偶

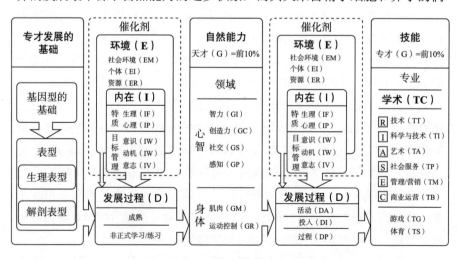

图 3-4 加涅的才能发展综合模型

然相遇，在受精卵中产生独特的基因型。婴儿出生后，由于两类催化剂的贡献以及无数次日常学习，各种自然的心理和身体能力将逐步形成。在某个时候，取决于才能类型，通常是在童年或青春期，一些有天赋的人，或者距离 DMGT 模型定义的前 10% 阈值不远的人，会选择与其自然能力相符的才能领域，并开始漫长而复杂的旅程，最终实现才能发展。在这个综合模型中，加涅清楚地确定了生物基础的位置和作用，并将所有这些要素组合成一条动态整合的发展道路。

五、DMGT模型的独特性

加涅认为，与其他天赋模型相比较，DMGT 模型有四个独特之处。（1）DMGT 模型对资优领域的两个关键概念——"天赋"和"才能"——有明确的区分定义。通过区分自然能力和系统发展的技能，可以很好地将潜力／天赋与实现／成就区分开。这一区别引出了另一个明确的定义，即才能发展，就是将自然能力转变为典型的职业领域中系统发展的技能。他认为，在 DMGT 模型中，才能与天赋的概念一样重要，都是为了理解杰出技能和知识的发展。并且，潜力与实现潜力之间的这种区别使得对有天赋群体中低成就者的定义更为清晰。它简单地指出较高的自然能力没有转化成任何职业领域中系统发展的技能。（2）在天赋和才能定义中引入普遍性估计（前 10%），并提出一个适用于任何天赋或才能领域的基于公制的五级体系也构成了 DMGT 在现有天赋概念中的一个独特方面。清晰的阈值和标签不仅有助于研究样本的选择和描述，而且有助于不同研究结果的比较；基于公制的等级体系有助于保持对天赋和才能等级的持续认识，并能够提醒教育工作者，绝大多数的天赋或才能（90%）属于最低（轻度）级别，只有一小部分在年轻时被鉴定为天赋或有才华的人会在自己选定的领域实现卓越。（3）DMGT 模型的复杂结构清楚地确定了人才涌现的每一个重要因素，特别是那些位于内在催化剂和环境催化剂中的因素。同时，这种全面的观点保持了每个组成部分的个性，明确界定了它们在才能发展理论中的确切性质和作用。天赋结构保持良好的边界，更容易实际操作。催化剂位于天赋和才能概念之外，这使得 DMGT 模型有别于许多把不同的元素归入天赋定义本身的概念。（4）拓宽天赋的概念并承认其各种表现形式。加涅指出，大多数现存的概念几乎都集中于智力天赋和学术才能以及基于学术的职业（如科学家、律师、医生等）上（Gagné, 1995）。DMGT 模型遵循了一个只有少数学者明确采用的方向，即将身体天赋纳入天赋构形，比加德纳的身体—动觉智能更广泛地定义了这一领域。这种开放性能促进专注于学术人才发展的专业人士和致力于体育人才发展的专业人士之间的密切联系。

六、总结

从整体上看，加涅的天赋—才能区分模型厘清了天赋和才能之间的关系，也解决了资优研究领域中的一些问题，如高天赋者低成就等。模型认为基因和自然能力是后天赋能的先决条件，并且承认多元智力。随着研究的不断深入，模型也在不断完善变化。从 DMGT 模型发展到 DMGT2.0 的过程中，加涅更加关注理解和解释为什么有些人有能力达到非凡的水平，而有些人没有。DMGT2.0 特别详细和系统化地从前瞻性的视角，概述了天赋转化为才能的发展过程，同时还强调可能阻碍或加强这一过程的要素，即内在催化剂和环境催化剂。随着相关学科的发展，加涅从生物学和神经科学等角度对天赋的发展进行溯源，探索自然能力发展的原因和影响因素。在众多天赋理论从前瞻性视角研究先天能力和内外部环境对资优发展的影响时，加涅把天赋研究向另一个方向拓展，向内和向后挖掘天赋的基因影响，并且把前瞻性和回顾性要素整合到一个模型之中。模型的呈现非常清晰，核心构成要素和影响因素都得到完整呈现。

加涅认为，各个要素在不同阶段对才能发展的作用都因人而异，除非在非常特殊的情况下，它们都不会对最终的教育成果产生关键影响。他提出，基于个人的生物学和遗传基础的认知能力，是通过正规教育年复一年获得的众多学术能力的基础，并且这一过程不断受到两个大类因素的调节。内在催化剂定义个人的气质、个性、需求和欲望，以及家庭、学校和社会环境中存在的环境催化剂。与此同时，对于不同天赋模型中提出的众多影响卓越成就的因素，加涅在假设和猜想的基础上，试图提出囊括这些因素的因果模型，并对这些因果因素相对化，提供一个普遍的影响顺序。但不可否认，不同个体成长的路径都具有独特性，不同因素作用的强度可能千差万别，对影响因素进行排序存在一定的机械性。

正如加涅所言，DMGT 模型最独特的品质，也是与其他天赋模型最直观的区别在于该模型明确区分了天赋和才能的概念，以及将天赋与潜力、天资和自然能力相关联，将才能与表现、成就、系统发展的能力以及专业技能等概念相对应。针对这一观点，有研究者指出，虽然天赋领域在如何定义其术语方面存在混乱，但自然能力和系统开发的技能之间的区别如何不同于更常用的天资和成就标签，加涅没有进行清晰区分。并且加涅认为，天生的能力是系统发展技能的先决条件，也即自然能力是未来成就的预测因素，但他在 DMGT 模型中用双向因果箭头来描述六个因素之间的关系，并且在一个领域发展的技能在其他领域更像是天赋能力。例如，押韵技能是天赋，可以作为诗歌创作创造力的"原材料"，但它们也是可以系统培训的技能（Baer et al., 2004）。

加涅创造性地提出多层次天赋体系，并对天赋和才能进行等级化。在他的系统中，极度天赋儿童和轻度天赋儿童之间的差异明显大于轻度天赋儿童和普通儿童之间的差异。正如温纳（Winner, 1996）指出的那样，超常天赋儿童与其他天赋儿童有着非常不同的需求，后者是大多数天赋教育计划的设计对象。资优教育需要更好地鉴别那些真正出众的个体，并为他们提供有价值的服务。加涅在这点上有助于资优教育相关参与者将注意力真正聚焦于杰出的天赋，为拔尖人才的选拔和培养实践提供了实用性指导。

第三节　慕尼黑天赋培养模型

一、慕尼黑天赋培养模型产生的背景

在德国，从 20 世纪 60 年代开始，残疾人和弱势群体的问题引起了公众的广泛关注，成为科学研究的焦点，但拔尖人才在社会所面临的挑战直到 20 世纪 80 年代才得到重视。对资优问题和与资优有关的社会问题的系统研究起步较晚的原因有很多，如对精英主义的恐惧，认为资优儿童和青少年在没有外界帮助的情况下也能获得最佳发展，认为培养拔尖创新人才必然以牺牲另一部分社会群体为代价的错误观念，也没有足够的研究证据证明培养资优的活动会产生什么效果。在这种情况下，亟须资优教育相关的教育学、心理学、社会学和医学等主要学科参与资优研究。海勒等人认为，如果没有关于资优现象和天赋结构的科学证明，就不可能采取满足个人和社会要求的行动。因此，关于资优的实证研究的重要程度并不亚于任何其他教育心理学领域（Heller et al., 1986）。

在此基础上，教育心理学研究项目，慕尼黑天赋纵向研究计划于 1984 年提出，并最初于 1985 年至 1989 年在慕尼黑大学进行。珀斯（Perleth）和海勒认为，研究的纵向设计反映了研究目标的性质，只有纵向研究适合于发展模式的研究。关于 MLGS 具体内容，前文中已经进行介绍，此处不再复述。总的来说，纵向研究包括构造和试验诊断工具、不同情境下资优学生的成就行为分析以及资优儿童和青少年个体发展过程的纵向分

析，包括积极和消极的社会化影响、关键生活事件等三个主要目标（Heller, 1990; Heller et al., 1986; Perleth et al., 1994）。MLGS 前期研究阶段主要依据的模型是"慕尼黑天赋模型"。从 20 世纪 90 年代中期到 2010 年底，慕尼黑市路德维希·马克西米利安大学（Center for the Study of Giftedness at Ludwig Maximilians University, LMU）资优研究中心进行了许多基于 MLGS 理论和经验结果的连续研究，并融合了学习过程理论，通过识别不同学习阶段资优学生的特征和稳定性，构建了扩展版本的"慕尼黑动态能力—成就模型"，将其作为 MLGS 的理论框架。换言之，基于 MLGS 的调查，特别是出于发展和/或干预目的，珀斯等人将 MMG 扩展到了慕尼黑动态能力—成就模型。MDAAM 通过引入专业知识和认知功能方法的研究结果以及认知能力与专业成就之间关系的研究结果，赋予非认知人格特征，如兴趣、工作热忱以及成就动机等在绩效发展方面更大的作用（Perleth, 2001）。因此，MDAAM 可以看作基于理论和实践发展的模型。

二、慕尼黑天赋模型（MMG）概述

20 世纪 80 年代以来，大多数现代的资优模型都以多维度能力建构为特征，例如仁祖利的资优三环模型、加德纳的多元智力理论和加涅的 DMGT 模型等。在这些模型中，资优可以被定义为个体在某些领域内取得非凡成就的潜力。潜力转化为成就的真实表现取决于一些非认知的个人特征和环境因素，这些因素可以作为预测非凡成就的调节变量，加涅将其描述为"催化剂"。海勒指出，与加涅区分天才和专才相反，天赋和才能这两个术语在他的文章中是同义的，他将它们概念化为才能领域、非认知个人特质、环境条件以及与绩效相关的变量。珀斯和茨格勒认为，目前资优领域的天赋模型中对天赋因素和杰出成就的领域特殊性关注不够，因此，MMG 强调了天赋和成就因素的领域特异性，以及非认知人格特征和环境因素对成就的调节作用（Perleth et al., 1997）。具体来说，天赋存在于智力、创造力、社会能力、实际知识、艺术（音乐）能力和心理—运动能力等七个相对独立的天赋领域，作为表现领域（标准变量）的预测因子。除了认知能力，MMG 还涉及各种非认知人格特征。如动机、工作风格、考试焦虑、自我概念等，以及家庭和学校的社会化因素。这些因素作为调节变量，类似于加涅 DMGT 模型中的催化剂，影响众多领域中个体潜能（预测因子）向卓越成就的转变。根据以上的描述，基于诊断—预测方法，MMG 中与人有关的天赋因素或预测因子、与个体非认知特征和社会文化条件相关的调节变量以及成就标准变量之间存在相对明确的因果关系。由此可见，虽然比"天赋决定论"的论断更加温和，但研究者也认为个体的天赋能力是后天表现的先决条件，非认知因素以及环境因素仅起到调节作用。这个模型的有效性在 MLGS 众多实证研究中得到了证明。

在慕尼黑天赋纵向调查研究框架内发展起来的慕尼黑高能力测试工具组正是参考 MMG 开发的（Heller & Perleth, 2008）。在诊断—预测范式中，诊断能够预测最终的绩效表现。MHBT 的测试和问卷包含了 24 个不同的问卷和标准化量表，不仅测量天赋的各个方面（作为预测因素），还测量非认知人格特质和社会环境学习条件（作为调节因素），用于评估预测因子和调节变量。由于 MMG 认为卓越标准是复杂的，所以 MHBT 提倡使用多重预测因子和调节因子。对于这种将特定的天赋分解为许多部分的研究结论，例如独创性、数学能力、认知灵活性、成功预期、专注力和指导支持的质量等，在茨格勒和菲利普森看来是典型的在机械论方法下研究资优，他们认为衡量这些要素中的每一个组成因素都可以为预测杰出表现提供基础是有缺陷的（Zigler & Phillipson, 2012）。

三、慕尼黑动态能力—成就模型（MDAAM）

（一）从 MMG 发展为 MDAAM 的原因和要求

从 MMG 转向 MDAAM 具有一定的社会背景以及理论和实践基础。从实践层面说，MDAAM 是在慕尼黑天赋纵向研究的背景下开发的，与其他天赋模型相比，该模型有坚实的实证研究结果和相对成熟的测量工具作为发展理论的支撑。从社会背景看，在 20 世纪的最后十年里，两个对立的心理学研究流派之间就卓越表现展开了一场激烈的讨论。一方认为，对社会的特殊贡献是由拥有特殊天赋的个体作出的，他们聚焦于天赋研究。另一方认为，具有广泛能力的个体对社会作出卓越贡献，即专业研究阵营。专业研究阵营的主要论点是（先天的）天赋或智力等认知能力对于非凡的成就完全不重要。相反，"刻意练习"以及包括工作热忱、动机和自我控制在内的激励性因素被认为对获得卓越成就所需的专业知识有重要作用。对此，珀斯和海勒指出，许多心理测量学的研究证实，新手层面在科学问题解决能力上的差异更多地依赖于认知能力，而专家层面的差异更多地依赖于学习经验和特定领域的知识，知识的长期获取需要深厚的兴趣、成就、动力和坚持等（Perleth et al., 2007）。因此，在使用专家—新手比较范式的研究中，认知能力的作用可能被低估。事实上，天赋和专业知识的概念之间有相当大的重叠，它们从不同的角度代表了同一事实的不同方面，而不是来自不可逾越的对立立场。珀斯和海勒在比较天赋和专业研究时发现，二者明显的区别在于，关于天赋的研究者更喜欢前瞻性研究，试图找出有天赋的人在发展过程中发生了什么，而专业研究的研究者更倾向回顾性研究，关注影响成就的因素。心理测量学理论在科学鉴定有天赋的青少年方面，或在预测未来的职业或大学成功方面无法替代，但它们并没有提供任何的解释信息，而认知心理学范式中的信息处理或思维过程分析可以提供有关科学能力与专业绩效发展所需条件的信息。他指出，实际上对有潜力或实际上达到高水平绩效的个体研究应该同时遵循这两种策略。因此，亟须建构一个能够整合不同心理学领域相关发现的天才模型。

研究人员一致认为，只有当个体准备好进行一个长期的、艰苦的、以目标为导向的学习过程时，才能达到卓越的成就水平，即卓越成就的发展需要长期的练习。同时，专业知识阵营和天赋研究阵营将知识和一般能力分离，认为特定领域的丰富知识是取得卓越成就的核心先决条件。基于此，珀斯和海勒对MMG进行了修改。从图3-5可以看出，他们在原MMG中，在天赋和成就之间插入了一个"知识"因素来表示需要获得特定知识的重要性（Perleth et al., 1997）。

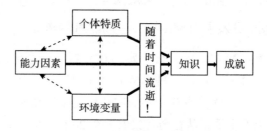

图3-5　慕尼黑天赋模型发展版本

珀斯和海勒还指出，目前相关研究对专业知识发展过程的关注不足，应该将天赋研究的传统和专业研究的传统结合起来，除了关注个体的内部表现倾向、良好的个性特征和环境特征，还要关注特定领域专业知识的主动学习过程（Perleth et al., 1997）。他们认为，达到高水平专业的先决条件还包括保持一个积极的、与目标相关的学习过程，即埃里克森等人所说的"刻意练习"。卓越的成就需要一个积极的学习者，其永远准备好克服获得下一个专业水平的障碍。这样的成就需要个体将自己推向极限。专业研究和天赋研究人员一致认为，非认知个性特质对于想达到高水平表现的个人来说至关重要。珀斯和海勒试图将上述因素整合到天赋模型之中，如图3-6所示。从图中可以看出，从图3-5中"随着时间流逝"的表示到图3-6"积极的学习过程"，学习过程被赋予了更大的作用（Perleth et al., 1997）。阿克曼（Ackerman）也认为，随着专业技能水平的提高，知识的积累和领域特定能力的获得会受到主动学习过程的影响，兴趣或动机等非认知个人特征往往会压倒天赋潜能（Ackerman, 1988）。与此同时，珀斯和海勒还指出，天赋和成就的综合模型应该考虑先天特征，不能忽视遗传心理学的研究发现（Perleth et al., 2007），如普洛明（Plomin, 1994）提供了令人信服的证据，证明了遗传天赋和学习环境的影响之间的相互关系。在此，珀斯和海勒驳斥了一些专业知识研究人员的观点，如埃里克森，认为他们没有考虑先天因素（天赋）和环境变量之间不同的相互关系。

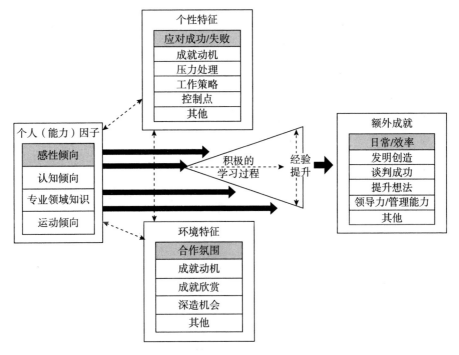

图 3-6　慕尼黑过程能力模型

综合以上一系列背景，珀斯认为一个综合的天赋模型必须满足以下要求：

- 用不同的方式进行概念化的能力和技能；
- 考虑遗传心理学和认知信息处理研究的发现；
- 考虑成就的领域特征；
- 明确认知能力如何转化为成就（例如，通过学习过程，学习时间和经验质量）；
- 考虑获取知识过程和知识作为成就的先决条件的作用；
- 包括人格特质（例如，兴趣，任务承诺，抗压力）；

●注重家庭和学校环境等变量的特征，以及同伴和专业团体的作用；

慕尼黑动态能力—成就模型作为天赋、专业知识研究和成就的整合框架，弥合了前瞻性传统天赋研究和更面向过程的认知和专业研究领域之间的差距。图 3-7 展示的 MDAAM 将上述要素放入一个通用的、一致的框架中，以满足上述需求。

（二）慕尼黑动态能力—成就模型概述

在 MDAAM 中，模型最左边的个人特征包括注意力和注意力控制、习惯、记忆效率（信息处理速度）和工作记忆方面，活动水平以及感知或运动技能方面。珀斯等人认为，这些特征代表了个人的基本认知技能，可以被视为学习和成就的先决条件。从图 3-7 可以清晰看到，MDAAM 区分了三个或四个与学校和职业培训主要阶段相关的成就/专长发展阶段：学龄前、学龄、大学或职业培训。这些阶段可以用普洛明对被动（学龄前），反应（小学年龄）和主动（青春期和老年）遗传—环境关系的分类来大致描述（Plomin，1994）。特定的学习过程归属于这些阶段，它们用于能力的塑造，并以灰色三角形为标志。这些三角形向右开口，表明能力、知识或技能的增长。三角形的左角表示相应的学习过程何时开始（灰色的不同色

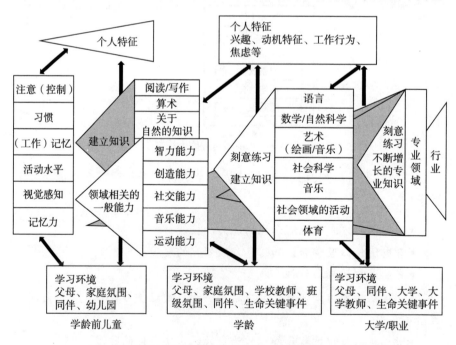

图 3-7 慕尼黑动态能力—成就模型

调只是为了使图形更清晰）。MDAAM还强调了学习环境的各个方面，从图3–7可以看出，在个体的三个主要发展阶段中，环境因素始终对其产生影响，但不同阶段影响的环境略有不同。总的来看，家庭的影响在头几年占主导地位，然后学校的学习环境的特点（如，培养天才的额外课程，学校和课堂气氛，课外活动）产生的影响越来越大。与此同时，朋友和志同道合的人的重要性也在增加。

具体分析来看，在学龄前阶段，个体主要形成与一般领域相关的能力，这些能力在MMG中被描述为天赋因素，主要包括智力或创造能力、社交能力、音乐或运动能力等。也就是说，很多天赋能力是在婴幼儿时期养成的。而与这些能力同步发展的，是知识的积累，如阅读和写作、算术以及与自然有关的知识等。在这个阶段，主要的环境影响有学习环境、父母、家庭氛围、同伴和幼儿园等。在学龄期间，诸如语言，自然、社会科学，艺术，音乐和社会行为等不同领域形成的知识占主导地位，这些知识必须在积极的、目标明确的学习过程中获得，即通过刻意练习获得。与上个阶段相比，这个阶段教师的教育、班级氛围以及关键人生事件对个体发展影响较大。大学或职业培训的阶段有助于各领域的专业知识日益专业化和发展。根据领域的不同，这种专业化也可以开始得更早，例如，专业音乐家或高水平运动员通常在学前班或小学时就开始致力于发展自己的领域，在图3–7中用各三角形表示。刻意练习同样促进知识的专业化。从整体看，MDAAM不仅识别能力因素和知识领域、识别各自的学习过程，还强调了对成就和专业知识发展很重要的个性特征。如图3–7所示，这些特征在幼儿园和小学时期发展，并且在高中、大学或职业培训期间实现了相对稳定的概念化，并且在每个阶段都对学习过程和知识获得产生影响（Heller et al., 2005）。

综上，在MDAAM中，个体的天赋和能力是动态发展的，在每个阶段重点形成的能力和知识有所不同。而最终卓越绩效的形成与天赋能力、环境和非认知个体特质有关。在走向卓越的过程中，积极的学习过程具有重要作用。

四、基于MMG和MDAAM的拔尖人才培养

如上文所述，在MMG和MDAAM中，对最终成就产生影响的主要包括作为预测变量的个体认知人格特征或天赋特征，作为调节变量的非认知人格特征和社会文化条件变量。在实证结果方面，珀斯和海勒先后于1995、1996和1997年分别使用MLGS的追踪数据检验了MDAAM的有

效性。研究结果显示，天赋变量对于获得坚实的知识很重要，而知识本身对于获得专业技能至关重要；在具体领域中的技能获得上，环境变量起着重要的作用（Perleth et al., 2007）。从资优理论模型看，珀斯和海勒指出，天赋通过发展过程与社会学习环境，即具体的教育和社交情境相互作用，天赋的发展必须从一开始就被理解为一个互动的过程。将潜力转化为学术上的卓越表现需要有动机的学习和一些个人的前提条件，以及支持性的学习环境。支持性或"有效"的学习环境通常被理解为儿童和青少年成长中包括家庭、学校和课外等复合刺激性社会环境。在实践中，这包括提供不同天赋所特定的学习环境和课程。

个人学习需求和指导性的学习机会以及支持条件之间的契合性，对资优学生将个人学习潜力转化为相应的学术成就至关重要。通过个人适当的表现要求来刺激和优化学习过程，可以避免资优学生的挑战过大和弱势学生负担过重。这些只能通过充分的差异化措施来实现，而差异化的学习任务是资优提升的最重要部分。将个人潜力转化为相应的杰出成就，需要根据个人能力边界制定任务的难度等级，以使其具有足够的挑战性。为了保证教育学习环境在教学差异化措施方面的质量，海勒等人提出一些学习条件具有重要意义。具体说，首先，通过自选学习材料和学生选择他们学习过程设计，鼓励学生发挥积极作用，这包括学习的选择和解决问题的策略，强调尝试新的解决方法和寻找原始解决方案的目标；其次，对个人学习进度进行持续的判断评估，以确定所达到的知识水平和进一步学习进展的要求；再次，确保探索各种学习资源和材料，鼓励自主发现和获得结论；最后，让个人学习课程和节奏成为可能，自由地将活动主题建立在一个人的兴趣之上（Heller et al., 2005）。

这些学习目标是通过清晰的学习课程和学习进度以及个性化（教师）反馈来实现的。海勒也提醒，在尝试制定有效或创造性（学术）学习环境时，必须考虑到尽管主要负责教学过程的教师有着重要的作用，但学生的学习行为也受教学方向和个人特质的影响。每种形式的教学都或多或少是互动的产物，天赋和才能的提升不仅要考虑认知和非认知学生特征（动机和自我相关概念）的交互模式，还要考虑人与环境的相互作用。

在资优教育中，需要专门设计差异化课程来激发和培养拔尖学生能力、动机和兴趣等天赋特征。这种策略将天赋的潜力转化为杰出的学术表现、创造性表现和产品创造，优化程序必须在质量上与基础课程有所不同。在内容、过程和结果方面有差异的课程通过促进学生加速掌握基本技能来应对拔尖人才的各种特征。这是通过测试程序和根据更高级别的技能和概念，重新组织课程来完成的。资优教育中可以让学生参与发现问题和解决问题的活动和研究，为他们提供机会进行研究，让他们专注于问题、主题、想法，并在不同的知识体系中建立联系。许多成功的拔尖计划倾向于通过加速学习个别科目或有主题的、广泛地综合各个单元来修改内容。一个依据理论框架排列和建构的完整学习内容比传统分配的学习内容掌握所需的时间更短。加速只是刺激拔尖学生取得优异成绩的手段之一，通过独立的研究项目也可以有效地促进拔尖学生的发展。在特定领域或学科中，有特殊才能的学生可以通过活动来激发他们的能力并挑战自我，达到个人成就的巅峰。因此，我们需要有效地支持学生在探索、发现学习和创造性问题解决方面的独立性。

如上文所述，教师在促进资优个体潜力转化方面发挥着至关重要的作用，而拔尖人才培养需要考虑人与环境的相互作用，那么必须考虑资优教育中教与学的互动作用。针对资优学生在独立研究和项目中的深入学习，教师需要有效地支持学生在探索、发现学习和创造性问题解决方面的独立性。通过整合数学、科学、阅读、语言和社会研究等传统学科，扩展学生的兴趣、支持他们的发展。教师还需要建立一种氛围，鼓励学生大胆质疑，独立训练，并用他们的创造力去尝试所能做到的一切。此外，教师应鼓励拔尖学生在综合课程和基于概念的教学主题单元中进行项目和组合，强调科学的综合框架和研究过程（例如，探索一个主题，计划如何研究它，进行研究，判断结果并报告）。这些方法鼓励学生在自己的学习中发挥积极作用，并强调使用解决问题的策略来尝试新的解决方法并寻找原始解决方案（Heller, 1999）。总体而言，资优学生在独立项目和活动中进行自由、深入、创造性的探索活动，要求教师的教学实践具有高度的灵活性。教学是面向探究的，使用基于问题的学习和苏格拉底式提问等策略。基于此，学生能够通过这种方式建构他们对于学科的理解，并且积极地将适当的过程应用于新的情景。通过教师的指导性问题，与同伴的协作对话和讨论以及对关键问题的个人探索，拔尖人才可以发展出科学家和研究人员证实的有价值的思维习惯，即怀疑主义、客观性和好奇心。有了这些稳定的特征，就可以在课堂上建立一个探究团体。

而与课程设置和教师教学指导过程相对应的是评价。评价的变化要求拔尖人才展示能力，而不仅仅是掌握知识。在评价方面，真实性学习和评价增强了内在的学术动机。通过真实性评估培养的拔尖学生在内在动机、目标导向和独立学习上有明确的坚持和偏好。海勒等人认为，适用于内容、过程、产品和环境的差异化课程的新颖评价必须坚持真实性评估（Heller et al., 2005)。这样的评价模型基于学生驱动,而不是教师导向的分配和标准化测试。评价为学生提供持续的判断反馈,评价的主要内容是批判性思维和创造力。评价反映了现实生活中的跨学科挑战,同时承认和重视拔尖学生的多种能力。评价还必须包容各种学习方式和不同背景。资优学生也可以在自我评价中进行合作,因为许多学生对自己都有很高的标准和期望,可以找出个人、同伴、教师和导师评价的最佳组合。

第四章　拔尖人才的社会责任感模型

  2020年初，新冠疫情在全球蔓延，引发全人类的关注。疫情的持续严重化和扩大化使医疗、生物、制药、科技、管理、物流、危机治理的拔尖人才成为亟需。疫情应对里的"众生相"也向全球教育界抛出问题——在灾难面前，我们该培养什么样的拔尖人才？智能的单一维度考量是否依然是培养的重心？是什么因素促成一些拔尖人才将群体关切置于自身利益之上，继而将时间和精力投入到改善他人生活的社会福祉事业中？现有的拔尖人才项目能否影响未来各行各业领导者的伦理观和价值观，使他们将社会资本的增益置于更高的价值尺度上？以上一系列问题的关注和追问，直指拔尖人才培养的核心问题：面向未来人类命运共同体的拔尖人才应该具备哪些核心特质和素养？这些素养是否能够以及如何驱动拔尖人才将个体的卓越能力转化为提升社会资本的行动？学校教育如何影响和发展拔尖人才的这些特质？关于这些问题的思考，对探讨我国拔尖人才培养的价值论，厘清拔尖人才培养的未来走向具有指导作用。

  我国目前对于拔尖人才社会责任感从政策导向、理论层面和实践层面，都尚存不足。从政策层面而言，我国近年来虽然出台了多项旨在构筑促进拔尖人才脱颖而出的专门通道，集中培养一大批基础学科拔尖创新人才的专项政策，但在"强基计划"出台之前，这些政策多聚焦于学术英才的选拔和培养，缺乏对社会责任感的系统性关注；而在理论层面，我国拔尖人才相关理论还未与国际理论前沿接轨，对"拔尖人才"的内涵和外延所指涉内容尚未达成共识，对社会责任感的学理认识更是存在明显不足。在拔尖人才的选拔和培养上，仍然聚焦于传统的智力表征，例如选拔标准围绕高考成绩、竞赛等级等核心指标展开，对于个体的非认知因素关注明显不足；在培养上，重视拔尖学生的专业知识技能训练，而对人格养成教育和社会责任感的培养缺乏应有关注；在评价上，短期绩效导向驱动下的拔尖项目过多关注学生的学业成绩和科研成果等显性指标，对拔尖个体社会责任感和贡献力等内隐性要素的考核往往流于形式。

有鉴于此，本章首先厘清拔尖人才社会责任感培养在我国的必要性。进而通过对理论和模型的梳理，分析了拔尖人才社会责任感的深刻内涵和重要组成元素。在此基础上，进而分析了社会责任感与拔尖创新人才其他特质之间的供给关系。最后，对我国拔尖人才社会责任感培养过程提出的具体建议，为拔尖人才培养实践提供指导和参考。

第一节 培养拔尖人才社会责任感的必要性

一、出众的认知能力不足以定义拔尖人才

何谓"拔尖人才"？福尔曼（Foreman）和维兰纽瓦（Villanueva）曾假设一种情境，在瘟疫肆虐英国时，如果牛顿不是回到乡村庄园开展科学研究，而是把卓越的天赋用在剥削剑桥市民上，在疫情中获利，那还能称他为天才吗（Foreman et al., 2015）？这一设想的核心关涉到出众的认知能力是否足以定义拔尖人才的问题。

学者茨格勒指出，将天赋定位于个体内在的智商概念，是一种严重的过度简化（Ziegler, 2005）。加德纳等人认为人类智能应分为多个范畴，其中的一些与传统的智力高度相关（Gardner, 1987），另一些却并非如此（Visser et al., 2006），而不同领域的智能都对个体的成就至关重要。拔尖创新人才不应该是智商维度组成的单一概念，而是有着复杂的内涵，出众的认知能力不足以定义拔尖人才。一方面，拔尖人才选拔普遍依据的智商测试和学术测试难以有效识别真正的拔尖人才。原因如下：其一，常见的测试工具无法测量出个体完整的智力水平，而仅能反应智力水平指标中的一小部分；其二，智商测试对专业领域表现预测性不高，基于智商来判定拔尖人才会遗漏大量具备特定领域才华的个体。另一方面，拔尖人才的天赋和才能是一个复杂的发展过程，拥有超于常人的智商并不意味着必然成长为拔尖人才。方仲永那种天资卓越却最终泯然众人的悲剧在现实中屡见不鲜。以心理测量学为基础的"天赋派"代表高尔顿（Galton, 1869）等学者认为天赋是个体天生固有的、不可改变的存在状态（Being）。而另一派学者认为天赋是一个成长变化过程，受到家庭和环境等多重因素的影响（Doing/Becoming）。拔尖人才不是智商这一单一维度组成的一个固定点，而是复杂的变化过程，拔尖人才成长是个体及其与所处环境动态交互的过程，与个体所处的场域、时代都有关系，不能按照智商进行简单划分（Zigler, 2005）。

美国心理协会主席斯滕伯格认为智能不足以界定拔尖人才，社会责任感要素应是拔尖人才的重要内涵。他曾明确指出，虽然人们的流体能力和晶体能力随着时间的流逝在大幅提高，但从当前全球日益严重的冲突来看，没有证据表明智商的持续提升能够改善人们的生活质量。他认为仅有"智能"（Intelligence）是不够的，包括勇气、坚韧、热忱、胸怀在内的个人道德和社会责任都对拔尖人才的养成至关重要。而那些缺少这些社会责任的个体，尽管天资卓拔，也难堪国家和社会的大任，因而不能成为理想的拔尖人才（Sternberg，2003）。突出的智力和才能只是拔尖人才的必要条件，但其最终是否成为社会和国家所需要的拔尖创新人才，还取决于其对他人和社会所履行的责任。

我国学者对拔尖人才的社会责任感内涵和外延的研究仍然比较缺乏，对拔尖人才所应具备的核心特质的界定也不甚清晰。相关研究既没有和国际理论前沿完全接轨，也没有表现出理论自觉性，对研究和实践缺乏系统的抽象和归纳。不同学者所采纳的"拔尖人才"概念中，相对客观且易于测量的智力要素成为共同的取向，社会责任感等具有模糊性和不确定的非认知要素在很多情况下被忽略了。

二、全球化时代提升拔尖人才的社会责任感是应对危机的必由之路

在科技发展和全球化进程的快速推进的背景下，拔尖人才的社会责任感越发重要。虽然在跨文化视角下，不同国家和地区对拔尖创新人才所推崇的特质不尽相同（Freeman，2005），但社会责任感始终是共同的选择。全球化背景下不同经济和文化群体联系更加紧密的同时，也放大了他们的差异，从而在本土化和国际化的张力场域中产生动态的紧张关系。而技术创新在生物科学和信息技术等新兴领域催生了具有高度影响力的实质性进展的同时，也制造了不一而足的差异、紧张和冲突。这些不平等、冲突和排斥迫切需要拔尖人才来缓解，拔尖人才的社会责任感特质从未像现在这样重要（Ambrose，2009；Ambrose et al.，2009；Hernandez De Hahn，2014）。研究者和实践者均指出，不应当再强调拔尖人才作为社会的受益者，而是突出其作为社会资本的代理人角色；拔尖人才教育也应超越个人发展和经济进步的概念，对人类共同利益和社会资本的关注应当成为资优教育的重要方面，学界也不断呼吁将社会责任和共同的美好理想纳入资优教育的紧迫性（Hernandez De Hahn，2014）。

意识到社会责任在人类发展中的关键作用，许多国家、地区和国际

组织都在政策文本中将其作为人才培养的核心素养。例如，联合国教科文组织提出高等教育首先应当培养高素质的毕业生和有责任感的公民；美国的天才儿童协会（National Association For Gifted Children, NAGC）在其学习环境标准中强调学习环境应促进拔尖人才的社会责任力发展，并指出拔尖人才的领导能力也应包括这一维度（NAGC, 2010）；日本在《教育基本法》中规定，教育的核心目标是培养有责任感和独立精神的国民。在我国出台的《国家中长期教育改革和发展规划纲要（2010—2020年）》提出："要着力提高学生服务国家服务人民的社会责任感、勇于探索的创新精神和善于解决问题的实践能力。"（国家中长期教育改革和发展规划纲要工作小组办公室，2010）随后，一系列针对拔尖人才的政策也对人才培养的责任感和使命感多有提及。如《统筹推进世界一流大学和一流学科建设总体方案》指出，着力培养具有历史使命感和社会责任心的优秀人才（国务院，2015）；《关于实施基础学科拔尖学生培养计划2.0的意见》再次提出拔尖人才培养要强化使命驱动，引导学生面向国家战略需求和人类未来发展，应对人类未来重大挑战，树立破解人类发展难题的远大志向（教育部，2018）。但是，我国系列政策主要回应的是基础学科领域拔尖人才紧缺的现实问题，集中资源快速提升拔尖创新人才在特定领域的专业技能成为当务之急，而对他们责任感等因素则缺乏针对性。直到2020年年初，"强基计划"发布，重点强调选拔培养有志于服务国家重大战略需求的拔尖人才（教育部，2020），首次将拔尖人才的道德品质和对国家和社会的责任感提升到专业能力同等甚至更加重要的位置上，对过往以智力和能力为主的政策取向有明显的反拨。

培育和增强拔尖人才的社会责任感，对于解决全球范围内困扰人类的重大难题，有重要的现实意义，这也是关于拔尖人才培养的规范性目标。即使在不同文化语境中，各国普遍认为，拔尖人才培养应当促进未来领导者提高对共同利益和社会资本的关注，培养他们的长期为社会导向的生产力，使其成为影响未来范式转换的创造型生产者。换言之，拔尖人才培养不应仅仅关注天赋行为的发展，或者仅仅给拔尖创新人才贴标签，抑或仅仅促进其拔尖个体发展。将拔尖人才培养从承担社会责任，解决重大问题中剥离出来的做法，实际上是消解了拔尖人才培养的重要内涵和维度（Foreman et al., 2015），而在这一层面，我国当前的拔尖人才政策虽然已经有所意识并予以反拨，但大多数政策仍然比较宽泛，缺乏聚焦社会责任感的专门性政策。

三、高校的拔尖人才培养项目应重视拔尖人才的社会责任感培养

纽曼曾指出，大学的目的是塑造良好的社会公民并随之带来社会的和谐（纽曼，2001）。哈佛大学前校长德里克·博克也认为大学在引导学生社会责任感养成上有特殊的地位和机会（德里克·博克，2001）。世界范围内众多顶尖研究型大学也正在行使这一使命。聚焦于哈佛最卓越的本科生教育部门哈佛学院（Harvard College），其使命是培养社会的公民和公民领袖，期待学生发掘自己的天赋和才能，评估其价值和兴趣，学习为世界服务，为建立一个更加公平和有希望的世界而努力。在哈佛学院，课程是塑造拔尖学生社会责任感的重要载体。普林斯顿大学的前校长哈罗德·T. 夏普罗（Harold T. Shapiro）也认为，拔尖学生未来可能成为各个行业的领导者，他们的道德发展将影响公共和私人生活的众多方面，因此，关注并引导学生的道德发展应当是大学的重要职责，大学应开设相关教育课程，引导学生养成良好的社会责任品质（毛昭娟等，2012）。此外，美国众多顶尖高校的荣誉教育项目也普遍注重学生批判能力、社会责任感以及全球公民意识的培养。除了常规课程，项目通过定期组织学生开展社会服务活动，把其作为激发拔尖学生社会责任感的重要举措。例如，马里兰大学荣誉学院明确要求所有一年级学生都要完成25小时的社区服务，学院希望通过使学生走进社区，发现实际问题，将课堂所学知识应用于问题解决，从而促进专业技能和价值观的发展，为社会增加福祉。

除了美国的"道德教育"、英国高校的"绅士教育"，日本高校的"国民教育"也都体现了大学在拔尖人才培养上知识传授与社会责任感养成并重的目标取向。例如，日本早稻田大学在建校之初即将"造就模范公民"确定为学校的办学原则，致力于培养能够就贡献社会和提升他人福祉作出巨大表率的拔尖人才，而不是将精英教育成果用于满足一己私利者。我国的部分高校也是如此，如清华大学校训为"自强不息，厚德载物"，"自强不息"可以看作对拔尖人才自身为人为学刚毅坚卓的追求，而"厚德载物"是面向社会和国家，"以博大之襟怀，吸收新文明，改良我社会，促进我政治，以宽厚的道德，担负起历史重任"，同样融入了对拔尖人才能力培养和以承担社会责任为代表的人格塑造这一双重因素。清华大学的"学堂人才培养计划"将学生定位为"领跑者"，强调其拔尖人才的身份"不是光环，而是使命；不是荣誉，而是责任"。但值得注意的是，当前我国高校的拔尖人才培养实践还是普遍缺少对拔尖学生社会责任感的关注，选拔

和培养实践仍遵循智商至上的原则，采取单一而枯燥的传统教学方式培养社会责任感，用脱离实际或难以落地的标准评价学生的社会责任感的发展……这些都不利于拔尖学生发展成为"完整的人"。

第二节 拔尖人才培养理论和国际模型中的社会责任感

社会责任感教育的必要性源于其在拔尖人才培养过程中的核心位置。从理论层面和国际模型中都展示出社会责任感是拔尖人才的核心特质和素养。就培养理论而言，拔尖人才的社会责任感是个人道德与文化道德的统筹整合，起到秉轴持钧的关键作用。就国际模型来看，理论家在拔尖人才培养模型中进一步分析了社会责任感的内涵。斯腾伯格的智慧平衡模型认为社会责任感是拔尖人才之所以成为拔尖人才的重要条件，仁祖利的千鸟格经纬论则剖析了拔尖人才向社会产生责任承诺的复杂因素。

一、拔尖人才的社会责任感是个人道德与文化道德的统筹整合

仁祖利指出，拔尖人才的教育目的有两个：一是通过帮助年轻人发展可能存在潜力的表现领域，为年轻人提供自我实现和自我完成的机会。二是为社会输送知识与艺术的生产者以为当代文明的建设添砖加瓦，而不是仅仅培养既有信息的消费者（Renzulli, 2005）。当个性化发展的浪潮与国家乃至人类的公共议题相遇，时代要求拔尖人才不仅拥有完善的人格并达到自我完成的生命状态，同时也需要对社会发展担负起应尽的责任。在这其中，社会责任感起到必不可少的桥梁作用。因此，社会责任感应是个人道德与文化道德的统筹整合。

个人本位和社会本位的教育价值观各自拥有历史渊源和哲学基础。18世纪以来，个性解放的浪潮形成了以卢梭和裴斯泰洛齐为代表的个人主义教育哲学，将促进人的发展作为教育的根本旨归，强调教育要遵循人成长和发展的内在规律，促进个体的自我实现以及理想人格的养成。社会本位者则认为，人由社会塑造，人的存在及其价值也应在社会中得到彰显，教育的目的在于维护社会秩序，满足社会需求。孔德抹去了人的个体性，而仅留下类特性，认为真正的个人是不存在的，只有人类才存在。凯兴斯泰纳的社会实在论则激进地认为，国民学校教育的根本且唯一的目标就是培养有用的国家公民。纳托尔普亦声称个人只是教育的原料，不可能成为教育的目的。两种相悖的观念落实到拔尖人才领域，在20世纪20年代成为特曼的表现成就导向和霍林沃思的社会情感导向的分野：一种关注人才的

社会贡献，另一种关注人向全面和良善方向发展。后来这种分化被莫洛克总结为"天才成就者"（The Gifted Achiever）和"天才儿童"（The Gifted Child）之间的区别（Morelock, 1996）。争鸣从未停止，格兰特和佩特罗夫斯基指责那种过分强调成就和为社会作出贡献的教育方式，呼吁从儿童的角度出发、以儿童的整体发展为核心的人本主义教育观（Grant et al., 1999）。而温纳（Winner, 2000）认为当前的资优教育矫枉过正，过于强调拔尖人才的自我实现，应该引导学生利用自身天赋回馈为资优项目提供额外资源的社会。戴（Dai, 2010）则作出了社会化的"癌症治疗"说和强化社会资本说，以及个人化的自我完成说和独特需求说之间的区隔。

然而，晚近的学者们普遍认为拔尖人才培养的社会导向与个人导向之间存在相通之处（Dai et al., 2000），两种泾渭分明的观点存在一个联结的焦点——社会责任感。学者着眼于拔尖人才的选拔和教育过程，指出了一些符合社会发展规律的优秀人才应该共同具有的品质和能力：智能、创造力、对事业的热爱、对家国命运的责任与担当（Renzulli, 2005; Sternberg, 2003）。仁祖利和斯腾伯格不约而同地认为，拔尖人才的社会化定义和私人化定义之间并非分庭抗礼。恰恰相反，好的行业领袖应该在实现自己人生价值的同时承担为社会作出贡献的责任；拔尖人才不仅需要有精深的专业能力和技巧，更需要创造社会价值。如果没有这种意愿和洞察社会发展前景的能力，那么这个人只能被称作先进的机器，却不能被称作真正的拔尖人才。只有当个性化的私人目标与被置于社会与历史广阔空间的宏大目标被"社会责任力"所统领，具有卓越才能的人才能被社会文化环境所广泛接受承认为"拔尖人才"。

社会责任感何以统领宏观和微观视域下的拔尖人才内涵？弗里曼（Freeman, 2008）指出，道德与天赋有着双重的联系，其一是文化道德（Cultural Morality），它意味着日常的社会期望；其二是关于拔尖创新人才的个人道德（Personal Morality）。从个人道德的角度来看，拔尖创新人才应该具备一种"天然善"。大众一般相信个体的认知能力和道德水平存在相关性；在一些刻板的观点中，有才华的人往往具有更低的道德品行（Freeman, 2008）；但另一种更具建设性的论点认为，我们之所以对拔尖创新人才所应承担的社会责任抱有更高期待，是因为相信智能本身与道德敏感性和亲社会行为有关（Roeper et al., 2009; Silverman, 1994）。国外众多研究将认知能力突出的个体描述成为具有崇高理想、对自身在改善世界的困境中应当扮演的角色有负责任的认知的存在（Urraca-Martínez et al., 2021）。由于天赋异禀者大多具有出众的认知能力、抽象思维、洞察力以及对后果的预判能力，他们的道德能力往往超出单纯考虑道德问题的范畴，且通常能够产生道德行为。他们在人生早期就表达出对社会的关注，拥有同理心和减轻他人痛苦的愿望，以及采取坚定的道德立场和按照一定原则行事的能力。当面临自身利益与公共利益发生冲突的情况时，也更可能寻求二者之间达成平衡的解决方案（Lovecky, 1997）。有鉴于此，拔尖人才应该天然具备一种善，超越个人私德来到社会公域，让人们愿意将自身优势上的资本转化为社会福祉的整体资本。正是这种"天然善"使诸如马丁·路德·金（Martin Luther King Jr.）、纳尔逊·曼德拉（Nelson Mandela）和雷切尔·卡森（Rachel Carson）这样的人成为可能，把他们的时间和精力投入到改善更多人生活的公共事业中去（Renzulli, 2005）。

从文化道德的角度讲，社会与文化结构期待拔尖人才拥有符合社会公序的"约定善"。天赋和才能的概念都不是在文化真空中发挥作用的，不同社会的文化观念和价值取向影响天赋的识别（Freeman, 2005）。哪些能力可以被认为是有天赋的、哪些人能够被视为拔尖人才的命题，其答案不仅由教育者决定，更来自所处的文化氛围和社会环境。从社会福祉出发，培养社会责任感无疑对拔尖人才的教育至关重要。因为正如司马光在《资治通鉴》中所言，"君子挟才以为善，小人挟才以为恶"，社会要求有才华的人拥有相应的良知道义，因为当有能力的人开始试图从事破坏活动，他们造成的灾难性毁灭后果远比资质平平的朋辈可怕得多。因此，从个人道德出发的天然良善，已经成长为现代社会中约定的公序良俗。

个人私域中的天然德行与社会公域中的约定期待相统一，使社会责任感成为拔尖人才身上占据统领地位的核心要素而区别于其他特质。这也正符合马克思主义理论视域下个体发展和社会发展辩证统一的关系，以及我国传统文化亦强调"内圣外王"的生命追求。在《论语》中，孔子在答子路问君子时曾言，"修己以敬"，再答"修己以安人"，最后"修己以安百姓"。梅贻琦在《大学一解》（1941）将其阐述为："曰'安人''安百姓'者，则又明示修己为始阶，本身不为目的，其归宿、其最大之效用，为众人与社会之福利。""个人的修行本身具有内在的公共性，也就是国家和社会的目的所在。"（谢维和，2017a）

二、国际拔尖人才培养模型中的社会责任感

（一）智慧平衡模型：智慧是拔尖人才存在的前提

斯腾伯格希望建立一个识别未来天才领导者的通用模型。他指出，拔尖创新人才不仅应当天资过人，而且具有将天赋转化为改变世界的能力。智慧平衡（WICS）模型可以定义天才领导者的必备特质，WICS模型分

别代表智慧（Wisdom）、智能（Intelligence）、创造力（Creativity）及综合运用能力（Synthesized）。根据这个模型，智慧、智能和创造力是未来天才领导人的必备条件，但这三者并非并列，而是有层次之别，其中智能是创造力和智慧的基础，创造力又是智慧的基础。个体只有在拥有智慧、智能和创造力并将这三者加以综合运用，才能成为对共同福祉作贡献的杰出领导者（Sternberg, 2003）。

智能要求那些被认为是未来领导者的个体具有为实现目标而进行清晰的路径规划的能力；能够认识到自身优势和劣势，并找到一种在自己能力范围内做事的方式；具有适应和塑造环境的能力，以及记忆、分析、创新和实践的能力。斯腾伯格提出，创造性过程需要运用和协调创新能力、分析能力和实践能力这三种智能。创新能力生成新颖而有趣的观点，创新者借助分析能力，判断创新性观点的意义，并运用实践能力，说服他们相信某一观点的价值。创造力不仅是三种智能的加和，还要求个体具备一些其他品质和能力，例如，灵活地重新定义问题、敢于质疑并树立终身学习的意识等。在智能和创造力之上，拔尖人才还需要基于智慧的能力（Wisdom-Based Skills），即将共同体利益置于个人利益之上的能力，这是对拔尖人才的最高要求。倘若把智能和创造力看作能力和品质的混合体，那么智慧则要复杂得多，它具有某种哲学性，与政治、道德和法理都密不可分（Sternberg, 1990）。

斯腾伯格认为，智慧是在寻找拔尖人才过程中最需要关注的因素，也是对拔尖人才的最高要求。他将智慧定义为以价值观为中介，运用隐性知识和显性知识，通过个人内部（Intrapersonal）、人际间（Interpersonal）和个人外部（Extrapersonal）等多重利益在短期和长期效应上的平衡，从而实现在环境情境的多种回应（适应现有环境、重塑现有环境以及选择新的环境）之间达到平衡，最终达成共同利益（Common Good）的目标（见图4–1）。其中，个体内部的利益可能包括提高自身的名气和声望，以此来获得更多的财富、权力，拥有更多的知识、满足更高的精神需求。人际间的利益所追求的和个体内部的利益是相似的，但不是为了自身而是为了他人。个体外部的利益包括了如为自己学校的福利、社区的建设、国家的富强作出贡献。智慧涉及对这三种利益的平衡，拥有智慧不仅是有能力把个体自身或他人的利益进行最大化，而能够把个人利益和他人利益及其所处的外部环境三者利益相统一。同时，拔尖人才还应该意识到，短期内看似有损利益的做法，长远看却未必如此（Sternberg, 2012）。此外，为了实现共同利益的目标，智慧还要考虑应对利益平衡的三种可能的行动方式：

帮助自己或他人适应现有的环境；改造现有的环境使得其与自己或他人更相融，创造出一个新的环境。在这个过程中，价值观中介调节着个体如何平衡利益和如何对环境情境作出响应的平衡，也影响着个体如何定义共同利益，而智慧将思维过程与价值观相结合，以解决社会文化背景下的共同利益问题。尽管不同的社会可能持有不同的价值观，但某些价值观，如真诚、仁慈和对他人的同情，则得到所有社会的认可（Sternberg, 2000）。

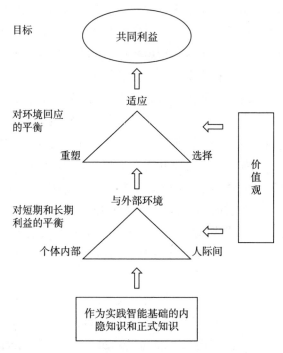

图 4-1 斯腾伯格的智慧平衡理论

斯腾伯格提出的智慧观的核心是关于自我、他人和环境的隐性知识（Tacit Knowledge）。隐性知识是面向行动的程序性知识，是"知道如何"而不是"知道"的一种形式，与个体认为有价值的目标的实现有关，通常不需要他人的直接帮助即可获得。单纯的正式（学术）知识本身并不能构成智慧的基础，而是需要与隐性知识一起使用，以形成明智的判断和决策，适应、选择和重塑环境。因此，融合了隐性知识的智慧是实践智能（Practical Intelligence）的一种形式。但实践智能的定义是最大限度地提高实际成果，可用于最大化任何对象的利益，无论是个人还是集体的。当人们运用实践智能时，最典型的是寻求有益于自身的结果，却不兼顾共同利益，此时就需要运用智慧来对其加以规制。也就是说，作为实践智能的智慧与共同的公共利益实现有关。

综上，不同个体在目标、对环境情境的回应的平衡、对短期利益和长期利益平衡的方式、隐性知识的类型和水平以及价值观这五方面的差异导致人们的智慧以及他们在不同情况下运用智慧的能力产生差异。高层次的智慧需要识别所有利益相关者，要求个体在短期效应和长期效应上追求个体内部、人际间以及个体外部三方利益的平衡，引导个人的智能和创造力朝着为实现共同利益的基本目标迈进。

（二）千鸟格经纬论："认知—情意因素"驱动拔尖人才对社会产生责任承诺

仁祖利（2005）的千鸟格经纬论相信拔尖人才培养肩负一种社会道德责任。资优教育者应该考虑的是如何有效地培养那些最有能力的学生，使他们不止是知识的消费者，更应当成为创造型生产者，懂得如何为人类文明开疆拓土。

虽然我们强调社会责任感是拔尖人才的重要向度，但不乏存在部分天赋异禀的个体专注于狭隘的职业成功和个人经济收益，对社会总资本的下降以及对他人的苦难保持漠不关心的态度，甚至利用个人天赋产生不道德行为以在激励的竞争中脱颖而出。换言之，天赋异禀者虽然往往更有能力理解生活中的道德难题并产生负责任的行为，但他们最终是否真的选择这样做，则是另一回事。那么，哪些因素促使部分拔尖人才承诺调动自身的天赋投入改善他人生活和社会福祉的事业中呢？仁祖利在千鸟格经纬论中确定了一组被称为"认知—情意因素（Co-Cognitive Factors）"的人格特征，并认为这些因素能够驱动拔尖人才将自身的能力投入社会资本建设。

20世纪70年代初，仁祖利提出的资优三环模型正是试图描述人类创造型天赋的主要维度的理论，包括高于平均水平的能力、工作热忱、创造力三个相互作用的特征集群。每个特质在促进资优行为发展方面都发挥着重要作用，但单一的特质无法"造就资优"，这三个特质之间相互作用的交集才是创造生产型资优的必要组成部分。这三个圆环嵌在一个千鸟格纹背景中，代表了三种特质和背景因素之间的交互作用（Renzulli, 2012）。仁祖利认为，正是作为个人特质的资优特质与作为公民责任的要素之间的互动促成了个人的创造型生产力发展，使之脱离传统意义上囿于书本知识的"优等生"概念，成为在自我价值和社会价值两个向度上同时具有成就的拔尖人才。但在理论提出之初，他没有对千鸟格纹背景的成分进行进一步的科学检视，以了解天赋行为的来源以及人们将天赋转化为建设性行动的路径（Renzulli, 2005）。然而，在20世纪后半叶，对现代社会中创造价值观、规范和社会信任的社会资本显著下降的关注，对拔尖项目在培养具有高度责任感的拔尖领导者方面所应发挥的作用的思考，以及受正向心理学运动的影响，仁祖利开始关注千鸟格背景中所包括的非认知个性因素以及它们在社会资本发展中的作用，并提出与社会建构性拔尖创新人才和创造社会资本有关的千鸟格经纬论，包括但不限于六项十三类认知—情意因素，分别为乐观主义（Optimism）、勇气（Courage）、对主题或学科的热情（Romance with a Topic or Discipline）、人道关怀（Sensitivity to Human Concerns）、身心活力（Physical and Mental Energy）和愿景（Vision/Sense of Destiny）（见图4–2）。这张图中的双向箭头指出嵌在千鸟格纹中的成分内部以及之间发生的许多相互作用（Renzulli, 2002）。

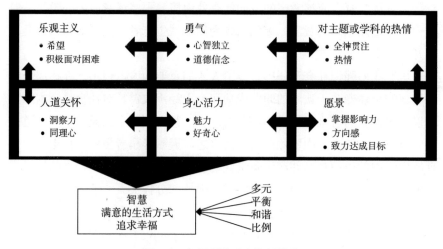

图4–2 仁祖利的千鸟格经纬论

乐观主义包括认知、情感和动机因素，反映了人们对未来拥有良好结果的信念。乐观可以被认为是一种对个人或他人有利的社会期望，它的特点是充满希望和愿意接受艰苦的工作。持有乐观态度并结合其他共同认知因素的学生，很可能成为未来的创造性生产者和杰出领导者。勇气是面对困难或危险时克服身体、心理和道德上恐惧的能力。勇气与移情、利他主义和对人类关注的敏感度等因素密切相关。对人类关注的敏感性将勇气整合到行动中，通过对他人困境的真挚感受，即使面对社会的反对，个体也将勇敢地为他人谋福利。通常情况下，有创造力的人有勇气克服内在障碍或恐惧，以便寻求和揭示新观念的真相。对主题或学科的热情是指当一个人对某个主题或学科充满热情时，就会形成一种以强烈的情感和欲望为特征的浪漫主义。这与身体和精神能量有关，因为它能够激发个体的内在动机（Ryan et al., 2000）。这种浪漫的激情常常成为年轻人对未来的想象，并为之提供长期的动力。人道关怀指对他人情感的敏锐捕捉和共情能力。利他主义和同情心是人之所以为人的重要特征且是推动人类发展的原动力，而人道关怀将利他主义和同情心转化为行动。在身心活力方面，拔尖创新人才的身心活力体现在工作热忱之中，他们往往极具魅力且拥有强烈的好奇心。愿景与内部控制、动机、意志和自我效能感等有关。如果一个人相信他对要做的事情有一种"不负天命"的责任感，这种命运冥冥中的召唤将会转化为极其强大的动力。具有愿景的个体能够从历史中总结经验，并有远见地预见未来。这些认知—情意因素与拔尖人才出众的认知能力相交织，共同促成智慧的发展，达成令人满意的生活方式。

千鸟格经纬论的因素共同决定了个体是否自愿投身于提升公共福利的事业，对于塑造新时期价值观和行动，培养提升社会资本和促进面向更大公共利益的协调和合作有重要作用的拔尖人才至关重要（Renzulli, 2002）。因此，仁祖利指出，需要用千鸟格经纬论中确定的要素来重新定义天赋，并建议用于发展年轻人天赋的策略需要像目前关注认知发展一样更多地关注认知—情意因素。

三、社会责任感与拔尖人才其他特质之间的供给关系

（一）社会责任感与认知特质相互依存，互为前提

陶行知在"南京中等学校训育研究会"指出："学习知识与修养品行是受同一学习心理定律之支配的。"（陶行知，1991）仁祖利也认为，认知—情意因素和与智能发展相关的认知特征会交互影响，使用"Co-"这个词根（Co-Cognitive），正是为了突出二者的协同发展性。也即，包括社会责任感在内的公共道德和智能本质上是统一的、不可分割的，具有一种相得益彰的关系。如果资优教育的使命在于培养使世界变得更美好的未来领袖，那么借用曼德拉的观点，"精明的头脑和善良的心往往是强大的组合"（Renzulli, 2005）。

具体而言，一方面，道德以认知为基础，并非凭空以"善"的形式出现在人们心中。科尔伯格（Kohlberg）的道德发展理论（Moral Development Theory, Kohlberg et al., 1977）基于个体认知结构的发展构建起儿童道德观念逐步接受习俗、社会和伦理规训的七个阶段，借此指出需要道德主体具有理性和抽象推理能力，能够对在特定情境下应当采取哪些措施才能实现公平和正义等问题作出复杂判断。因此，道德的基础是知识、逻辑和良知，只有在对国家、社会和周遭事物形成系统性的理解，个人才

能脱离开不加审视的趋乐避苦，来到道德自觉的阶段，形成系统稳定的价值观和人生选择。另一方面，道德统帅才智的运用。"才者，德之资也；德者，才之帅也"，道德始终是才智存在的前提、基础和方向。正如斯腾伯格所发现的，在拔尖人才的智能不断增长的当下，世界反而有一个回头走向混沌的趋势，表明丰富的知识和出众的智能不一定能够扩充社会资本，而需要将其与隐性知识一起使用，以形成明智的判断和决策。从这一角度说，德与智、社会责任感与认知特质相互依存，互为前提，是一个人完整智慧的一体两面。只有促进二者的有效互动，发挥协同效应，才能最终实现共同利益。

（二）社会责任感是拔尖人才创造性行为之源

强烈的社会责任感是拔尖人才创造力的动力之源。其一，社会责任感帮助拔尖人才形成创造力所需的心智基础。斯腾伯格（2003）和仁祖利（2005）都强调拔尖人才的创造性行为不仅是新异的奇思妙想，而且为改造世界带来实质性的变革。由此，拔尖人才应该是契克森米哈定义下的"无条件创新"（Creative Without Qualifications）者，它又被坦南鲍姆解读为那些可遇不可求的划时代的发明家和各行各业中作出重大发现的引领者，或是使世界变得更加美好的优秀艺术家（Feldhusen, 2003）。在此前提下，强烈的社会责任感促使拔尖人才自觉将公共事业与自身事业相统一，敏锐地察觉和关注世界所需的根本变革并寻求解决之道。因此，具备社会责任感的天赋卓越者对现实生活中与自身相左的思想观点有更加包容、海纳百川的心态，对不科学、不合理的现象产生强烈的批判和改造欲望，不断激发创新动机，促进创造性行为的产生。其二，社会责任感驱使拔尖人才产生持久而稳定的创造性行为。创造力需要个体具有活跃而跳动的思维，但一些人沉迷于追求瞬间的思想火花，行为却容易受到瞬间的兴趣、短期的利益以及外界强烈刺激的影响而改弦易辙。但大量的基础性和创造性工作是枯燥和寂寞的，需要拔尖人才能够抵制浮躁和诱惑，有十年如一日的毅力和克服困难的决心。创造性过程往往是曲折的，创造性行为时常因为打破传统、常规和惯例而受到质疑、打击和破坏；创新需要经历无数次失败、批判、迷途中探索、求证等循环往复的过程；创造主体需要能够坚持独立见解，对新的经验和观点持开放的态度，并有能力通过说服他人认识到其价值，等等。对此，斯腾伯格（2003）指出，与其说创造力是一种能力，不如说是一种决定：一个新奇点子的背后，往往是艰难而漫长的攻关挑战，因此创造力特质要求个体拥有克服障碍、承担合理风险、延迟满足的意愿，容忍含糊的能力，自我效能感，热忱以及勇气。具备高度社会责任感的拔尖人才以为他人、社会和国家创造价值为己任，其在积极履行责任中容易产生持久的使命感、内驱力和任务承诺，以及虽九死其犹未悔的决心和勇气。而基德（Kidder, 2005）恰在研究中发现，拥有道德勇气的拔尖人才正具有思想独立、对模棱两可和个人损失高度容忍、接受延迟满足和简单的奖励，以及强大的毅力和决心等五个特质。综上，对人类、国家和社会抱有稳定的责任感，能够获得永久的热情，克服种种困难，产生持续性的创造性行为。并且，社会责任感作为公德的重要维度，也能够驱动拔尖人才产生自律性，使拔尖创新人才及时约束、检视和调整自己的行为，合理有效地规划时间、精力，实现有效的自我管理（谢维和，2017b）。基于此，在拔尖人才的兴趣或关注点发生偏移时，责任感能够及时对其进行反拨，从而持久专注于某一专业领域。

（三）社会责任感赋予拔尖人才突破狭隘性的力量

印度作家普列姆昌德（Premchand）指出，"责任感常常会纠正人的狭隘性"。一方面，社会在与个体互动中，为其自我实现提供所需要的条件。正如马克思所说，"只有在集体中，个人才能获得全面发展其才能的手段，也就是说，只有在集体中，个人才可能有个人自由"。另一方面，社会责任感使拔尖人才冲破狭隘的、封闭的小我约束，将自身整合进入社会和集体，不以个人的进步和自我实现为目标，获得超越感。通过"向外看"，拔尖人才能够获得更广阔的视野，找准自身、社会和国家在世界发展和人类文明中的定位，能够摆脱极端的个人主义和民族主义，获得一种辩证唯物的观点和方法，真正站在全球、全人类命运的角度，用更正确和客观的思想方法去考究更加本质、宏大和永恒的命题，智慧地平衡短期利益和长久利益，从而在专业领域获得长足的突破。

四、拔尖人才社会责任感的培养

社会责任感对于良善社会的形成至关重要，但它并非自发产生的，而往往需要倾注精力和时间进行有目的的培养。尽管暂时没有一套如何将社会责任力要素贯穿于教育过程来进行培养的既定方案，但通过采取系列干预措施，学校可以促使学生以负责任的方式使用他们的天赋，对改善他人生活和地球上的资源做出积极的建设性承诺，而不仅仅是利用才能获得短期的利益（Renzulli et al., 2006）。

（一）寻求社会维度和个体内在维度的平衡

虽然我们强调社会责任感是拔尖人才必备的人格特质，并不意味着拔尖人才应当牺牲个体价值来成全社会价值。相反，社会责任感是个体化的自我完成与社会贡献相统一的结果。拔尖人才社会责任感的培养必须处理社会福祉和个人发展需求的平衡问题。尽管个人本位和社会本位、本体价值和实用价值、理性价值和工具价值、内发论和外铄论等众多二元对立的概念和范式时常使教育目的和价值取向陷入机械论的处境，优先次序的取舍也影响资优教育目标的确定，应当意识到"拔尖人才"作为社会建构的概念必然有服务于实际目的的核心目标，同时也必须意识到拔尖人才具有独特的心智结构，资优教育者有必要警惕仅仅强调外部目标而忽视拔尖人才个体发展需求的现象（Borland, 2003）。

虽然个人本位和社会本位教育哲学各执一端，但二者均具有一定合理性和局限性（扈中平，2000）。过于强调人的个性和价值，则忽视了社会对人的巨大影响和人对社会不可避免的依赖性，也忽视了其作为社会成员应有的责任感；而社会本位时常忽略人作为行动主体的能动性和个性化发展需求，片面强调社会对人利维坦式的压迫。对于拔尖人才而言，他们往往拥有独特的心智品质、强烈的成功导向和自我实现的愿望，如若这些得不到满足，则可能挫伤其发展的积极性；而如果拔尖人才缺乏社会责任感，其对社会所产生的危害可能较普通人更大。因此，培养拔尖创新人才的社会责任感，要看到社会与个人是相关而有机的，社会需要个人的效用和从属，同时需要为服务于个人而存在，在此基础上，将拔尖创新人才的个性化诉求与社会、国家和世界的发展需求相融合。正如习近平总书记指出的，个人的发展和成长，不是封闭和孤立实现的，只有在深度参与到促进社会的发展和进步中，在服务国家建设和中华民族伟大复兴的伟业中，才能可持续性地发展（石中英，2020）。

（二）创新拔尖人才社会责任感的教育模式

尽管暂时没有一套如何将社会责任力要素贯穿于教育过程来进行培养的既定方案，但学术界普遍认为，学校可以通过采取系列干预措施促使学生以负责任的方式使用他们的天赋，寻求改善他人生活的建设性方法，不仅仅是利用才能获得短期和自我的经济利益，更要承诺为改善地球上的生活和资源做出贡献（Renzulli et al., 2006），并提供一些可能的尝试。

课堂是完成学生"德"与"智"共同塑造的重要渠道。达蒙（Damon, 2008）描述了拔尖人才达成有责任力的社会行动所经历的两个"唤醒"

（Wake-Up Calls）步骤，即当个体发现世界的某些方面需要改善时，第一个唤醒将会发生；而当他们意识到自身能够在改善这一问题中发挥作用时，第二个"唤醒"随之发生。两个唤醒阶段描述了一个使拔尖创新人才意识到社会存在问题并产生义务感的过程，这将使其发展复杂的道德判断和对作为更宏大的社会背景的构成要素的自我认知。一些方法可以帮助课堂更好地进行价值观传递。例如，替代经验法（Vicarious Experience Approach）让学生通过角色扮演或者戏剧等方式，让学生对角色和剧中人物的情感、行为有更加深刻的认识；讲述教学法（Teaching-and-Preaching Approach）利用阅读讨论、观看电影和研讨会等课堂形式，加强师生间对话、讨论和思考。这些方式都可以促进拔尖人才批判性地审视不同角色应承担的社会责任，能够向学生传递正确的价值观（Renzulli et al., 2006）。因此，学校课程可以以相较于传统课堂更具想象力的方式传授知识，通过改变教学方法和拓展教学场域，为拔尖人才创设一个能够就种族、战争、权力关系、气候变化和全球治理等人类社会面临的关键问题自由讨论其信仰和价值观的具体情境，来帮助他们辩证厘析和批判性审视个体内部、人际间以及人与外部世界的关系。教师应该在其中承担鼓励学生发展对话能力和帮助他们创造性地思考问题的角色，并赋予他们采取行动影响事件的权力。教师应该通过倾听学生对世界的感受，引导学生充分了解问题并寻找潜在的问题根源和可能的解决方案，而不仅仅是了解浮于表面的现象；向学生展示对问题的多种观点，并教他们如何应用解决冲突战略来消除冲突和促进对话；引导学生就社会中出现的道德和伦理问题进行理性检视，使学生了解自己是如何与外部世界交互的，并不断思考地球上每个个体的命运之间不断扩大的相互关系，以及出现利益冲突时的选择策略（Roeper et al., 2009）。

我国教育者还应当特别注意在课程中植入系统论的观点，帮助学生了解个体、社会和生态之间相互依存的本质，理解整个系统的运作，从而获得如何在一个相互依赖的世界里相处的知识。同时，社会责任感的发挥需要基本的社会技能，如沟通、合作、冲突管理，以及阅读、写作等方面的能力，但这部分内容在现有课程结构中往往是附加的，学校课程主要针对专业知识和实用性技能培养。如果想要培养有社会意识和社会责任感的拔尖创新人才，就必须适当平衡教育理念中不同类型知识的优先性，使基础社会技能、对多样性和生态平衡的欣赏以及系统分析成为课程中的重要组织概念。我们可以把上述教育过程看作是以充满想象力的方式传授知识，即学校通过改变教学内容和教学方法，拓展教学场域，为拔尖人才创设一个能够就涉及伦理道德敏感性问题自由讨论其信仰和价值观的具体情境，来帮助他们辩证厘析和批判性审视个体内部、人际间以及人与外部世界的关系。

（三）以服务活动为载体，在实践中实现对社会责任感的内化

社会责任感的形成一般要经历知、情、信、意、行的过程，开展具有价值教育属性的社会实践是深化社会责任感的重要步骤。习近平总书记指出，"青年要成长为国家栋梁之材，既要读万卷书，又要行万里路。高校学生支教、送知识下乡、志愿行动等活动，都展现了学生的风貌和服务社会、报效祖国的情怀。许多学生正是在这样的社会实践和社会活动中树立了对人民的感情、对社会的责任、对国家的忠诚"。社会服务工作本质是利他性的，其不仅提供机会让拔尖人才能够贡献个人力量，而且也能从服务中体验到个人与整体社会发展之间的利害关系，从而养成正确的价值观。仁祖利提出两种直接参与方法来发展学生的价值观，分别为参与行动和创造性生产行动，前者强调为学生提供校外教学、讲座和社区服务等活动的机会，让学生有实际学习的对象和亲身躬行的场域；后者强调以学生为主，以改变为取向，让学生能够担任主动的领导角色，从事对社会有建设性的实际行动（Renzulli et al., 2006）。我国的资优教育工作者应当定期组织学生参与社会服务，尽力为学生创造贡献社会的机会；青年学生也应当积极响应号召，抓住一切机会，组织和参加更多有益于社会发展的公益组织、社团和社会实践活动，在实践中增加对我国历史和国情的了解，增强履行社会角色的能力，在服务中体会知行合一的自我实现感和价值超越感。需要注意的是，这类活动应基于学生的个人意愿，而不能是一种强制要求，否则无益于拔尖人才认知—情意因素内化。就此问题，仁祖利借用柯林斯（Collins）和曼贝尔的观点，将动机分为内在动机和外在动机两类。当一个人觉得自己既能够自我决定又有能力去完成这项任务时，内在动机就会产生并促成行动（Renzulli, 2005）；反之，由外在动机所驱动的行为可能会对内在动机产生损害，反而不利于学生社会责任感的养成。

（四）学校与家庭应该协同合作，共同营造拔尖人才社会责任感的良好氛围

斯腾伯格和加德纳都强调榜样对社会责任感发展的作用。其中，加德纳等人提出了"垂直支撑"和"水平支撑"体系，即拔尖人才可以从模范前辈和朋辈身上学到的关于践行社会责任的行为模式，并将这种将不同

来源的行为典范拼凑成一个连贯价值体系的做法称为"碎片指导"(Frag Monitoring, Seider et al., 2009)。教师是学生产生道德行为的有力榜样，因此教师的选择和培训至关重要。梅贻琦曾提出"从游"的观点，"学校犹水也，师生犹鱼也，其行动犹游泳也，大鱼前导，小鱼尾随，是从游也。从游既久，其濡染观摩之效，自不求而至，不为而成"。也就是说，教师对学生的教育不仅体现在专业知识的传授中，更在品性修养、人格精神等方面对学生产生潜移默化的影响。习近平总书记也强调，教师"吐辞为经、举足为法"。要坚持教育者先受教育，让教师更好担当起学生健康成长指导者和引路人的责任。

以家庭为代表的支持环境对拔尖学生的培养同样不可或缺。在讨论如何培养拔尖学生社会责任感的同时，需要考虑拔尖学生道德情感发展的特殊性，以帮助他们平稳渡过可能存在的危机。拔尖学生的道德发展水平与普通同龄人之间存在差异已经被普遍证实，这样的异步性可能对拔尖学生的社会性发展产生压力。例如，他们可能会质疑和挑战同龄人遵循的传统和做法；一些拔尖学生试图承担超越自身处理能力的责任，但在情感上又缺乏足够的成熟度来应对过程中可能出现的谬误。因此，一些富有责任感的拔尖学生在表达对社会问题的关注时容易受到伤害（Lovecky, 1997）。仁祖利千鸟格经纬论是受正向心理学的影响所提出的，正向心理学的三个主要研究分支分别为正向情绪、正向特质和正向环境，正向环境包括适宜的社会、家庭组织以及教育方式等。拔尖学生在道德发展以及践行社会责任的时候，家长在发挥家庭教育对于拔尖学生人格养成方面的独特地位的同时，应当主动与教师结成同盟，借助学校提供的专业咨询顾问等资源，为拔尖学生进行适当辅导，帮助他们减轻压力，共同为拔尖学生的发展构建良好的环境，使其将天赋顺利转化为学术成就和为社会做出贡献的创造性行为（Nguyen et al., 2013）。

当然，培养社会责任感的实践并不只适用于拔尖学生。仁祖利提出了一个有关拔尖教育的重要准则：一个培养拔尖人才的试验计划，其成果也应该使计划外的普通学生受益（Renzulli, 1976; Reis et al., 2003）。他指出，尽管资优工作者尽了最大的努力来确定参与拔尖项目的学生，但预测谁将是最有天赋的拔尖人才仍然是一项不甚精确的工作，因此，如他在千鸟格模型中将资优的概念从传统上前5%甚至3%的优秀学生扩展到平均水平以上的学生一样，对更广泛的学生群体的道德行为进行干预，并不断寻找资优学生，是一种更具发展性和可持续性的举措，将有助于向那些有潜力，但因为鉴别环节过分强调认知特征而被忽视的人才提供补充机会和服务。

拔尖人才对人类发展关系重大。人类成就和文明进步的史诗，很大程度上是通过历史上最有天赋和才能的个体对艺术、科学和所有其他领域所做的贡献写就的。天资卓越、创造力出众的拔尖人才可以利用他们的天赋和才能来改善人类社会的现状，也可以继续对其侵蚀破坏（Ambrose et al., 2009; Reynolds et al., 2009），而他们最终如何选择自己的道路，能否肩负起社会责任，形塑提升社会资本、创造更广泛的社会福祉的贡献导向，对于人类命运共同体的未来发展方向有举足轻重的影响。

拔尖人才反映社会所重视和希望培养的理想行为和潜力（Sternberg et al., 1986）。能否成为"国之重器"，肩负更多国家和社会的责任是对拔尖人才的时代要求，也是众多国家从顶层设计角度部署拔尖创新人才培养战略的重要驱动力。在全球化进程不断加快和中华民族伟大复兴的双重背景下，未来的拔尖人才除了具备超常禀赋和能力，还应怀有为国家需求和为社会服务的初衷以及强烈的社会责任感，致力于人类发展的重大命题，并愿意为全人类命运共同体和福祉而奋斗的情怀。

第五章 我国拔尖人才培养误区和模式重构

第一节 我国大学拔尖人才培养项目内部冲突实证研究

一、引言

在过去的几十年里，我国向拔尖人才教育投入了大量资源。自20世纪70年代后期以来，我国在快速现代化的目标下，一直在寻找将针对天才学生的特殊教育与现有教育体系相结合的方法（Dai et al., 2015）。1978年，中国科技大学为天才少年（14岁至16岁）设立的"少年班"是我国第一个高校拔尖人才培养计划。1985年，经教育部批准，又有12所重点大学（如北京大学、清华大学）设立了拔尖人才项目。2010年，教育部发布了关于未来教育改革的里程碑式蓝图：《国家中长期教育改革与发展规划纲要（2010—2020年）》，该规划强调对拔尖创新人才培养，开发拔尖创新人才与创造力的重要性。特别指出一项针对基础科学顶尖大学生的实验计划即将启动。

尽管对院系和项目都进行了大量投资，中国拔尖人才教育仍未得到预期的结果（Pang, 2012）。"钱学森之问"依旧困扰着国人。尽管我们拥有优秀的教师、充足的资金和强有力的政策，为什么中国的学校培养不出杰出人才？钱学森将这一教育难题归因于缺乏培养人才的创新模式，并呼吁教育进行彻底改革。为了回应"钱学森之问"，教育部于2009年年底悄然启动了"基础学科拔尖学生培养试验计划"（简称"珠峰计划"），致力于培养基础学科拔尖学生。"珠峰计划"在指定的大学中由试点的独立学院（针对有天赋超常的学生）具体实施。教育部希望这些试点计划能够促进教学理念、模式和管理的创新，从而形成一个有利于拔尖人才发展的体系。

由于"珠峰计划"的实验性，中国教育家和从业者必须独立地寻求一种实用的拔尖人才教育方法。尽管总体目标明确，"珠峰计划"的具体路径和细节仍不确定，特别是如何将有潜力的拔尖大学生培养成为训练有素的科学家。每个项目都要制定自己的人才培养模式、课程体系、教学内容和教学方法。由于缺乏理论指导和系统性的设计,拔尖人才教育特别是"珠峰计划",面临着多重冲突(Pang, 2012)。这些冲突涉及拔尖创新人才教育和拔尖学生如何开启和发展,如拔尖人才教育的中心着力点何在?我们在实践中应该对这些中心点给予怎样程度的重视?我们希望拔尖学生取得外部同质化标准下的成功,还是要教育他们按照自我标准成长并取得自我认可的成功(Dai et al., 2000)?拔尖人才教育应该更多地培养拔尖学生的才能,还是应该更多地关注他们的情感需求(Grant et al., 1999)?数十年来,西方国家对这些问题一直争论不休,但至今尚无定论(Dai et al., 2000)。本研究有意选择"珠峰计划"作为研究对象,希望可以对这些富有争议的国际论争在中国语境下给予回答。中国拔尖学生培养计划是如何在教育实践中定义和应对这些问题的?这些教育实践反映了中国何种隐性或显性的教育信条?中国拔尖学生如何界定和解释大学拔尖创新人才计划的内部冲突?这些问题至关重要,但在文献中较少涉及。对于"珠峰计划"的个案研究将填补这一空白,进而在东方和中国视角的基础上,进一步丰富国际拔尖人才教育文献。

迄今为止,尚无有关中国大学拔尖学生培养项目内部冲突的实证研究。本研究旨在研究拔尖项目中的多重冲突,并讨论如何解决和缓解这些冲突的可能途径,以期使"基础学科拔尖学生培养试验计划"得到完善和提高。

二、研究基础

本部分从四个方面进行阐述。第一部分文献是有关中国政府启动"珠峰计划"的原因;第二部分文献回顾中国政府为"珠峰计划"选拔拔尖学生的总体战略;第三部分主要论述"珠峰计划"对创新人才的培养目标和课程设置;第四部分是有关"珠峰计划"支持的试点院校基础学科拔尖学生培养计划的具体描述。

(一)实施拔尖人才教育的原因

开展拔尖人才教育有四个动因:"癌症治疗"说、强化社会资本说、自我完成说,以及独特需求说(Dai, 2010)。中国政府采用所谓的"癌症治疗"说作为"珠峰计划"的理论支持。该理论认为,进入拔尖学生培养计划的每个学生都有机会成为顶尖的研究人员和创新者,他们将帮助解决全球面临的紧急问题并改善人类境况。

提高经济和技术层面上的竞争力为中国拔尖人才教育发展提供了强大的推动力。拔尖人才计划启动伊始就彰显了通过培养创新人才来加快国家复兴的旨归（Simon et al., 2009a）。一方面，发展拔尖人才教育被认为是面对西方挑战的自然反击。我国希望获得诺贝尔奖这一被全球公认的奖项，来证明自己在创造创新方面的能力。在科学领域诺贝尔奖的空缺，蚀刻了越发增强的国民自信心。与此同时，这一结果使民众对高等教育体系特别是我国大学的人才培养模式产生了较大的怀疑，并使我国拔尖人才培养任务的紧迫感加剧（Cao, 2004）。"珠峰计划"作为中国政府的科学举措，旨在改革拔尖人才教育的训练和培养模式，培养世界级的科学家，缩短中西方学术差距，回应西方的挑战（叶俊飞，2014）。

另一方面，培养创新人才一直被认为是推动我国发展的有效途径。我国政府越来越意识到人才培养对国民经济的重要意义。党中央认为，我国应该把培养创新人才作为重要目标。"创新人才的短缺是当前教育体制的严重缺陷。这也是制约科技发展的瓶颈……中国还不是一个发达国家，其中一个重要原因是我们的教育体系没有按照适应培养创新型人才的模式来运行"（Yang, 2011）。人力资本培养是国家创新系统的重要组成部分，而有天赋的高能力学习者能够为国家创新系统取得最大的投资回报（Ibata-Arens, 2012）。拔尖学生在获得正确的培养之后，会成为卓越的科学家、学者或创新者等。虽然中国的高端人才库正在膨胀，但依然缺乏具有原创精神的科学家和思想家。正如宫鹏教授所指出的那样，中国正在通过一个15年的科技计划将其转变为"创新型社会"（Gong, 2012）。达成这一目标的内部愿望和外部压力都非常强，因此中国必须加强自身培养创新思维的能力。

柯伟林曾分析中国为何进行拔尖人才教育，并认为从中国政府的角度来看，拔尖人才教育改革的目标是构建强大的国力，为集体利益培养人才，而不是以个人价值为主导（Kirby, 2014）。

（二）拔尖人才选拔与鉴别策略

学者契克森米哈和罗宾逊确定了三种拔尖人才选拔和鉴别策略：以人为中心、以"专业"为中心和以"文化"为中心（Csikszentmihalyi et al., 1986）。以"人"为中心的拔尖人才概念，如超能儿童、天才等，趋向于强调个人天赋能力而非后天成就；以"专业"为中心的拔尖创新人才概念，趋向于重视专业领域的才能和成就；以"文化"为中心的拔尖人才概念，则将拔尖人才视作一个发展变化的概念，综合考虑内在因素和外在因素及个人和专业领域相互作用；自然天赋、主体动力和社会环境提供的支持便利等的相互作用（Csikszentmihalyi et al., 1986）。每种概念对于天赋落实于何处都有着细微的本体论差异，导致了能力与成就间的冲突。例如，采用以"人"为中心的选拔策略将天赋与个人能力等同起来，就有可能失去那些可能取得杰出成就的有"潜能"的学生。而采用以"专业"为中心的选拔策略，认为天赋等价于特定场域中的成就，则有可能忽略学生的差异化基础。如果采用以"专业"为中心作为选拔和鉴别拔尖学生的主要标准，则无法将一个刚好能够熟练掌握学科知识的人与另一个能够通过学习专业知识得出深入洞见的人区分开来（Dai, 2010）。我国政府围绕"专业领域"而不是拔尖学生来构建拔尖人才教育，多数拔尖创新人才计划都采用以"专业"为中心的策略来选拔拔尖学生进入计划，看重学生在专业领域显示出来的成就。

我国政府对于"珠峰计划"的态度是技术导向型，旨在促进技术现代化和经济发展（Dai et al., 2015）。"珠峰计划"向数学、科学、工程和技术类等专业高度倾斜。如入选"珠峰计划"的研究型大学的条件是该校科学技术专业须在中国高校中排名很高。数学、物理、生物、化学、计算机科学和其他基础学科在此计划中被率先选中作为试点（叶俊飞，2014）。"珠峰计划"旨在促进人才培养机制创新，充分利用国内外优质教育资源，建立基础学科人才培养的专门渠道。选定的19所高校试点培养基础学科的拔尖学生，进而选拔优秀人才进入培养项目，并为他们配备优秀的教职人员。

（三）拔尖人才培养目标与课程重点

拔尖人才的培养目标一直都在卓越的专业技能与突出的创造革新能力两大类中徘徊。学者加德纳指出拥有卓越技能的专业人才是该领域的"大师"，将其所致力研究的领域提高到了一个前所未有的高度（Ericsson, 2006）；而在创造力领域的拔尖人才，可以将一个智力或者实际领域作出显著转化，或将一个既定领域显著推进，抑或是缔造了一个新领域（Sternberg, 1996）。专业技能和突出创造力的概念冲突来自持不同观点的拔尖人才教育从业者，一种观点认为拔尖人才教育旨在发展高水平的专业知识，另一种培养创新型生产力（Dai, 2010）。正如完美地演奏一曲杰作与创作一首杰作是完全不同的事情，培养专业技能与创新思维也需要不同的训练模式。掌握特定技能需要在一定时间范围内完成一系列技能和日常训练，然而对于培养创新思维，刻意的训练是远远不够的。

鉴于"珠峰计划"是顶尖人才培养计划，我国资优教育界普遍认为"珠峰计划"的培养目标不应该仅仅涉及专业知识，更应该培养创新思维和能力。整体来看，"珠峰计划"致力于选拔超常智力的基础学科拔尖学生，目标是将其培养成引领科技创新的高端人才。

"珠峰计划"将高水平的拔尖学生聚集在一个项目单独培养，但是否应该将拔尖学生独立分班一直以来是资优教育领域一个值得讨论的问题。支持者认为将高能力学生集中培养会为他们提供学术以及社会／教育优势（Kulik et al., 1997；Moon et al., 2000）；反对者则认为明显的缺点在于在智力竞争环境中拔尖学生无法保持以前"顶尖"和"领先"的优势，当竞争加剧，学业排名落后会有损学生的自尊。科雷森等学者发现，同伴压力是拔尖学生抑郁程度增高的一个潜在原因（Rae et al., 1995）。高水平的拔尖学生聚集在一个项目单独培养造成的压力过大使得学生无法表现出最佳水平。"大鱼小池塘理论"也认为，一条鱼是否认为自己是大鱼，取决于池塘中其他鱼的大小（更准确地，其他鱼的平均大小）。作为参照系的同伴团体越强，人的学术自我概念就越低（Marsh et al., 2003）

三、研究方法

本研究采用个案研究方法。有学者指出，当研究的目的是产生对人和事件的第一手理解时，个案研究是最佳选择。本研究采用单个案例研究方法，以期对"珠峰计划"内部冲突给予深入关照和理解。面对面的半结构化深入访谈为研究人员提供了揭示个人经历和看法之间复杂关系的机会。在面对面访谈中，拔尖学生的观点及看法更容易被评估。对非指导性问题的半结构式访谈模型由海荣格建立（Hertzog, 2003）。访谈提纲包括以下四个维度：经验、培养目标与培养计划、识别与筛选过程、课程与教学。提纲为访谈提供了一个基本构架，但并非涵盖所有的潜在论题或调查领域。

（一）研究项目选取

两个选定的拔尖人才项目同属于中国北方一所著名大学。近10年来，该大学一直以工程、科学和技术领域闻名。2009年该大学被选为"珠峰计划"的试点学校之一，至2014年6个试点项目在此启动，覆盖6个专业领域：数学、物理、化学、生命科学、信息科学和机械学。

筛选的最主要原因是这两个项目是"珠峰计划"所支持的典型项目。尽管两个培养项目课程内容不同，但它们拥有"珠峰计划"的共同特征。如高素质教师队伍、多元化招生渠道、课程坚实的学术基础，以及对学生学术成就的高度重视。其中，高素质的教师是一大比较优势，每个项目都配备了一位讲座教授和项目主任，且多是国内外的院士；教师和导师也均为著名专家。培养目标中对"领跑者"高度重视，并鼓励有天赋的大学生成为本专业中的领跑者。

（二）访谈对象

本研究采用半结构式访问形式对18位上述计划中的拔尖学生进行了访问。访谈对象被告知其真实姓名及任何个人信息会被保密，以保护其隐私。

访谈对象中10名为男性，8名为女性，这代表了该大学的学生性别比例。18名访谈对象通过学生会与拔尖学生协会的公告而被邀请进入研究。研究者以书面形式向学生解释了研究性质、访谈时长、保密声明和邀请函，以使有兴趣的学生通过电子邮件或电话联系研究人员。其中4名学生通过邮件联系了研究者；2名学生电话联系了研究者，并帮助研究者进一步地筛选和联络了其余12位学生。10名学生来自信息科学项目，8名来自机械学项目。招募样本未以统一的方式进行，因为研究人员结合了对本研究有意义的多种抽样方法。目前的研究主要采用两种取样方法：标准型抽样和滚雪球抽样。

（三）数据采集与分析

研究者在2015年12月至2016年12月间对参与者进行了为期一年的访谈，单次访谈平均时长为1小时。访谈以录音转文字的方式记录。访谈由从一般到具体的顺序提问。例如，在体验方面，研究者首先要求学生描述对"珠峰计划"的总体印象以及他们参与该计划的个人经历：该项目的挑战在于何处？项目的哪一部分尤其受学生喜爱？计划中学生有哪些特别的积极或消极体验？他们的经历是否与拔尖人才计划设立的初衷息息相关，还是仅仅是个体的体验？或是两者兼有？访谈提纲为访谈提供了一个基本结构，但并非涵盖调查中可能探讨的所有主题或领域。每次数据采集完成后，研究人员会将访谈记录发回给相应的访谈对象，以检查转写过程中是否存在偏误。

访谈数据使用扎根理论提出的开放式编码和主轴编码进行翻译和分析。研究的目的是在研究数据中寻找综合性主题，以便能够理解"珠峰计划"发展中所面临的冲突与困境。对于开放编码，研究者浏览了整个语料库以寻找被试回答中频繁出现的想法和类别。编码以迭代方式进行，直到提取出所有富有意义的代码，共生成了98个开放式编码。而对于轴向编码，主要关注于研究频繁出现的类别和类属之间的关系，并且基于类属形成主题。在这一步骤中，研究者试图通过对主题进行多次分类和重组来记录整合一致的主题。例如，学生认为"学生的社交和心理需求"及"社交和胜任力"两个类别已经无法构建单独类别时，研究者将这两个类别归为"学生个人成长需求"的更高层次概念。在确定主要类别与主题的过程中，研究者共选定了10个开放编码，以确定3个主题。在采用主题编码时，研究者试图重新审视前述编码中分类的主题，以提高数据主题的可信度。

四、研究发现

访谈中，学生表示他们认识到了政府、项目管理者、教授和同龄人对其才能发展的期望。他们也意识到个人能力和兴趣事关其职业发展和个人成长。对访谈中获得的数据进行分组，三大主题得以揭示：计划培养需求与学生个人成长需求的冲突；识别与筛选冲突；课程冲突。数据被分入大主题下，并按子类别分组。每个主题由受访者的陈述举例说明。

（一）拔尖计划需求与学生个人成长需求的冲突

大学的拔尖人才计划应该满足学生的个人需求还是计划培养的需求？理论上这两者并非对立，而是可以达到平衡（Dai et al., 2000）。但当这二者无法相互协调时，就会出现冲突或进入两难困境。

"珠峰计划"最初旨在促进经济增长与国家复兴，项目教学的重心是专业化和深耕某一特定领域，目标是构建一个基础学科高端拔尖人才库。其关键点在于能够将天赋转化为可识别和创造价值的成就，对人力资本和外在成功的可视化指标日益重视会导致成就型导向和过高的期待。访谈记录表明，"珠峰计划"被认为强调外在成就，而忽视了拔尖学生的内心成长。正如一位女生观察到的，计划非常重视学生的可量化成就，如学术文章发表、国家或国际竞赛获奖、重要会议演讲等。我不知道这是否有利于学生发展。（参与者3）

一位学生表示："计划中特别强调两个概念，即培养大师和创新。老师们都在反复强调这些，看起来这是教育的最终目标。虽然我们不太清楚创意、创新这些'大词'是指什么，但外部标准非常直接胜于一切。我觉得我们失去了确定自己成就的最终目标和实现途径的自由。"（参与者12）

"珠峰计划"的培养目标强调成功导向、人才培养导向，而非以学生为中心的人本主义导向。参与本研究的拔尖学生在访谈中提出质疑，当外部权威以标准和统一的方式衡量个人成就，个体的独特性和创造力有多少会被考虑和肯定。

不同于拔尖人才计划对"癌症治疗"说和强化社会资本说的偏好,大多数学生都偏爱独特需求说的观点,这更加强调拔尖学生的心理发展及教育需求。大多数访谈对象认为拔尖学生的特殊需求和独特的个人成长模式应该成为教育规划和干预的推动力。学生还表示,尽管"珠峰计划"支持的项目声称,在实践中兼顾了个人和社会层面,但并非所有项目都做好了满足学生特殊需求的准备。大多数教育工作者和管理人员并未意识到拔尖大学生的独特需求,特别是对这些拔尖个体的社会和心理需求关注不足。

一位学生声称:"该计划倾向于更加注重学术能力而非社交技能,但并非所有人都有兴趣进入学术界。许多人可能对其他职业更有热情。以我为例,我希望综合发展,我的父母希望我能同时擅长人文、自然科学和经济学。但计划希望我们(学生)专注于学术,不要在其他方面浪费太多时间,(因此)并未提供多少机会让我们在其他方面发展。"(参与者 7)

另一学生说道:"该计划专注于培养顶尖人才,这意味着能力较弱的人很少受到关注。十余名学生承认,大牛与普通人之间总是存在差距。后者在压力之下往往生活得很艰难。"(参与者 8)

莫洛克曾用两个比喻指出两种新兴的拔尖人才教育:拔尖创新人才成就者和天才儿童。前者着眼于培养未来领袖、科学家和艺术家等;而后者则关注天才儿童的社会情感需求,并提倡培养自我成长的教育,而非培养外部成功的教育(Morelock, 1996)。本研究结果发现,"珠峰计划"乃至中国拔尖人才教育中二者的分离是明显的,多数大学的拔尖创新人才项目过分强调了外部成就,而忽视了学生个体的社会情感需要。

(二)拔尖人才选拔和鉴别的冲突

根据访谈记录,拔尖学生在选拔和鉴别过程中存在以下两种类型的冲突。

1. 拔尖人才项目选拔目的与学生个人动机之间的冲突

"珠峰计划"采用了以"专业"为中心的识别策略,强调在特定领域的专业表现和成就作为衡量这一领域内天才的唯一标准。选拔包括针对特定人才发展路线的一系列标准。在一些情况下,选拔以定量和定性评估相结合的方式进行正式筛选。通过采用以学科领域为主的选拔策略,中国旨在通过对创新人才的识别和培养来促进经济增长和国家复兴。

不同于国家的崇高目标,学生参加"珠峰计划"的动机主要由个人因素驱动。中国社会默认拔尖人才项目使学生具有了某种文化资本。对于访谈对象而言，拔尖人才计划的吸引力在于获得声誉、个人内在吸引力，以及作为一种进入被视为更高端系统的方式。访谈记录表明，大多数参与者对拔尖人才计划缺乏足够的了解或缺乏个人与知识之间有价值的联系。

一位学生声称："我认为学生申请'珠峰计划'的动机是获取资源，而非成为科学大家。对我来讲，我申请这一项目仅仅是因为它看上去很酷。你知道，'国际''实验'这样的词听起来很棒。并且，严格筛选的计划使所有顶尖学生聚在一起。许多国内外资源使该计划更具吸引力。我们有一个'大礼包'，比如，如果我的导师是一位外国院士，那么访问国际研究实验室如微软亚洲研究院、出国进行学术交流、进入美国顶尖研究生项目继续深造就并不困难。'珠峰计划'的学位意味着很多，至少它肯定会使我们比其他学生更有优势。拔尖计划的学位对于渴望脱颖而出的人来说是非常有帮助的。"（参与者6）

一位信息科学专业的学生谈到他申请的动机："第一次知道跨学科信息科学研究所，我就因为两个原因而被它吸引：一是完善的学术项目，二是全面的国际氛围。具体而言，该计划拥有丰富的教师资源和高端的课程，此外，据说毕业的学生都非常成功。"（参与者11）

一位机械专业的学生进一步发现："事实上，我申请时并不知道这个拔尖人才计划。我唯一知道的是，我在国内和国际奥赛上遇到的所有朋友都被不同大学的'珠峰计划'试点项目所录取。在我国学生的心目中，拔尖人才项目与教育成就和声誉息息相关，因此象征着地位和社会尊重。我们加入该计划是希望获得'珠峰计划'的文凭，这是荣誉的象征。"（参与者14）

据学生介绍，学校试点的拔尖人才计划为学生提供了进入优质海外学府及获得国内某些职位的机会。学生选择某个研究领域，有时并不是因为其对身心的挑战或审美、哲学或精神层面上的内在吸引力，而是因为社会期望和同伴压力。例如，在有些学生看来，在"珠峰计划"中获得的文凭是一种特殊的荣誉，被认为优于其他同等学历；他们认为缺少"珠峰计划"学习经验所带来的文化资本，则难以在中国知识界获得有意义的地位和晋升机会。

格兰特和彼彻维斯基指出，当追求知识探究和技能完善的气节被沽名钓誉所取代，才能发展和个人成长之间会发生分离（Grant et al., 1999）。当这种情况发生时，知识变成了一种工具，知识与个人之间有价值的联系将变得肤浅甚至不复存在。由于缺乏与研究领域有价值的联系，9名参与者表示他们缺乏取得成就的动机。因此，由于动力不足，他们中的许多人学业成就较低。

  为了减缓拔尖人才选拔目的和学生个人发展之间的冲突，学生们认为，"珠峰计划"支持下的拔尖人才项目选拔人才目的应该是找到具有特定认知情感特征的个体与优势和兴趣模式之间的最佳匹配。除了知识和技能水平之外，招生政策还应考虑一些其他因素，例如学生是否对擅长的事情充满热情，以及他（她）是否愿意花时间和精力在一个拔尖计划中发展这项才能。面试时尤其应明确提出培养目标，如果面试官不明确，申请者则可能会被误导。几位学生表示他们缺乏有关拔尖人才项目的足够信息："招生期间，我们所有人都不知道我们要学什么。拔尖计划没有告诉我们他们想要招收什么类型的学生以及他们想培养什么类型的人。"由于信息不对称，许多学生觉得他们进入了一个错误的项目，这是一个双输的局面。例如，我的一位朋友非常喜欢计算机编程，可以在普通的计算机科学专业中成为优秀的程序员。他觉得他与拔尖人才计划并不匹配。学校的拔尖计划高度专注于理论计算，淡化编程等实用技能。他在日常课程中很吃力。（参与者1）

  2. 选拔拔尖人才与确定人才发展路径之间的冲突

  访谈对象认为，选拔拔尖人才和提供恰切的人才发展路径应被视为一个有机整体，而不是被割裂开来。然而，学生认为目前的拔尖创新人才计划和项目过分强调选拔人才过程，但对于研究项目、课程设置、课程设计、教学设计、辅导咨询和职业发展指导等方面的教育输出没有给予充分的重视。访谈记录表明，这些项目所提供的发展路径是整齐划一的，无法为每个拔尖学生确定一条个性化的发展路径。访谈对象认为，"珠峰计划"支持下的拔尖人才项目采用的培养计划不稳定也不成熟。

  一位学生称："培养方案的一个主要问题是，安排在不断变化。每年我们都会收到一个新版本的培养计划，很多情况下觉得自己是拔尖项目用来做试验的小白鼠。其中一门课程最初被安排在三年级进行，但当我们进入三年级，这门课程却被安排到了二年级。由于这门课程有一名指定的任课老师，所以在教授2013级之后，老师直接转而教授2015级，我们2014级却无人问津。还有二年级的课程被重新安排在三年级，所以当三年级时该课程再次出现，就没有人选课。"（参与者15）

  一位男生表示："虽然项目的课程要求比较高，但我觉得（课程）安排缺乏系统化的设计。比如，我所在的系在前两年设置了很多要求很高的课程，有些超难的课程对我们大一大二的学生来说太可怕了。此外，有些课程也缺乏设计，与我在这个学期选修的主要课程有些脱节。教师对每个班级都有不同的要求，这意味着内容不够系统，与考试关系松散。老师指定的考试主要基于几本参考教材，但课堂内容与之几乎没有任何关系。"（参与者13）

一位学生反映："拔尖计划项目没有提供任何咨询服务和职业发展指导。也许老师们假设所有拔尖学生都足够聪明能应对所有困难。但实际上，在很多情况下我们都很弱势。例如，当面对高难度课程和极富竞争力的同伴时，我的自信心跌到了谷底，但并不知道该向谁求助。以'培养大师'的培养目标为例，我不认为大师是刻意培养出来的。因此，即便拔尖项目通过引入高难度课程来设置高标准，我们也很少能达到这样的标准。"（参与者18）

访谈者认为，由于项目的实验性质，包括学习计划、课程设计、教学设计、辅导咨询和职业发展指导等在内的教育规则缺乏系统性和一致性，因此阻碍了拔尖学生的进一步发展。由于缺乏有效的培养机制和系统的指导，许多学生未能与课程学习建立起个性化的关联和有效联系，于是天才学生低学术成就在拔尖项目中成为普遍现象。

（三）拔尖人才培养课程的冲突：拔尖人才项目巨大的内部差异与课程的同质化

在资优教育领域，人们普遍认为，被认定为有天赋的学术型学生并不一定在创造性生产方面最有前途（Dai, 2010）。访谈记录表明，拔尖项目内部有很大差异，10名学生表示他们不习惯严格的、纯粹理论性和研究型的课程。在"珠峰计划"的拔尖学生中，学业优秀的学生与学业成绩差的学生之间的区别是显著的。学生间学术能力上的巨大差异和同伴压力加剧了学生的挫败感和抑郁程度。一位学生表示："课程非常艰难。只有少数非常聪明的学生享受其中，我们其余的人都很痛苦。例如，难度很大的作业每周一次，许多学生会等到优秀的学生完成后再完成。有些人在问了优秀学生后写完了作业，另一些人则抄袭他人的作业。"（参与者2）

一位学生反映："我沮丧地发现，无论我多么努力都无法理解一些课程，而有些学生甚至不需要努力就可以轻松获得高分。压力是巨大的，特别是大家在一个班级。至于课堂气氛，虽然教师试图通过小班教学进行更多的讨论和提问，但实际效果远不能令人满意。只有少数学生积极参与，其他学生则保持沉默。"（参与者16）

一位学生表示:"学院的教授们认为应该加强我们某些方面的能力,也就是研究能力,这一直被特别强调。但只有少数学生在学术研究方面训练有素,而其余学生仍然没有得到充分发展。因此,如果按照'珠峰计划'预定目标把拔尖学生都培养成擅长学术研究的'大师',大多数学生离这个标准很远。"(参与者5)

除了学术能力的巨大差异,学生的研究兴趣也各不相同。与那些对纯理论研究表现出强烈兴趣的学业领先的拔尖学生相比,许多学习落后的拔尖学生认为他们对纯理论研究缺乏兴趣,或者认为纯粹的研究类课程对他们的未来没有很大帮助。一位女生解释说:"纯理论研究对我来讲太难了。对我来说,那些人参与研究数年,只在算法优化方面取得微小的进展,这似乎毫无意义。在二年级的一个学期中,我们有三门课的平均考试成绩在40分左右,这给我带来了极大的打击。"(参与者4)

一位学生说:"对我而言,课堂上获得的知识没有什么用处。我的兴趣在于机器学习和人工智能,更偏向实践而非理论,但我所在这个拔尖项目所提供的课程理论性更强,理论很抽象很难理解,并且较少涉及技术应用。例如,我们从来没有学过如何制作网站或App,但是计算机科学专业的学生却学过。"(参与者9)

一位学生表示:"我不明白我们为何必须学习这些,纯理论研究在我看来并非必需。我认为如果某个课程有两个主要的研究方向,而课程一次只能关注其中一个,那么朝另一个研究方向前进的学生将不可避免地感到困扰。至少我感觉如此。所选课程让我感到无聊且精疲力竭。"(参与者10)

学生内部存在差异,但项目未能满足个体的学术能力和兴趣差异,而是提供了同质化的课程。仁祖利认为天赋分为两种:校舍天赋和创造型天赋。校舍天赋也被称为学习天赋,因为多数这类学生都是最好的考生。相反地,创造性生产型天赋是指那些对原创性材料和生产创造的发展产生影响力的人类行为(Renzulli, 1998)。根据仁祖利的研究,被归类为"校舍天赋"的学生和"创造型天赋"的学生需要不同的课程教学。校舍天赋型学生的发展倾向于关注推理性学习、思维过程发展的系统性培训以及信息的获取、存储和检索能力。而提高创造性思维和能力的学习情境则强调以整体的、归纳的方式应用信息(内容)和思维技能(过程)(Renzulli, 1998)。"珠峰计划"将校舍天赋型学生和创造型天赋学生放在一起,但未区分学习方式,亦未调整相应课程体系以适应学生的个人需求。

五、讨论

本研究显示，拔尖人才培养计划从项目目标、选拔过程，到课程培养体系显示出多重冲突。就学生个人需求与拔尖人才计划培养需求间的冲突而言，学生似乎经常在为自己学习还是为项目需求学习而纠结。"珠峰计划"采用了"癌症治疗"说作为其理论依据，而非以学生的内在价值衡量学生。对人才生产力和成功的日益重视促成了成就导向和过高的期望。舒尔茨曾对拔尖人才教育过分强调学术成就的倾向表示质疑，认为其更重要的目标是培养生命的意义和自我认同（Schultz, 2002）。参与访谈的学生对中国的拔尖人才教育的导向提出了质疑，批评目前的拔尖项目太过于成就和成功导向，忽视了学生的内在成长。根据参与者的看法，大学生拔尖人才培养计划将更多经费用于为特定人才发展拟定最佳条件和发展路线。为确保质量，多数大学生拔尖人才计划采取末位淘汰制度。这些课程使用专业标准来评判学生的进步。对于那些未能适应该计划的学生，拔尖项目建议其退出，末位淘汰制使学生高度紧张。正如一位学生所描述的："末位淘汰制意味着排在最后的学生必须退出。有4位转到其他专业的学生坦率地说，被淘汰了，或者委婉地说，选择了不同的道路。事实上，在我的项目中，每学期都有学生转专业，比如去年有3名学生。这让我非常紧张。我怀疑自己是否会成为下一个。"（参与者17）

对于拔尖人才的鉴别和选拔，选拔策略及拔尖项目所提供的培养路径之间的关系存在冲突。一方面，大多数学生尚未准备好接受"珠峰计划"的选拔目的。"珠峰计划"的首要目标是通过发展拔尖学生的学术潜力来发展国家经济和国力，而拔尖学生及其父母则更关心自我实现和个人成功。有时这些目标可以调和，但在更多情况下，它们在很多方面存在分歧。对于多数拔尖学生来说，"珠峰计划"的学位证书不过是身份的象征或是获得外部收益终结的方式；他们缺乏取得成就的主观能动性。另一方面，计划无法确定每个拔尖学生的发展和成才的路径。受访者表示，计划提供的包括课程、教学、学习计划、职业发展指导的内容不成熟也不稳定。学生认为他们缺乏有效的培养机制和指导来确保个人与环境的充分互动和交流。许多学生未能建立与所在计划的有效关联，因此拔尖生低成就成为普遍现象。艾默里克调查了如何扭转天才低成就者的现状的可能性，发现一个关键因素是建立日常学习与个人的有效联系（Emerick, 1992）。为防止学生成就不高，受访者认为在筛选学生时应对其智力、动机和性格进行综合考虑。

对于同级别课程中不同能力和兴趣的学生，大多数被访谈的拔尖学生表示在一个能力范围很大的拔尖人才群体中，他们担心成为能力最低的个体。亚当姆斯等学者指出，拔尖人才教育即便是独立成班的拔尖创新人才班级，也不可能适合所有人，学生能力存在差异（Adams-Byers et al., 2004）。和普通教育一样，拔尖人才教育必须超越"一刀切"的心态。真正的一视同仁很难达到。即便学生在项目中被聚在一起，用差异化的课程适应个体需求，始终是拔尖人才教育的目标。研究显示，"珠峰计划"存在很大组内差异。每个个体都需要加以单独考虑，教学计划应该尽可能灵活，以更好地适应偏好和需求差别极大的学生（Tomlinson, 1997）。正如一位学生表示的：我们（学生）在优势、兴趣和性格上都不相同。高校的拔尖人才项目应该为不同类的学生设计不尽相同的轨迹和路径。然而实际上，计划并没有为我们提供多样化的选择，而是把课程和学习体系安排得过于僵硬。（参与者 8）

六、启示

虽然人才问题一直被认为是中国应对日益激烈的国际环境和挑战之关键，但如何培养拔尖人才的路径和关键节点仍不确定，特别是如何培养有潜力的学生成为顶尖科学家更是缺乏理论和模型指导（Simon et al., 2009a, 2009b）。因此，由于大学培养的宏大目标与学生的个人发展需求之间的潜在冲突，"珠峰计划"过分强调效用和效率，导致了人才发展和个人成长、课程识别差异与学生个人动机，以及课程设置与学生学术准备与兴趣间的失调。为了缓解项目的内在冲突并保持较高的学生满意度，我们为中国的拔尖人才项目提出以下建议：

"珠峰计划"的培养目标应该使学生能够愉快地融入个人的整体目标体系，否则项目内的学生迟早会反对甚至逃离这一体系（Ziegler, 2005; Ziegler & Phillipson, 2012）。每个学生都被期待成为大师或优秀的专才。正如末位淘汰制度所表明的那样，项目越发倾向于对拔尖大学生进行彼此比较，就越是打破了拔尖人才教育系统以及拔尖学生个体内部和谐统一（Pang, 2012）。对个体的学术生产力和成功的日益重视也反映了自我定位与外部定位之间、形式与工具的奖励之间、结果与过程之间失去平衡时教育过程中的多维冲突（Dai et al., 2000）。

在鉴别和选拔方面，应采用更全面的鉴别方法，以选拔更合适的学生。此外，多数项目管理者仅将天才和拔尖学生视为招生资源，而不会进一步地确保该项目适合拔尖学生的能力和学习风格。"珠峰计划"应该采用以"文化"为中心的认同概念，认为天赋涉及人、知识和场域的相互作用，多种内生和外生因素会协同作用，例如天性禀赋、个人积极性和社会背景的便利性。

在教育供给方面，访谈记录表明，项目规划、课程教学、教材选择、教师职业培训、学生职业指导方面都缺乏系统的设计和理论规划。缓解冲突的一种方式是采用茨格勒的"资优行动模型"来指导拔尖计划的实施和课程设置。茨格勒认为天赋并非个人特质，而是系统成就行为的产物（Ziegler & Phillipson, 2012）。一个拔尖人才教育计划，即使非常专业化，也不一定会培养出拔尖人才；普通大学教育如果能很好地满足学生需求，也可以培养出拔尖人才（Pang, 2012）。茨格勒的模式要求更多地关注人与环境之间的相互作用以及构建个性化的学习途径（Heller, 2012）。

依据"资优行动模型"，"珠峰计划"的首要目标是为拔尖学生确定一条通往成功的学习路径，并提供持续的支持性环境以实现其目标。正如茨格勒所说，在拔尖人才计划和项目启动时，项目设计者和教授们就应该自问，他们提供的环境是否比拔尖学生原先所处的环境更好（Ziegler, 2005; Ziegler & Phillipson, 2012）。专业指导与反馈对卓越的学术成就不可或缺。随着学习者专业水平的不断提高，外界环境应该越来越专业化，更适合学生的具体学习需求（Ziegler, 2005）。此外，"珠峰计划"的学习环境，包括学习目标、学习计划、课程设置及教材都应重新考虑和设计，以挖掘学生的最大潜能。同时，经过训练的教师应该追踪每个学生的学习进程，尤其是学习时间、学习材料、学习内容以及学习成果。优秀并不体现在个人，而是体现在由个人及其环境组成的系统之中（Ziegler & Phillipson, 2012）。

作为2009年推出的拔尖学生培养计划之一，"珠峰计划"不仅见证了中国在拔尖人才教育方面的不懈努力，也经历了众多冲突与困境。立足拔尖学生视角，充分聆听学生声音，了解"珠峰计划"所面临的冲突与困境，可以让政策制定者和项目实施者作出更好的决策，从而使中国拔尖创新人才计划的政策、项目、选拔和课程体系都得以加强。

第二节 拔尖人才培养的新模式——
我国现代大学书院制研究

书院制既是教育和管理模式的重要创新，也是高等教育模式变革乃至中国特色现代大学制度建设的新方向（和飞，2013；何毅等，2019；王洪才，2018），更是拔尖人才培养的新载体和新模式。2019年，教育部印发的《关于深化本科教育教学改革全面提高人才培养质量的意见》中指出，要"积极推动高校建立书院制学生管理模式"。（教育部，2019）教育部高等教育司2021年工作要点中指出，建优一批拔尖人才培养基地，支持和引导高校开展"三制"（书院制、学分制和导师制）拔尖创新人才培养模式改革，完善交流研讨机制和政策协同机制。教育部副部长吴岩也曾多次提到，拔尖计划2.0需要打破基于现有学科专业结构的传统育人模式，探索书院制、导师制、学分制三者交叉融合的创新模式，形成拔尖创新人才培养的中国模式和中国方案（吴岩，2020）。

书院制是中国高等教育改革和拔尖人才培养的关键一招、超前一招、制胜一招。实施书院制的目的是实现快成才、多成才、成大才，成才率高、成大才率高（吴岩，2020）。自2005年以来，部分高校相继开启探索，但由于自发探索阶段缺乏经验，当前书院制改革的形式多样，探索方向不明晰；许多书院改革者对书院制的内涵存在认知偏差，致使实践探索只在少数高校取得成效（别敦荣，2015；刘海燕等，2021）。在理论层面，有关书院制的研究还未形成理论体系，众多涉及书院制内涵和外延的问题存在理论共识的困境，有待研究的进一步深化（刘学燕，2020；高靓，2012），书院制的合理性和合法性问题也未在学理上得到妥善解决（别敦荣，2015）。由于书院制尚未形成高度的共识和共同的规范，亟须研究者秉持高度理论自觉，加强对大学书院制实践的探析，反哺书院制实践发展（何毅等，2019）。因此，有必要对现代大学书院制的研究现状展开系统性梳理，审视其进展和不足，以增强书院制改革和发展的前瞻性。

一、我国现代大学书院制的概念

由于书院的制度要素极为丰富且富含内在张力（李会春，2017），书院制改革正朝着多元化方向发展，"书院制"概念也因此具有动态性和发展性，学界暂未能够就其形成一个明确且有共识性的界定（黄新敏等，2019；李正等，2020；刘学燕，2020），李会春（2017）甚至认为，目前任何一种关于书院制概念廓定的尝试，都不能囊括其全部意蕴。

但现有研究对"书院制"给予侧重点不同的阐述。李翠芳和朱迎玲（2009）从制度渊源和功能要素特征出发，认为"书院制是在继承中国古代传统书院制度的基础上，仿效国外住宿学院实施的一种新型学生管理体制，是以学生宿舍为管理的空间和平台，以学生公寓为生活社区，对学生实施通识教育、思想品德教育和行为养成等教育任务，本质是一种学生社区生活管理模式"，田建荣（2013）和刘学燕（2020）对此也有类似的认识。相较于李翠芳等人将书院制定位为社区生活管理模式，和飞（2013）从制度层面进一步指出，书院制是"高校中与学院制相匹配的基于学生生活社区建设和学生自主发展的一种教育管理制度"，何毅（2016）也认为，书院制是一种创新性学生教育管理组织，他们均突出了书院制的教育和管理功能。叶峥嵘（2013）则从文化育人的视角，将书院制定义为以宿舍区为载体，对学生实施文化教育。基于对已有文献的梳理，崔海浪、李昆峰（2015）和徐松伟等人（2018）从这些视角和要素各异的概念阐释中挖掘出共通性，即研究者多从文化传承、规范制度、组织机构、管理模式和运行模式等层面对书院制进行廓定。基于此认识，崔海浪（2015）有意识地对书院制概念进行要素相对全面的廓定，即"书院制是当今我国高校在完全学分制条件下，以学生住宿舍区为依托，在传承中国古代书院教育精神，融合西方传统博雅教育理念，借鉴西方住宿学院制管理模式基础上形成的，与专业学院平行、互补，兼具高校学生教育、管理和服务职能，主要通过通识教育、学术文化和实践教育活动等形式，致力于大学生自我教育管理和习惯养成，提高学生综合素质的一种新型学生教育管理模式"。于爱涛和孟祥琦（2015）的观点与之类似。这一界定基本涵盖了书院制所有的重要要素，看似稳妥，但并非无懈可击，例如，李会春（2017）基于17所高校书院制改革的案例研究指出，以宿舍为依托的生活社区只是书院的形态之一，因此基于经验和直觉，将书院制界定为学生住宿社区管理模式的概念有待商榷。当下，关于书院制概念的讨论还将继续，书院制依然具有多义性，这正反映了书院制内涵的丰富性、延展性和可挖掘性。学者在使用这一术语时，也应当就其研究中所指涉的内涵予以清晰廓定，以此为研究者和实践者进行学术交流和经验借鉴提供前提。

二、我国现代大学书院制的产生

（一）制度渊源

主流观点认为，我国现代大学书院制具有两个制度源头，分别为中国古代书院制和欧美高校的住宿学院制（张湘韵，2019）。古代书院制是封建社会一种特殊形式的教育机构，承担讲学、研究、著书和藏书等多重功能，德业兼修、学术自由、师生共处、教学相长等是书院精神的重要内涵（蔡俊兰，2017；刘克利等，2009；周景春等，2009），胡适（1924）在《书院制史略》中将其提炼为代表时代精神、讲学与议政以及自修与研究三个部分。我国古代书院虽已消失近百年，但书院精神始终不绝如缕，每当教育出现危机之时，人们便期冀通过回溯古老的书院制教育模式寻找启迪，现代书院制的产生也不例外（曹婧，2013；王炳照，2008）。因此，理论上说，现代书院制承袭了古代书院制的名称并复归部分精神内涵，但二者在功能和性质层面存在本质差异（田建荣，2013；张湘韵，2019）。西方住宿学院萌芽于12世纪的法国巴黎，在英国牛津大学、剑桥大学得以发展，耶鲁大学、哈佛大学借鉴其经验，进行了美国式改造，成为融教学、科研、住宿、文化生活为一体的学生事务管理组织（蔡俊兰，2017）。崔海浪（2015）和张湘韵（2019）指出，我国大学书院制改革遵循我国现代大学构建的传统路径，借鉴了西方住宿制学院显在的组织架构和管理模式。但二者所依据的理论背景、产生路径和发展的现实基础皆有所区别（崔海浪等，2015；李会春，2017；刘海燕，2018），这就决定了我国现代书院在物理空间和组织结构等方面具有自身的特征（余东升等，2019）。现代书院制在组织架构和所承担的职能方面对西方住宿学院多有移植，但其根植于我国传统与现实的文化环境中，本质上是一种新兴的、具有中国特色的高校教育管理模式（何毅，2016；于爱涛等，2015；余东升等，2019）。

（二）兴起动因

我国的现代书院是后天建构的产物，属于外源生长型制度（刘海燕，2018；余东升等，2019），但熊庆年教授指出，书院制在当下的时代语境中产生并蓬勃发展有其必然性（柳森，2012）。从根源上看，书院制是问题导向的产物，是为了实现高质量的人才培养寻找合适的组织管理架构（何毅等，2019；龙跃君，2018），也是高等教育机构为破解大学发展和人才培养积弊而生成的改革路径之一（何毅，2016；于爱涛等，2015）。许多学者从不同层面对大学实施书院制改革的动因进行了分析，总结而言，书院制内部逻辑天然契合现阶段我国高等教育模式变革的需求。具体来说，包括以下五个方面：

其一，近代以来，我国大学在对欧美高等教育的追捧迎合与对传统教育理念的质疑中，割裂了传统文化与高等教育的内在联系，使得现代大学精神有所丢失。我国古代书院文化传统和精神内核有其旺盛的生命力，契合了当前高等教育内涵式发展的要求，以书院制为载体，能够充实现代大学精神（蔡俊兰，2017；孟彦等，2017；于爱涛等，2015）。

其二，全面发展的人才培养目标诉诸教育和管理模式改革。此前，我国高等教育体系是依照苏联模式构建的，主要培养的是专业技术人才；我国大学过分倚重知识培养和能力培养，忽视对学生道德情操和人文精神的关照。因此，亟须改变人才培养样态，重塑大学教育的二维图景。通识教育是对人才培养误区的反拨。为了实施通识教育，高校需要调整大学内部的治理结构，建立与其相匹配的制度和组织形态，现代书院制应运而生（《解放日报》，2012；刘海燕，2018；孟彦等，2017；王洪才，2018；于爱涛等，2015）。

其三，我国高校现行的学生管理模式存在不足。当前我国采用校一院两级的教育管理体系，学院既是教学和科研机构，也是学生管理部门，其通常存在重研轻教、重管轻育的问题；并且，学生作为教育管理的对象，长期被排除在大学治理体系之外（李翠芳等，2009；李正等，2020；晏维龙，2016）。书院制下，原本属于学院职能范畴的学生事务管理和思政教育转移到书院，由专门的机构和专业人员对学生实施非形式教育搭建平台；同时，书院制变条块化管理为扁平化管理，潜隐着对学生在大学治理中主体地位的确认，为学生开展自我管理和自我教育提供制度保障（何毅，2016；刘海燕，2018）。

其四，调动人才培养要素，促进全环境育人。现代大学的规范化建制将学习与生活空间、课堂与课外教育分割开来，使得教育场景窄化，宿舍的育人功能被忽视。晏维龙（2016）和周文杰（2020）提出构建打通课堂内外的"公共领域"，或融合经验性与认知性的"无缝隙学习环境"，使师生在公共交往中探寻教育的内在含义和价值。书院制改革依托学生社区，成为融通课堂与生活的交汇点，为上述问题提供解决之道（刘海燕，2018；张应强等，2016；周文杰，2020）。

其五，在高等教育大众化背景下，有限的学术资源难以兼顾所有的学生，人才培养质量下降，部分学生归属感不强，师生关系淡漠甚至异化是不争的事实，发掘第二课堂活动、导师制等非形式教育的书院制能够破解这一问题（蔡俊兰，2017；王洪才，2018）。

综上所述，正如刘学燕（2020）指出的，虽然书院制是在外部经济社会环境助推下，应对高等教育发展困境的产物，但有其自身的生成前提和存在逻辑，这也解释了书院制产生和存在的必然性和合理性的问题。

三、我国现代大学书院制的建构模式

近年来，开展书院制改革实践的高校数量不断增加，但由于其对书院制内涵的理解不同，学校的办学理念、历史传统、现实校情、改革目标、社会需求以及建设资源等方面也存在差异，书院制改革呈现出多元化的实践模式（陈晓斌等，2019；何毅等，2019；刘海燕等，2018；周方舒，2018）。李会春（2017）曾从"书院数量、覆盖年级、覆盖学生、书院是否独立系统、是否精英书院、是否提供集体住宿、有无学工系统、有无纳入学分管理的正式课程、有无组织化的教育设计、是否有公共空间"等十个维度对部分研究型高校的书院进行探究,发现书院制度之间差异极大,难以概而论之,这也是书院制概念至今难以达成共识的直接原因。

为了更好地把握我国现代大学书院制度的形态,许多研究者按照一定的标准对其进行分类。一种常见的分类方式是基于书院学生群体和组织制度视角,将书院划分成非实体书院和实体书院两大类。前者是抽象意义上的改革,通常无公共社区空间;后者作为一种制度性的存在,是与学院平行的实体组织(刘学燕,2020),其按照覆盖学生的范围和来源,可分为全员书院和非全员书院;非全员书院又可以在顶层设计上根据年级、专业、校区、生源质量等加以考量(《光明日报》,2019;刘海燕等,2018;周方舒,2018)。其他如按照是否承担教学功能这一职能标准,可将书院分为学生教育管理主导模式书院、教学管理并重模式书院、教学科研模式书院;按照与学院的关系划分,可分为学院与书院相互独立的不隶属模式和高度关联模式,前者通常涉及不同院系和专业的学生,接受学院和书院双重管理,后者的学院和书院学生专业一致;按照组织依托划分,又可分为独立建制书院、学工部门附属或托管书院、专业学院内设书院等类型。此外,还有一些学者以书院相关要素为标准,例如,从促进学生投入学习的力度、创设学习机会的完整程度这两个视域将书院划分为三种样态:辅助学习、分工学习、融合学习(徐波,2021;周方舒,2018);根据书院对导师制、通识教育和生活养成教育这三种要素建设的侧重程度,将书院分为精英教育模式、通识教育模式和生活教育模式三种类型(刘海燕等,2018)。总之,我国现代大学书院制的建构模式是多样的,从根本上说,这些纷繁多样的书院模式和类型背后所体现的是书院教育理念的差异(何毅,2018),学者呼吁我们应该允许这种差异的存在(何毅等,2019),由高校基于校情,探索具有自身特色的书院制模式。

四、我国现代大学书院制的功能与定位

如上文所述,我国现代书院制是为了克服当前大学人才培养模式的不足,在已经高度分化的专业院系组织之上,经由管理部门自上而下,人为建构,从外部嵌入大学管理体系(李会春,2017;刘海燕,2018;张湘韵,2019)。那么,其在大学中扮演什么样的角色,功能如何?

不同高校书院制的组织形式不同,致使其功能和作用各异(何毅,2018)。在总的定位上,诚如季羡林在《中国书院辞典·序言》中所言,

书院是当前教育制度的补充，但书院制又不是学生管理模式、管理机构和人员的简单调整，而是育人理念和人才培养方式的转型（陈晓斌，2013）。别敦荣等（2015）和高靓（2012）指出，书院也是大学教育不可缺少的组成部分，其天然地与教育规律和知识生长的本质相一致。

作为当前教育制度的补充，一些研究者从通识教育的有益补充和实现载体、书院的文化育人、学习支持、教学辅助、社团自治等诸多涉及培养理念、教育内容、管理方式的层面挖掘书院有别于传统专业学院的功能（刘学燕，2020；赵苍丽，2018）。具体而言，书院制在全人教育、通识教育、"生活也是学习"、过程教育等新型教育理念的指导下（林健，2021），秉持书院与学院协同育人的原则，以住宿学院为载体搭建教育生态格局，发挥住宿社区的育人功能，开展诸如通识教育、思政教育、学业辅导、学生事务管理、心理健康教育、就业指导等各类非形式教育活动，鼓励学生自我管理，实现育人目标（何毅，2016；魏球等，2021；徐波，2021；赵苍丽，2018）。学者基于书院制的这些要素，将书院的性质抽象定位为理念组织、社团组织、教育组织、文化组织、学生管理组织、拔尖创新人才培养的教学组织以及教学科研组织等多重组织，承载生活功能、教育功能、文化功能、管理功能和自治功能等多重功能（别敦荣，2015；和飞，2013；刘道玉，2019；徐波，2021）。这些功能之间具有层次性，例如，书院的生活功能、管理功能是教育功能的基础，教育功能是书院制的最终旨归（徐波，2021）。陈晓斌和龚诗昆（2019）认为，不同书院的功能应根据自身的性质定位适当有所侧重，如定位在学生管理组织的书院应突出管理和服务功能，定位在通识教育组织应突出教育功能和文化功能。总的来说，尽管书院制被认为是我国高校育人模式变革的重要出口而被赋予众多的关注和期待，但和飞（2013）和王洪才（2018）也指出，现代书院只是高等教育大众化的副产品，而不是独立的功能性组织机构。长期以来，专业学院是现代大学的基层学术及管理单位，书院作为嵌入组织，与学院在地位和资源方面都不具有对称性，其对学院也往往具有较强的依赖性，书院教育尚未真正进入人才培养体系，更多的是在外围承担人才培养的辅助性功能（何毅，2018）。

五、我国现代大学书院制的核心要素

虽然学术界和高校实践者对"书院制"这一术语的概念内涵、类型、定位和功能等存在分歧，但是大部分研究者已经就书院制的核心要素达成一定的共识，主要包括以下内容。

第一，学生社区。长期以来，学生宿舍潜在的育人功能未得到充分激发。书院制之所以具有育人功能，是因为其搭建了完整的教育生态格局（蔡俊兰，2017；何毅，2016；李正等，2020）。相较于传统宿舍区仅为学生提供休息的场所，书院制将学生事务管理的重心从学院转移到学生社区，社区内设有相对完善的组织管理体系，导师在固定时间到学生社区与学生开展学术探讨。学生宿舍采取有别无类的混编方式，不同学科专业的学生生活在一起，社区内部设有公共活动空间，为书院学生开展跨学科的交流和讨论提供条件，促进其交流融合，激发专业互补的优势（别敦荣，2015；魏球等，2021）。通过特色文化建设和通识教育的开展，也能够对学生发生教育功能（温旭，2014）。

第二，导师制。不论是我国的大学书院制，还是西方住宿学院制，导师制通常与其相伴而生，被认为是书院的"灵魂"，是沟通通识教育第一课堂和书院育人的桥梁（何毅，2017）。导师制的核心在于师生"交往"，这种交往在生活上表现为与学生同吃同住，在教学方式上重视言传身教、循循善诱，在教学内容上德业并重（龙跃君，2018）。导师正是通过在书院环境中与学生的不断接触，为学生提供指导、管理和服务，潜移默化中型塑了学生的学术兴趣、思想观念、价值取向和性格养成，从而促进学生文化生活和身心成长。

第三，通识教育。通识教育是现代大学书院制的重要组成部分，是文化育人的重要载体（黄新敏等，2019；张应强等，2016）。书院制被认为有独特的条件开展通识教育（何毅，2017），依托书院的通识教育，通过赋予其具体的实践形式和实施载体，把通识教育的目标、理念落实到宿舍管理和日常生活中去，配合学校的通识教育，开展非形式通识教育，从而打破传统大学教育"专业视域"和"知识视域"的局限，打破将通识教育作为单一的知识体系进行教学的理念，实现学生文理渗透和个性发展（李会春，2017；龙跃君，2018；王相宜等，2020；徐波，2021；张湘韵，2019；赵苍丽，2018）。需要指出的是，并非所有的大学书院都与香港中文大学的书院制类似，能够提供成熟的、与大学通识课程相互衔接的书院通识课程。从书院所提供的通识课程是否纳入学分系统看，有学者又将其分为显性课程模式和隐性课程模式两种，后者以举办未纳入学分系统的通识讲座、学术沙龙和经典阅读等为主（乐毅，2008；李正等，2020；徐波，2021）。

第四，学生自我管理和自我教育。书院制的优点在于将学生置于教育主体地位，倡导学生自我约束和管理，实现教育方式的根本性转变。学生使用相对民主和平等的方式，共同协商，维护书院秩序，治理社区生活和书院事务，突出大学生自我教育和自主发展的能力，使教育回归到培养全人的轨道上来（别敦荣，2015；魏球等，2021）。

第五，文化育人。书院不仅是生活园区，更是诗意栖居的文化场域。文化氛围营造和文化教育平台打造是书院内涵建设的重要部分（王会金，2015）。书院的文化内涵建设可以采用多种方式开展：一是通过书院公共设施建设和打造文化标识，如院训、院徽和楹联等高度浓缩了书院的办院理念、特色和核心价值观；二是拓展文化教育服务能力，通过组织各类学术讲座、社团和文化交流活动，营造开放包容的学术文化氛围；三是促进师生交往对话，形成一种知识性、社群性和文化性的沟通（和飞，2013）。

六、我国现代大学书院制面临的现实困境研究

（一）书院精神和文化内核的缺失，内涵建设不足

众多学者指出，现代大学书院给人的感受依然是空的，只见"壳"，不见"核"，直指书院精神和文化内涵缺失的问题。书院的实际形态繁多，而最宝贵的、最具有继承性的正是书院精神和文化，集中体现为对生命意义充分关照的人文主义精神和不断超越现实的创新精神（王颖，2007）。书院应当通过文化和精神对学生的学业和德行等进行熏陶（孟彦等，2017），而当前，我国现代书院制虽然沿袭古代书院的名称，但主要从外在的空间形式和管理模式上寻求借鉴，书院重视的依然是有形的成果产出，而不是对学生开展浸润式的人文关怀，学生参与书院制的意愿和体验被忽视；同时，其引领学校文化发展的功能也较为缺乏（刘海燕等，2021）。现代书院因此所呈现的外在文化和特征仅仅起一个符号标识的意义，缺乏将书院精神与现代大学书院的有效融合之质，未做到形神合一，致使我国古代书院的文化内核并未在现代大学书院制中获得新生（刘道玉，2019；孟彦等，2017；田建荣，2013；温旭，2014；余东升等，2019；张湘韵，2019）。书院文化内涵的困境还体现在不同书院之间的文化趋同。香港中文大学通常依靠独特的文化特征来区别不同的书院，然而，我国内地各个书院虽然有各具特色的名称、院训、院徽等，但学生感受到的依然是趋同的生活功能和活动功能，书院稳定的文化和特色尚未形成（崔海浪，2015；余东升等，2019）。此外，我国部分书院简单套用西方模式，忽视国别特点，忽视挖掘我国传统书院的精髓和传统文化，对中国特色社会主义和高校人才培养体系现状考虑不全面，只是在原有结构基础上增设一个组织机构或增加一种管理模式，学者因此认为其不过是"理想的美好与形式的拼凑"（孟彦等，2017；宋宝萍等，2021），导致我国高校书院建设

内涵不足。

（二）面临组织和制度壁垒

大学书院制改革是系统性工程，涉及校内机构设置、职责划分、经费划拨、条件保障等诸多方面。书院作为我国现代大学创新发展的产物，是目前大学教育模式中新增加的环节，外生秩序性是其突出特点。书院作为一种嵌入式组织机构，不论是设立专门的新机构以统筹书院建设，还是依托原有组织实行书院和学院对接，都必然要打破原来的学校组织架构和运行模式，对高校内部治理结构、学生教育管理体制以及育人理念产生冲击（陈晓斌等，2019；陈廷柱等，2015；《光明日报》，2019；何毅等，2019；李翠芳等，2009）。特别是，在书院建设过程中，高校大多增设了部分行政机构，它们与原有组织间的张力和阻力如何平衡，而不会产生机构职能重叠和脱节、权责不清、指责推诿以及效率降低等问题成为实践难点。（乐毅，2008；余东升等，2019；周方舒，2018）；另外，高校实行书院制还涉及如何与国家现有高等教育管理体制和社会环境相衔接、相适应的问题，推进改革需要国家教育管理部门也作出相应的系统性调整和变革（郭俊，2013）。

（三）书院制改革的内生动力不足，存在较强的路径依赖

书院制改革在具体实施上缺乏内生动力，难以超越惯性思维的牵制和对传统路径的依赖，容易陷入传统教育管理的窠臼。多数大学书院是基于先前学院学生管理体系成立的，书院制改革后仍沿用原有的科层制学生管理模式，组织运行动力来自自上而下的行政指令，行政化倾向和管理主义色彩明显，在自主、充分发挥优势功能等方面还比较薄弱（郭俊，2013；刘海燕等，2021）。导致这一现象的重要原因有二：一是虽然一些大学的书院和学院是双轨并行的组织设计，但学院作为传统的教学科研和行政管理组织，其在大学中的地位难以撼动，在资源的掌控上也具有绝对的优势，书院运行对学院有着非常强的资源依赖性，一定程度上会削弱书院自身教育话语的独立性（过勇，2016；宋宝萍等，2021）；二是我国高等教育还处于"卖方"市场，高校因而不愿投入资源、承担风险，改变传统对管理者而言最省事和有效率的学生管理模式（郭俊，2013）。对传统模式过于依赖，容易导致书院制改革缺乏动力，诸多改革措施和教育方案难以取得预期成效（刘学燕，2020）。

（四）书院制改革尚未凝聚各方共识

凝聚各方共识是减小改革阻力，快速稳妥推进改革的重要前提。但

据调查，我国大学对书院制的认可度并不高（何毅，2017）。作为书院制政策的主要政策实践者，一些院校管理者和师生对书院往往持有质疑、观望态度。书院制是否为高等教育改革的一种普适性模式，学术界也尚未达成共识（刘学燕，2020）。究其原因，主要包括以下四个方面。一是书院制的合法性问题尚未解决，书院制仍属于学校的自主行为（别敦荣，2015）。二是书院制运行模式和教育目的的衔接性受到质疑，书院制的比较优势尚未得到充分彰显。我国书院制的教育内容设计均出自实践经验和领导决策，缺乏系统的教育理论基础，部分项目设计并不完全符合学生的实际需求，学生也更多是将书院理解为物理和生活空间，其主体性的发挥以及全面发展的效果有待评估（徐松伟等，2018；张应强等，2016；周方舒，2018）。三是书院制缺乏自下而上的内生性培育。现代书院制并非经原有组织内生而成，乃是由自上而下制度设计和规划推动的结果（李会春，2017；周方舒，2018），抑制了政策调试对象自下而上进行组织建设的积极性，部分学生对书院活动的参与度不高，导师参与书院管理和服务的积极性更是缺乏（李会春，2017）。四是书院主张的"全面发展"和通识教育等教育理念尚未得到认同。根深蒂固的专业教育理念对我国大学的教学管理、学生管理等影响巨大，专业和知识被奉为圭臬，这与书院主张的全面发展的教育理念相矛盾（陈晓斌等，2019；魏球等，2021；余东升等，2019）。

（五）双院协同难

书院与学院的关系是书院制改革最难解决的问题之一。在西方大学体系中，专业院系和住宿学院具有清晰的职能分工，但仍面临如何协调双院并行的组织架构问题（崔海浪，2015；李正等，2020）。理想的书院与学院协同模式是矩阵式结构，横向的书院负责学生的非学术性生活，纵向的学院负责专业知识的传授与创新。有人将这两者的关系比喻为"钟馗"和"菩萨"，反映了它们在人才培养上目标一致，分工互补，有机协同（何毅，2016；刘海燕，2018；万林艳等，2015；张湘韵，2019）。但协同模式需要很多条件，包括共同的目标和愿景、清晰的职责边界、有效的协同机制、畅通的沟通平台，等等。而在实际的运行中，受条件、资源、制度等因素的制约，书院和学院普遍陷入难以协同的困境（李会春，2017），具体表现以下三个方面。一是"双院制"的制度困局。从专业学院的学术、行政一体的"一元制"学生教育管理模式变为学院、书院"二元制"管理模式，必然产生管理主体增多、管理层次增加、利益关系多样、职责交叉、治理结构更加复杂等问题，专业学院与书院的关系错综复杂（陈晓斌等，2019；光明日报，2019；何毅，2017；宋宝萍等，2021；余东升等，2019）。二是协同育人的内容分工不清、定位不明。由于学院和书院在功能和定位上缺乏恰当分割，以至于二者在同一个方向上发力，形成某种功能上的重叠。例如，专业院系的专业教育和书院设计的通识教育体系未完全协调对接，书院和专业院系开展的第二课堂活动同质性较强，区分度较低，学生受学院和书院的双重束缚，双重认同感建立乏力，学院、书院相互扯皮、推诿事件时有发生（李会春，2017；徐松伟等，2018）。三是书院与学院教育理念上缺乏共识。二者在通识教育的重要性、专业教育和通识教育的关系以及结构等问题的认识上存在分歧，学院担心专业教育被弱化，书院方面则抱怨专业学院只专注学科建设和科学研究，忽视了学生的成长和发展（刘海燕，2018；余东升等，2019）。事实上，究其深层原因，双院协同难更在于空间整合与分离的矛盾，管理集权与自治的矛盾，大学教学与科研的矛盾以及通识理念和专业理念的矛盾，等等（刘海燕，2017）。

第三节 清华大学强基计划人才选拔培养的实践研究

一、引言

拔尖人才培养是建设创新型国家的关键。经济可持续发展潜力、科技创新能力以及构建人类命运共同体的主张都对人才培养的质量以及人才本身的素质提出更高要求，越来越多国家转向精英人力资本的开发，大众化教育背景下精英高等教育发展和拔尖人才培养的路径受到高度关注，一些国家政府把拔尖人才培养提到了国家战略部署的高度。美国早在20世纪50年代末即以法案的形式要求联邦政府为科学和数学拔尖创新人才培养提供资金。德国、英国和澳大利亚等国通过设置官方机构来组织资优教育，而后发新兴国家如韩国和印度的拔尖人才涌现也与大力推行的资优教育不无关系。我国拔尖人才培养工作自1978年拉开序幕，2009年"基础学科拔尖学生培养试验计划"正式启动，2020年年初，教育部发布《关于在部分高校开展基础学科招生改革试点工作的意见》（以下称"强基计划"）指出，要"招收一批有志向、有兴趣、有天赋的青年学生进行专门培养，为国家重大战略领域输送后备人才"。（教育部，2020）

从渐进主义的视角看，强基计划作为一项创新政策，在汲取过往拔尖创新人才政策经验的基础上，对政策进行优化，能够实现有效选拔和培养拔尖人才的目的。当前，强基计划尚处于政策起步阶段，其具体实施情况如何有待检验。清华大学作为强基计划全国招生规模最大的高校，其在拔尖学生培养上进行了一系列的创新制度设计，例如，推出书院制这一创新培养形式，并探索导师制、科教协同育人、本博贯通、"一生一策"等培养方式，具有重要的分析和借鉴意义。本章将以清华大学强基计划的培养实践为案例，分析其在基础学科拔尖人才培养上的经验与不足，为我国在"双一流"建设背景下推进强基计划，培养一流拔尖人才提供理论和经验借鉴。

二、案例分析：清华大学强基计划选拔培养的实践

2020年，顺着改革风向的强基计划在推进首年招生工作中"遇冷"，选拔过程中"弃考"现象凸显，部分顶尖研究型高校"未完成招生指标"而在新生入学后组织二次补招。与此同时，清华大学作为首批试点高校，超额完成招生选拔任务。清华大学将强基计划作为学校招生计划、培养计划和本科教育改革计划的牵引，在人才选拔和后续培养上作出众多创新制度设计，值得对其进行深入研究。

（一）清华大学强基计划的人才选拔

清华大学强基计划的人才选拔有如下特点：（1）综合考核。采用多种考核方式相结合的综合考核策略，包括基础能力测试、综合素质考核和身体素质测试等。（2）根据强基计划的目标和定位确定考核的侧重点。从考核内容看，考核紧密围绕对基础学科学习和科研有志向、有兴趣、有天赋的青年学生这一选拔培养目标开展，全方位考查学生的学术志趣、创新能力、专业禀赋、知识储备等综合素质及对相关学科知识的掌握与应用能力。其中，在考核的各个环节，均要求突出对学生非智力因素和强基特质的考查，判断学生是否胸怀家国、志趣坚定、禀赋优异。（3）分类考核。对于以高考成绩和竞赛破格入围这两类不同路径进入综合考核的学生，学校采用不同的考核方式，对后者单独组织考核。（4）多渠道收集信息。在了解学生信息的材料来源上，包括高考成绩、综合测评环节的笔试和面试，记录学生学习过程的综合素质材料在综合考核中也会作为信息参考。

（二）清华大学强基计划的人才培养

1. 顶层设计

① 目标与愿景：培养具有家国情怀的基础学科拔尖人才

对目标和愿景的表述折射出荣誉教育的核心价值观。清华大学强基计

划所秉承的教育理念和培养目标呈现鲜明的特征：对心智结构异于普通学生的拔尖人才实施以通识教育为基础，通专融合的教育体系，培养学生基础学科专业能力、原始创新精神以及社会责任感等多方面能力，使其成为具有健全人格、全球视野、家国情怀的基础学科拔尖人才。

②组织管理：独立建制，院际协同培养

在组织形式上，清华大学强基计划设有与专业学院平行的实体建制的二级机构，即创设了致理书院、日新书院、未央书院、探微书院和行健书院五个书院作为人才培养单位，并设立书院管理中心统筹推进项目。在培养方式上，以书院为主体，实行院际联合培养。以日新书院为例，人文学院的五个一级学科和相关研究机构是其人才培养的根基所在，与人文学科关联密切的社会科学学院、新闻传播学院等相关院系也以多种形式为书院教育提供支持。五大书院不设专职教师团队，不承担科研创新使命，只专注于人才培养职能，使其能够突破传统学院的体制机制束缚，以学生为中心，根据学生成长发展需要，整合并匹配优质资源。总体而言，实体的独立建制保证了强基计划在招生、培养、管理等方面具有相应的自主权，而院际联合培养又为多学科视野的人才培养、知识融通提供支持。

2. 培养的过程环节（图5-1）

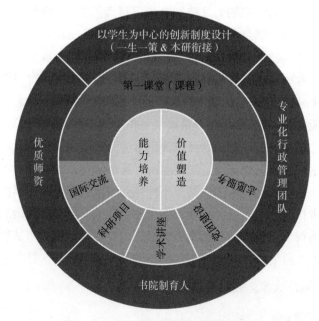

图5-1　清华大学强基计划环境要素构建

① 第一课堂：加强课程体系建设和课程内容变革，培养学生高阶能

力和素养

　　课程是人才培养的最核心要素。强基计划在课程上做了精细化设计，主要体现在以下方面。其一，课程体系和课程内容经过系统性设计。一方面，不同书院都为学生设计了既有广度又有深度的通专融合课程体系。其中，交叉性是不同书院课程的共同特点。特别是理工衔接的书院，其课程体系和核心课程都经过专门设计，开设理工融合类课程以加深对理论的理解和对工程的认识，更好贴合专业需求，培养学生跨学科思维；日新书院也设置了多学科交叉深化课板块。另一方面，书院为强基学生定制了系列通识课程，以拓展他们的学科思维，实现通专融合。

　　其二，课程充分体现自由度和个性化。一是区分课程难度梯度，为不同学习能力的学生提供适合其学习进度的课程。即使是荣誉课程，也根据学生的知识水平和学习取向，在课程难度上作出区分，授课内容和最终期待学生所形成的能力也因此不尽相同。例如，致理书院开设的有机化学H1课程就包括前沿研讨课和基础研讨课两门。前者主要是为有机化学基础较好、学有余力的学生开设，而后者主要是为需要加强有机化学基础知识的学生开设，特别是供未参加过竞赛培训的学生选修。学生也可以根据发展需求，选择给研究生开设并向本科生开放的专业课程。二是一些书院拓展选修课比例，学生也可以根据自己的学术志趣和特长，在导师的指导下，自主进行课程组合，实现个性化课表的生成。

　　其三，压缩课程总学分，落实"留白"教育。与传统拔尖人才培养项目普遍为学生提供超负荷的课程不同，强基计划强调梳理并整合课程内容，压缩课程总学分，在保证课程内容精深的前提下，课程培养方案对每个模块学生的学习总时长作了明确规定；同时，通识课程也强调转变教学思路，适应大班化通识课堂，减少作业量，加大思想性的分析力度。在不触及理工学生专业课业压力底线的前提下，让学生学有所成。

　　其四，课程内容上突出学术志趣和高阶思维能力培养。书院除了开设常规的通识课程和专业课程，还致力于开发特色课程，这些课程以培养学生主动学习、探索学习的习惯和能力为目的，旨在培养学生发掘自身兴趣、发展高阶思维能力，而不仅仅是陈述性知识的传授。例如，X-Idea生命科学交叉创新挑战问题研讨课，针对致理书院生物专业学生初步体验科研开展的高挑战度荣誉训练课程，重点在于训练学生提出问题和甄别问题的能力，主要内容是学生就生命科学方面感兴趣的问题进行深度探讨。

　　在授课方式上，强基计划普遍采用小班研讨课和以问题为导向的教学法，以学生为中心开展教学。绝大多数课程的班级容量不超过30人，以保证课堂互动充分、有效展开。一些导论性质课程和特色课程多采用大班教学加小班研讨的形式展开，研讨课配置专门的助教。授课过程中，突出学生的自主性，教师主要充当课程的协助者，营造民主、自由、和谐的课堂环境，鼓励学生就具体领域内的前沿问题展开讨论，并分享思考的结果，以此来加深学生对问题的理解和认知，使学生成为积极的学习者。

②第二课堂：多元化学术活动，打造全方位学术浸润环境

以研讨课和科研项目为载体培养学生创新实践能力，推动科教协同育人。强基学生不应该仅进行以知识获取为目的的机械学习，而更应该开展以探索、发现和创造为目标的研究性学习（董泽芳等，2019）。特别是强基计划旨在培养有志于未来从事基础学科研究工作的拔尖人才，为了培养强基学生创新能力和科研能力，书院根据学生循序渐进的人才成长规律，为学生设计了难度呈阶梯上升的进阶科研实践，低年级阶段主要在于培养学生的学术志趣，高年级阶段学生将真正参与到科研中去，提升创新实践能力。例如，行健书院提供交叉创新挑战问题（X-Idea）、科研导引（PSRT）、科研训练（SRT）、增强版学生研究训练（ESRT）、开放挑战性创新研究（ORIC）、高年级学生研究员计划（SURT）、综合论文写作等贯穿大学四年的科研能力进阶式发展体系，学生可以根据科研兴趣申请加入科研团队，并在资深教师的指导下开展科学研究，从而帮助学生个性化发展科研志趣，提升核心科研能力。同时，书院层面也着力推进科教协同育人，鼓励国家实验室、国家重点实验室、前沿科学中心、集成攻关大平台和协同创新中心等吸纳强基学生参与项目研究，为学生提供专业的科研训练平台，提高学生的实践能力和创新本领。

名师讲座，营造学术气氛，培养学生对基础学科的学术志趣。书院基本每周开展一次"从游"系列活动，包括"从游"讲堂和"从游"沙龙等，通过组织不同领域内的学术大师为强基学生开设讲座，分享学科前沿知识或顶尖学者的成长之路，帮助学生快速地了解学科前沿知识，并在与大师的对话中，获得人生启迪，产生专业志趣和专业承诺。同时，这些聚焦不同领域的学术交流有利于产生思维碰撞的火花，旨在打破学科壁垒，突破思维定势，形成更广泛的创造性思考和更深层次的知识综合，形成跨学科思维。

国际交流，拓展学生全球视野。书院联合清华大学全球胜任力中心，为学生提供宽广的国际化培养平台，学生低年级阶段即可参与中外师资共同授课的专业外语训练，中高年级逐渐展开国际化特色课程和海外实践，学校还提供了联合培养、交换学习、公派留学、海外研修、短期课程和文化交流等项目。例如，日新书院在特色课程中主推牛津 Tutorial 研讨课程，

通过对话式授课方式鼓励学生根据自己的兴趣和想法与国际课程导师进行主动沟通交流。课程中大量文献阅读的训练有利于提升英语读写和个人观点提炼的能力。

③显性课程和隐性活动共同促进价值塑造

强基计划与传统拔尖培养计划的不同之处在于突出国家本位的价值取向，强基书院极为重视对学生的思想引导和价值塑造。价值塑造从显性和隐性等多方面进行。显性方面以课程为载体，除了学校统一开设的思想政治教育类通识课程，学院在专业课程以及定制的通识课程中均注重对学生价值观的塑造。在隐性方面以党团活动和志愿服务活动为载体，书院作为推优入党的试点院系，鼓励所有符合入党条件的学生提交入党申请书，实施接纳最优秀的学生入党，推优对象需要进行公开的汇报和答辩，通过仪式性的活动，为学生树立榜样。书院还定期组织学生赴红色基地开展实地的考察和学习，组织学习习近平总书记的讲话精神，在理论和实践相结合中加深对党的认识，从而树立为国家和社会经济发展服务的伟大理想，将个人发展取向融入集体发展取向中，促使二者统一协调起来。此外，书院还定期组织学生开展校内外的志愿服务活动，书院希望通过使学生走进社区，走进校园的众多公共场合，发现实际问题，将课堂所学的知识应用于问题解决，从而促进专业技能和价值观的发展，为社会增加福祉。

（三）以支持性资源保障强基学生的培养过程和质量

符合学生成长规律的创新制度设计，激发学生的学习志趣和主动性。强基计划大力推动"一人一策"计划，对学生因材施教。同时，书院探索建立本研贯通的培养模式。对于学术志趣浓厚、学术禀赋突出的学生，可以根据自己的学习进度和发展规划，与导师进行交流沟通，在明确自己研究方向的前提下，自主制定本研衔接的个性化培养方案，书院也会为学生匹配专业的导师团队，为其后续发展提供针对性指导。

优质的师资，发挥"从游"作用。拔尖学生的培养离不开导师的学术引领。强基书院没有独立师资，这一制度设计使拔尖人才教育突破传统院系受师资结构和教师工作量掣肘的局限，充分利用教师选聘上的自由度，基于人才培养目标，聘请专业领域成就突出且对强基计划充满热情的海内外资深专家学者担任院长、导师和任课教师，为学生授课，指导学生制定培养方案和开展科研活动。除此之外，书院从全校招募自愿参与强基学生培养的资深教师作为学业导师。为了确保导师的指导质量和师生交往深度，切实发挥"从游"作用，书院制定了导师指导办法，对导师每周投入学生指导的工作量作出规定；同时，学校和书院也在薪酬、教学评价和职称晋升方面对导师予以奖励。导师通常以各种方式，如召开读书会、座谈会、茶话会等，给学生提供学术和生活上的指导，让学生在轻松的气氛中，寻找最适合自己成长、发展的路径，并通过定期商谈及时调整发展路径，优化心理生态。

专业的行政管理团队，为学生提供管理和服务。为更好地服务学生发展，书院成立书院管理中心，统筹人才培养工作。书院设置院长和副院长，还为每个班级配置了由资深教师担任的班主任和优秀研究生担任的辅导员，为学生提供学业和生活方面的教育、管理和服务。行政管理人员定期开展业务学习，提升学生服务团队的专业水平。对于培养方案、本研衔接方案的制定以及定制通识教育课程等专业性较高的活动，书院均召开专家论证会进行审核。此外，书院还定期召开院长、班主任和辅导员联席会，围绕优化培养过程进行部署。

构建兼具生活与教化功能的书院制学生社区，开展文化育人。拔尖学生相对于普通学生而言是"异类"，他们需要与有共同兴趣和学习承诺的学生进行交往。除非在课堂外为他们提供促进智力发展和社会成长的环境，否则他们的发展价值将受到严重限制。强基计划采用集中混住寄宿制管理的方式，构建一个将众多优秀学生集聚在一起共同学习和生活的非正式跨学科交往场域，以加深不同专业同学的交往，促进跨学科融合，并以书院为平台，构建拔尖人才网络，提升社会资本。书院还注重社区中隐喻性文化的建设。每个书院有自己专属命名，或取自校歌，或取自经典文学作品，既有专业特色，又向学生传达出了精神塑造的力量，引导学生磨炼本领，将所学专业用于服务国家经济社会发展中去。此外，书院致力于为学生提供丰富的文娱活动，促进个体的交往和融合，如"溯·游"学生节活动等，一系列文化活动对于学生发展自我管理的主体意识，形成荣誉共同体大有裨益，更对培育和建设书院特色文化有着积极影响。

三、形塑理想人才：清华大学强基计划人才选拔培养的实践逻辑

（一）选拔：采用综合评价方法，但参与选拔的主体相对单一

由于强基计划是一项问题导向的政策，是为解决国家基础学科"卡脖子"问题提出的专项人才选拔培养政策，因此，基于本研究提出的选拔培养模型可以发现，清华大学强基计划在拔尖人才选拔上首先有明确的目标，即选拔"有志向、有兴趣、有天赋"的人才进行专门培养，使其未来

有意愿参与基础学科研究工作。在明确的目标之下，选拔秉持多元智能理论的观点，采用多种评价方法，对学生进行综合评价。在评价中，不只以高考成绩和校测的笔试环节考核学生的天赋智商，更把社会责任、家国情怀等非认知因素置于重要位置并贯穿面试的所有环节，并且对不同路径进入校测的学生采用差别性考核。这在一定程度上扭转了当前我国拔尖创新人才选拔片面关注学业成绩的选拔误区。

不可否认的是，强基计划的选拔也存在不完善之处，即考核技术与选拔目标之间存在分裂，学校很难在较短的时间内，仅依靠面试和综合素质材料准确考核学生的非认知能力。目前，项目选拔参考资料提供的主体和信息来源还相对单一，并未将教师、家长和同侪等多重主体纳入人才选拔中来。并且，当前的选拔主要是鉴别选拔对象是否具有成为拔尖人才的潜力，而不是根据每位学生的特征，为其确定一条后续的发展路径，这在一定程度上割裂了选拔和培养之间的联系。此外，当前强基学生的选拔缺乏基于情境的实践智能的考核。

（二）搭建有利于学生天赋发展的动态环境，激发学生产生积极的学习行为

天赋的发展必须从一开始就被理解为一个互动的过程。将潜力转化为学术上的卓越表现需要有动机的学习以及支持性的学习环境。支持性的学习环境通常被理解为包括家庭、学校和课外等复合刺激性的社会环境（Perleth et al., 2007）。强基计划作为正式教育的提供者，以学生为中心统领所有育人环节，在人才培养中，调动一切有利于育人的积极因素，搭建有利于强基学生天赋发展的有机融合的育人环境，使其成为促进积极学习过程的育人系统。

（1）第一课堂和第二课堂相结合，搭建课程、科研项目、国际交流以及学术讲座"四位一体"的能力培养体系，促进学生专业能力和通用能力发展。一方面，这些课程、科研项目和国际交流项目均按照难度递升的渐进形式精心设计，也即随着强基学生每一次学习的完成，行为库扩大，目标升级，书院所提供的环境也在不断地专业化。另一方面，研究性学习和科研项目等可以有效地促进学生主动参与建构知识。教师在促进资优个体潜力转化方面发挥至关重要的作用，而拔尖人才培养要考虑人与环境的相互作用，那么必须考虑资优教育中教与学的互动作用。清华大学强基书院的教师在教学过程多采用研究型教学方法，支持并培养学生在探索、发现学习和创造性问题解决方面的独立性，鼓励学生大胆质疑。通过老师的

指导性问题，与同伴的协作对话和讨论，以及对关键问题的个人探索，拔尖人才可以发展出科学家和研究人员证实的有价值的思维习惯，如怀疑主义、客观性和好奇心。

（2）不论是按照最适合的人来上最需要的课这一课程改革目标，还是着力推动行政教职人员的专业化发展，以及为促进学生发展所提供的创新制度设计，包括本硕博贯通、科教协同育人、导师制，以及书院制培养形式，都凸显出书院着力打造完整的育人生态，有效促进投入学习过程而没有后顾之忧，帮助学生不断优化自己的发展路径，即以学生发展为中心，所有要素在这一核心目标的统领下进行组织和安排，均正向促进学生学习投入。

（三）为学生提供个性化培养路径

在资优教育中，若使学生产生积极的学习过程，就需要专门设计的差异化措施来应对和培养拔尖学生能力、动机和兴趣等天赋特征。个人学习需求和指导性的学习机会以及支持条件之间的契合性对资优学生将个人学习潜力转化为相应的学术成就至关重要。将个人潜力转化为相应的杰出成就，需要根据个人能力边界制定任务的难度等级，以使其具有足够的挑战性。清华大学强基计划在众多制度设计方面充分保障了学生的个性化发展需求。

（1）在课程体系设计上，书院普遍增加了选修课模块所占学分比例，提高学生课程选择的自由度，学生可以根据个体需求对课程进行自由组合；同时，在课程难度上进行分级，部分相同名称的课程由不同教学风格的教师所开设，不同学习基础、学习进度和学习兴趣的学生能够根据自己的学习情况选择适合其能力水平的课程。

（2）学生自行设计自己的学习过程，让个人学习课程和节奏成为可能，自由地将活动主题建立在一个人的兴趣之上（Heller et al., 2005）。书院在完全学分制下，切实落实了"一生一策"政策，学生在导师指导下，可以根据个人的发展需求和兴趣取向，制定个性化的培养方案；同时配套的是本博贯通制度，可以充分调动学生的积极性和主动性，规划自身的发展路径，此时，书院、导师和其他行政人员为学生提供必要的支持，这正是体现了对拔尖学生个性化发展需求的重视。

（四）加强思想引领，引导学生的成就动机，使学生产生专业承诺

强基计划在价值取向上是社会本位和个人本位的协调，但是有些学生参与强基计划可能主要以自我实现为目的，个人目标并未整合到项目目标中，这可能与强基计划本身培养的方向和目标相冲突。如何在培养目标的

定位上平衡好社会价值导向和个体发展需求，应是我国拔尖项目关注的重点。一方面，在拔尖人才选拔环节，要向候选人阐明项目目标，并将学生的非认知个性特征和旨趣志趣等因素纳入考察。如清华大学强基计划在人才选拔时就强调学生应当"肩负使命、志趣坚定、志向远大"；在拔尖人才培养环节，应当特别注重价值塑造和社会责任感的培养。高校可以借鉴清华大学强基书院的经验，以课程为载体，在课程内容中融入对价值观的引导，强化使命驱动；以党团班建设活动为载体，组织学生开展红色基地的实地调研和考察，在讲座、谈话和其他系列活动中秉持"又红又专"的教育理念，从而影响强基学生的社会责任感、成就动机等非认知因素，使学生将个人发展目标与国家和社会发展目标相融合，产生以为他人、社会和国家创造价值为己任的内驱力。这种内驱力正是使强基学生克服浮躁、突破狭隘，产生无穷动力和创造力的源泉。

另一方面，强基计划的项目管理者应当意识到，强化使命驱动并不是片面要求拔尖人才迎合社会需求和外部标准。因此，在培养过程中，拔尖人才培养项目应该评估每个学生的发展取向，并将其纳入量身定制的个人培养方案。此外，在拔尖人才项目中，要为学生提供职业教练，定期对拔尖学生进行发展路径和职业规划诊断，及时了解拔尖学生的心理动态和发展需求，帮助其优化心理生态并共同探索感兴趣的领域，从而达成整合外部设定目标和个体发展目标的结果。

第四节　中国拔尖人才培养的误区与重构方向

中国精英大学在拔尖人才培养的道路上已上下求索了 40 年，但依旧无法回应"钱学森之问"。习近平总书记曾深刻总结了中国拔尖人才培养的不足，"创新型科技人才结构性不足矛盾突出，世界级科技大师缺乏，领军人才、尖子人才不足"。中国精英大学在拔尖人才的选拔方式、培养方式、培养过程、培养目标和培养效果中存在怎样的误区与困惑？如何优化目前的培养理念、思维和方法？本小节试图从国际拔尖人才理论和我国实践经验层面对这些问题进行理论探讨，指出重构的思路和方向。

一、中国拔尖人才培养的误区

（一）拔尖人才选拔的误区：成绩的窠臼

什么样的学生应该被选拔和甄别出来？这是困扰精英大学一个长久的

话题，尤其是精英大学中的拔尖人才项目的管理者们。杜威曾说过，找到那些"眼睛发亮""灵魂有光"的人，但对于拔尖人才选拔的具体标准是什么？

我国精英大学围绕"专业领域"（Domain-Centered）而不是拔尖学生（Person-Centered）来构建拔尖人才教育（Yan et al., 2016）。多数拔尖创新人才计划都看重学生在专业领域显示出来的成就，即采用以"专业"领域为中心的策略来选拔学生进入人才培养计划。例如，"基础学科拔尖学生培养试验计划"（简称"珠峰计划"）选拔学生过程中，奥赛奖牌获得者、高考状元、自主招生考试优胜者和入校后二次考试各占相当比例。"在专业领域显示出来的成就"在现实的操作中简化为高考成绩和各种奥赛奖项。这种选拔方式的最大误区便正如戴耘所言，如果以"专业"为中心作为选拔和鉴别拔尖学生的主要标准，则无法将一个恰好能够熟练掌握专业材料（或者熟悉考试模式/套路）的人与另一个对专业领域有深入洞见的人区分开来（Dai, 2010）。执着于专业领域通过考试或者竞赛成绩作为拔尖创新人才项目的主要录取标准，存在以下两个弊端。

（1）因"唯成绩论"错过许多有潜力成为拔尖人才的学生。虽然竞争者的能力倾向是连续分布的，但是考试是一种"设立围墙"的行为，它在最后一名入选者和最前面一名淘汰者之间设立了一条断裂的、严厉的社会边界（布迪厄，2004）。德国学者茨格勒在谈到对拔尖人才选拔标准时提出：假设篮球比赛的规则改变了——将篮筐的高度较之以前规定调低 20 厘米。规则改变将会显著降低比赛中篮球球员身高的重要性。在规则生效的瞬间，许多被认为在这个领域中有天赋的球员会"失去"他们的天赋，而很多被认为没有前途的运动员的天赋会获得"增益"（Ziegler, 2005）。茨格勒指出天赋和卓越不应是一个固定的点，而是一个复杂的发展路径。个体能否成长为拔尖人才是一个复杂的主体行动选择过程。如果单独偏重于利用后天成就标准来甄别拔尖人才，有可能漏掉一些天赋异禀但缺乏适宜的发展环境和机会而无法真正使其智力潜能完全展示的学生（Yan et al., 2016）。

（2）以考试成绩（高考或者奥赛）作为标准，会将熟悉竞赛考试模式但对专业领域并无热忱或者"高分低能"的学生选入拔尖人才计划。对于"基础学科拔尖学生培养试验计划"的实证研究表明，有些学生之所以选择某个领域的拔尖计划，并非因为其对身心的挑战，抑或是在审美、哲学、精神层面上存在内在吸引力，而是因为社会期望和同伴压力。在学生看来，入选各类拔尖人才计划并获得文凭被认为是优于其他同等学历学生的特殊荣誉，而没有进入精英大学各类拔尖计划的学生，则会被认为是缺少某种文化资本（Yan et al., 2016）。格兰特和彼得沃斯基指出，当追求知识和技能被沽名钓誉所取代，才能发展（Talent Development）和个人成长（Personal Growth）之间便会发生分离（Grant et al., 1999）。当知识的工具性属性凸显后，知识与个人之间有价值的联系将变得肤浅甚至不复存在。系列实证研究表明，由于缺乏与研究领域有价值的联系，这类学生普遍缺乏治学动机，很快会变成拔尖项目中的落后者（Emerick, 1992）。而"高分低能"的拔尖计划入选者，往往是对专业知识精准熟练掌握，但并未展示出卓越的思维结构及推理能力，卓越的思维结构及推理能力才是拔尖创新人才区分于普通人的分水岭（阎琨，2013）。许多高考状元因成绩优异进入"基础学科拔尖人才培养计划"之后，展示出专业领域的"伤仲永"现象说明，过于依赖专业成就/成绩在甄别人才的具体操作上也是有问题的。

笔者认为拔尖人才计划选拔人才目的应该是找到具有特定认知、情感特征的个体，并且个体能够在优势和兴趣模式之间形成最佳匹配。选拔机制的核心应该考察在学习者的偏好、特长、志趣与学科知识之间，在学习者的心智结构与学科的深层文化结构之间有无选择的默契感和选择的亲和感（阎琨，2013；刘云杉，2017）。

（二）拔尖人才培养方式的两难处境："圈养"还是"散养"，"同质化"还是"异质化"课程

中国的精英大学选择将高水平的拔尖学生聚集在一个项目单独培养，即"圈养"（Homogenous Grouping）。但是否应该将拔尖学生独立分班，并给予"同质化"课程一直是广富争议的论题。

中国的基础学科拔尖计划，如清华的"学堂计划班"大都采用"圈养"而非"散养"。中国拔尖人才的培养理念暗合了布尔迪厄的论断，精英之所以产生是基于某种封闭性的环境，这种封闭性不一定是物理空间的封闭而是来源于一种象征性的封闭（或者是一种群体精神），这种抽象性的封闭导致了一大批具有同样心智结构的人与其他人分隔开来，并且由于心智结构上的统一（也就是具有相同的习惯或者习性）造成了垄断，而这种垄断一旦得到认同就会产生精英群体。中国精英大学中的拔尖人才培养既是物理性封闭同时也是象征性封闭。"精英学校用一种'选择性禁闭'挑选并培养精英，既给予他们严酷的苦行，又赋予他们某种卡里斯玛的特征，使他们成为学生中的贵族，具有某种尊严感、荣誉感乃至义务感。"（布迪厄，2004）而西方国家的拔尖人才培养更多采用的是"散养"模式，用荣誉学院（Honor School）模式把各学院拔尖学生形式上集中，但实际上学生依然在各实体学院上课。欧美国家认为"散养"模式使学生各种可能的天赋都呈开放状态，不再局限于某个专业领域。

顺着"散养"和"圈养"的矛盾，便出现高度"同质化"课程与提供"异质化"课程进行因材施教的矛盾。目前精英大学的"基础学科拔尖创新人才培养计划"支持的系列项目，基本提供的是"同质化"课程。但正如亚当穆斯（Adams-Byers）等指出的，拔尖人才教育，即便是独立成班的拔尖人才班级（Self-Contained Gifted Classroom），也不可能适合所有人，学生能力存在差异（Adams-Byers et al., 2004）。拔尖人才教育和普通教育一样，必须超越"一刀切"的心态。即便学生在项目中被聚集在一起，用"差异化"课程适应个体需求，始终是拔尖人才教育的目标（Tomlinson, 1997）。

系列实证研究结果也表明在拔尖人才项目内部，学生的能力、兴趣与心智结构存在着明显的分层（Dai et al., 2015; Yan et al., 2016）。正如仁祖利指出的，天赋应该分为校舍型天赋和创造型天赋（Renzulli, 1999）。校舍型天赋也被称为应试或课程学习天赋，因为这类学生多数是考试成绩最好的学生。相反地，创造型天赋是指那些对原创性材料和生产创造的发展产生影响力的人类行为。校舍天赋型学生的发展倾向于关注推理性学习、思维过程发展的系统性培训以及信息的获取、存储和检索能力。而创造型天赋的学习情境则强调以整体的、归纳的方式应用信息（内容）和思维技能（过程）。校舍型天赋的学生和创造型天赋的学生对学习情境、课程设置、培养方式等的需求存在明显的差异，但中国精英大学目前的拔尖创新人才培养将所有学生放在一个项目内培养，未能区分学生的类型并相应调整课程体系以适应学生的需求。

精英大学的拔尖人才项目希望培养出大师和伟人，但"一花一世界，一树一菩提"，每个拔尖学生的心智结构都是独一无二的，如何在培养过程中通过设置"异质化"课程或者"个性化"课程来因材施教，对于个体是否可以走向成才之路至关重要。

（三）拔尖人才培养过程的误区：重选拔而轻培育

虽然人才问题一直被认为是中国应对日益激烈的国际环境和挑战之关键，但如何培养拔尖人才的路径和关键节点仍不确定，特别是如何培养有潜力的学生成为顶尖科学家更是缺乏培养范式、理论和模型指导（Simon et al., 2009a, 2009b）。

第五章　我国拔尖人才培养误区和模式重构

国际资优教育界将拔尖人才的培养范式分为三类。第一类是"天才儿童范式"（Gifted Child Paradigm）。此范式认为个体天资是否聪颖是一个预先注定的机制，不能靠后天的培养所获得。后天培养的作用仅仅是让既有天赋逐渐展开。从出生开始，就应该在才能上有"超能""一般"和"低下"之分。"天赋才能"是拔尖学生天生所具有的禀赋，正是这种禀赋使其区别于一般智力的学生。第二类是"天资发展范式"（Talent Development Paradigm）。此范式强调拔尖人才的产生是一个培养锻造的过程。长久的努力、广阔的视野、频繁的练习可以将个人推向创新和卓越。美国学者马尔科姆·格拉德威尔认为，拔尖人才的产生得益于更多的后天因素，如文化背景、家庭培养、时代趋势，乃至教育机会。成才的关键在于个体是否拥有合理运用智商的土壤和环境。德国学者茨格勒指出，"拔尖创新"不是一种个体与生俱来的特性，而是个体在与环境中的一系列复杂互动中得以发展形成。天才、天赋、才能都不是一个固定的点，而是一个复杂的发展路径。第三类是"区分范式"（Differentiation Paradigm）。此范式主张教学和课程都应基于拔尖人才的个体需求，应该为拔尖人才设计一套与其成长匹配、完整的课程体系。因此对于教育者来说，每个学生的个体需求都是"即时性"的。当课程内容落出了学生的发展区域，内容过难或过易以及进程过快或过慢时，区分范式就成为一种必需。区分范式区分的是所教的内容难易、所学的进程快慢、所产出的成果繁简、所享有的教学环境的高下，尤其强调对课程与教学是否与拔尖学生的能力相匹配度的评估和改进（Dai, 2010）。

按照选拔、培育和课程的侧重点，三种范式的区分如表 5–1 所示。

表 5–1　三种拔尖人才培养范式的区分

要素\范式	天才儿童范式	天资发展范式	区分范式
选拔	重视（智商选拔）	重视（专业选拔）	无选拔（认为普通智商的人，也有成为顶尖人才的可能性）
培育	轻视	重视	重视
课程	同质化课程	个性化课程	区分化课程
圈养/散养	圈养	圈养	散养

目前中国精英大学的拔尖人才培养计划在理论层面上并未与这三类国际拔尖人才培养范式完全对接，但在实践操作层面，选拔方式更偏向于

"天资发展范式",培养层面的理念更倾向"大才儿童范式"(Gifted Child Paradigm)。"天才儿童范式"认为天赋是一种相对固定静止于个体身上的特质,培养的功效仅仅是让天赋慢慢展开。精英大学中的拔尖项目基于对天赋智商和能力的特别看重,强调对于拔尖人才的界定甄别、特征与评估,在操作中重选拔而轻培育。从某种程度上而言,筛选功能捆绑了培育功能(刘云杉,2017)。拔尖人才培养计划在项目规划、课程教学、教材选择、教师职业培训、学生职业指导等方面都缺乏系统的顶层设计和理论规划(阎琨,2013;Yan et al., 2016),因此项目的管理者和教师们都必须摸着石头过河,在实践中不断调整和变更人才培养模式、课程体系、教学内容和教学方法。这种项目培养方案的不成熟在很大程度上导致了项目选拔动机与学生个人动机的不适配,以及课程设置与学生学术准备与兴趣间的失调。

中国精英大学的拔尖人才项目应该走出重选拔而轻培育的误区,更多地关注个体学生与拔尖项目教育环境之间的相互作用以及构建个性化的学习途径(Heller, 2012)。一个拔尖人才培养计划,即使非常专业化,也不一定会培养出拔尖人才;普通大学教育如果能很好地满足学生需求,也可以培养出拔尖人才(Pang, 2012)。

各类拔尖人才计划的首要目标是为拔尖学生确定一条通往成功的学习路径,并提供持续的支持性环境以实现其目标。在拔尖人才培养计划和项目启动伊始,项目设计者就应该提出疑问,目前所提供的成长环境是否比拔尖学生原先所处的环境更好,或者比其学校的同类拔尖项目更好?(Zigler, 2005; Zigler & Phillipson, 2012)。倘若精英大学的拔尖创新人才教育项目是人才成长的关键一环,各项目应该评估下拔尖学生未来成才概率可以在多大程度上归功于拔尖项目教育的有效性?换一所大学或者换一个拔尖人才项目,这些拔尖学生是否依然可以成才?专业指导与反馈对拔尖学生未来的卓越的学术成就不可或缺。随着学习者专业水平的不断提高,外界环境应该越来越专业化,更适合学生的具体学习需求(Zigler, 2005)。此外,拔尖人才培养计划的学习环境,包括学习目标、学习计划、课程设置及教材等都应重构和设计以挖掘学生的最大潜能。同时,经过训练的教师应该追踪每个学生的学习进程,尤其是学习时间、学习材料、学习内容以及学习成果。优秀并不简单地体现在个体外部的成功,而是体现在由个人及其环境组成的系统之中(Zigler & Phillipson, 2012)。习近平总书记曾指出,要"顺木之天,以致成性",按照人才成长规律改进人才培养机制。中国精英大学对于人才成长规律的探索目前还是不够的。就像谢维和教授曾指出，我国高等教育对于拔尖人才培养模型的供给是不足的。如何按照人才成长规律，结合中国教育实践来探索中国拔尖创新人才培养模型应该是精英大学拔尖人才培养的重中之重。

（四）拔尖人才培养目标的两难：外部还是内在

拔尖人才的培养目标是什么？从国际拔尖人才教育实践来看，主要有四个维度的培养目标："癌症治疗"说（Cure-For-Cancer Argument）、"增加社会资本"说（Enhancing Social-Capital Argument）、"自我成就"说（Personal Fulfillment Argument）和"独特需求"说（Unique-Needs Argument）（Dai, 2010）。"癌症治疗"说认为，拔尖教育的目的是使每个拔尖学生都有机会成为顶尖的研究人员和创新者，他们将帮助解决全球面临的紧急问题并改善人类境况。"增加社会资本"说认为，社会中最富有能力的人的道德水准提高后，全社会的社会资本将会提高并且得益于由拔尖人才组成的知识精英和权力精英组成的领导层。"自我成就"说认为，拔尖创新人才教育应该重点关注如何让拔尖学生找到自己生活的意义，以满足其愉悦的生活态度，而不是为了达到外部社会的要求。"独特需求"说认为，拔尖学生具有独特的心智结构发展历程，因此拔尖人才教育应该重点关注拔尖学生独特的需要。前两种培养目标即"癌症治疗"说和"增加社会资本"说强调拔尖人才教育的社会属性；而"自我成就"说和"独特需求"说强调拔尖人才教育的个人属性和内在属性。目前中国精英大学中的拔尖项目多侧重于"癌症治疗"说和"增加社会资本"说。

美国心理学会主席斯腾伯格曾指出，目前拔尖人才项目大都没有试图去明确学生的终极人生目标是什么，而是设定了一系列程式化的目标并在不断寻找可以达到这些目标的人（Sternberg, 2003）。我国拔尖创新人才项目培养的情形也大抵如此。以"癌症治疗"说和"增加社会资本"说作为培养目标的底层逻辑，忽视了"独特需求"说和"自我成就"说。中国精英大学的拔尖人才项目，尤其是基础学科拔尖人才培养大多以学生外在成绩和成就而非学生内在的价值和成长（Inherent Worth）来评判拔尖学生的价值。对于天才产出量（Talent Production）和个体的学术成就的日益重视强化了成功导向（Achievement Orientation）和大学、社会过高的期望。这种揠苗助长培养拔尖人才的方式及其带来的问题已经引起国家高层的关注。习近平总书记特别指出："要按照人才成长规律改进人才培养机制，'顺木之天，以致其性'，避免急功近利、拔苗助长。"（习近平，2014）

实证研究表明，面对精英大学拔尖项目的宏大目标，学生个体的诉求盘亘始终。尤其是当专业和自己的志趣不一致时，学生经常会萌发"为项目学，还是为自己学"的疑问（Yan et al., 2016; Dai et al., 2015）。在理论上，个体诉求和项目目标可以达到一个平衡点，但在现实环境中，二者的不协同、不一致甚至冲突屡屡发生（Dai et al., 2015），进而导致了天赋发展（Talent Development）和个人成长（Personal Growth）的割裂。这便促成了精英大学培养的宏大目标与学生的个人发展需求之间的潜在冲突。如何在外部社会价值导向和内在个体诉求上做到平衡，应是拔尖人才项目制定培养目标的难点和重点。

西方资优学界也曾对拔尖人才教育培养的目标进行广泛论争。例如，有学者提出拔尖人才项目应该要求拔尖学生取得外部同质化标准下的成功，还是要教育他们按照自我标准成长并取得自我认可的成功（Roeper, 1996）？有些学者则提出拔尖人才教育是应该更多地关注拔尖学生的天赋才能发展，还是应该更多地关注他们的情感需求（Grant et al., 1999）？舒尔茨曾对拔尖人才教育过分强调学术成就的倾向表示质疑，认为其更重要的目标是培养生命的意义和自我认同感（Schultz, 2002）。尽管中国的精英大学拔尖人才项目都认为项目实践中兼顾了个人和社会层面，但并非所有的项目都做好了满足拔尖学生个体需求的准备。大多数教育工作者和管理人员并未特别关注学生的个体诉求，抑或是关注拔尖学生的独特需求，尤其是对这些拔尖学生的社会和心理需求关注不足。

拔尖学生是一群"心智结构"非常特殊的群体，美国把拔尖人才教育列入"特殊教育"（Special Education）门类。拔尖学生强烈的成功导向和完美主义心态很多时候是成长道路上的"双刃剑"。摩恩等学者因此建议拔尖项目设计者应该高度关注拔尖学生的社会和情感发展，强调拔尖学生独特的心理及教育需求。他们认为，拔尖学生的特殊需求和独特的个人成长模式应该成为教育规划和干预的推动力（Moon et al., 2002）。

（五）拔尖人才培养效果的评价误区：整体评价模型的缺失和个体评价的功利化导向

目前精英大学的拔尖人才培养项目缺乏评价培养效果的指标体系和评价模型。目前对于培养效果的追踪多从毕业生深造数据（如进入名校的比例）来评价拔尖人才培养计划实施效果的做法缺少教育学实证依据，且缺乏对精英大学拔尖人才项目培养现状的监测和评估研究。

在整体评估模型缺乏的情况下，目前对个体评价具有功利化导向。每个学生都被精英大学期待成为大师或出类拔萃的专才，项目越发倾向于对拔尖学生进行彼此比较（阎琨，2013），这打破了拔尖人才教育系统以及拔尖学生个人体系的和谐统一（Pang, 2012）。对个体的学术生产力和成功的日益重视也反映了自我定位与外部定位之间、结果与过程之间失去平衡时教育过程中的多维张力和冲突（Dai et al., 2000）。

二、重构方向

我国精英大学在 40 年拔尖人才培养方面进行了很多有益的探索，但在探索的过程中也不免陷入诸多误区，或陷入两难困境。对误区和困境的理性反思，是优化目前精英大学拔尖人才项目各环节的必由之路。

就选拔方式而言，目前中国精英大学的拔尖人才项目以考试或者竞赛的成绩作为选拔的唯一标准，过于单一。目前精英大学缺乏与国际接轨并适应中国国情的拔尖人才选拔模型，未来重构的方向可以借鉴美国斯坦福大学 EPGY 资优生选拔测试；在美国的分流方案（Project Stream）构建的才能鉴定矩阵（Talent Identification Matrix）及德国的"ENTER"等前沿范式的基础上，结合实践经验，探索一条有中国特色的拔尖人才选拔方法。

就培养方式而言，中外精英大学采用"圈养"和"散养"的方式各自有之，各自成功的范例也有不少。采用"圈养"或"散养"的方式是否是影响培养效果的关键因素有待学界更多的实证研究来确定。而为拔尖学生个体提供"异质化"抑或是"个性化"课程已经成为国际资优界的共识，是拔尖人才项目课程改革的大势所趋。中国的精英大学拔尖人才项目应该跟上国际改革的步伐，要想培养拔尖人才，"首先应积极地促进学生的个性发展，让学生找到自己，为学生提供个性化的课程和学习环境"。重构"个性化"课程和"个性化"的学习环境应该是精英大学拔尖创新人才项目未来重构的重点。

就培养过程而言，精英大学应该走出"重选拔而轻培养"的误区。除了把最优秀的学生选入拔尖项目中，更重要的是为拔尖学生提供一条通往成功的学习路径，并提供持续的支持性环境以有利于实现其目标。要"选拔"和"培养"并重，精英大学各类拔尖项目除了竞争优质生源，还要思考如何保证在拔尖学生进入后，保持优势项目本身的竞争性。实证研究表明目前的拔尖项目在教育供给方面，如项目规划、课程教学、教材选择、教师职业培训、学生职业指导方面等都缺乏系统的设计和理论规划。各类"拔尖计划"作为高校人才培养的领跑者，更应该思考如何切实提高人才培养能力。培养模式走向科学化、规范化、个性化、系统化应该是精英大学拔尖人才项目重构和优化现有培养过程的工作重心。

就培养目标而言,如何在培养目标的定位上平衡好学生内部需求和项目外部要求是未来重构的旨归。如前文所述,目前的拔尖人才项目过于推崇外部的成功导向而忽视了学生内在的需求。精英大学中各类拔尖项目过分强调效率与效用,使得个体成长与天赋发展分离;项目的培养目标和学生的求学动机分离,以及学生的兴趣和能力与项目课程背离。外部成功导向使得学生之间、项目之间、学校之间陷入恶性教育竞争。我们的教育诉求应该从以外部竞争为导向转向以学生个体诉求的人本主义为导向。关注拔尖学生的个体诉求不仅需要关注每个学生的学业、能力、兴趣,而且拔尖项目还应该为拔尖学生配备专业的心理咨询教师。相对剥夺理论(Relative Depression Theory)和环境压迫理论(Environment Depressive Theory)视拔尖人才为最危人群。如何对拔尖学生主观行动空间(Subjective Action Space)进行合理调控,注意拔尖学生心理生态的优化,是中国拔尖人才培养中需要关注的方面。

就拔尖人才培养效果的评估而言,整体性评估的缺失和个体评估的功利化导向是精英大学拔尖人才培养的误区。重构的起点应该首先摒弃当前以进入名校的比例来衡量精英大学拔尖学生培养效果的通用方法。应该建立以科学实证为基础的评估标准和体系,这需要教育界、研究界、学者、项目实践者共同的研发和长久的科学实证探索。另外,评估是为了更好地促进拔尖学生的成长和培养,而个体评估的功利化导向会使评估产生"异化",使学生在一系列同伴比较下不堪重负。茨格勒等学者指出,拔尖项目应该让学生能够愉快地融入个人的整体目标体系,否则项目内的学生迟早会反对甚至逃离这一体系。因此扭转个体评价的功利化导向是未来评估重构的另一关键点。

"盖有非常之功,必待非常之人。"拔尖人才是科技创新的最关键因素。拔尖人才是人类智慧和能力集大成者的代表群体,值得为其建立一个更完善更科学的教育体系。尤其在我国现阶段,拔尖人才的教育被提到规范的研究日程中为时尚短,其科学化和规范化还需要走很长一段路程(阎琨,2013)。学者曼贝尔(Amabile)曾把"拔尖创新"定义为一种汇聚了强烈的内在动机(Intrinsic Motivation)、与具体领域有关的知识和能力(Domain-Relevant Knowledge and Abilities)以及创造力(Creativity-Relevant Skills)相关技能的综合能力(Amabile, 1983; Collins et al., 1999)。如何在精英大学的拔尖人才项目中选拔具备这些潜质的学生,在教学和课程实践中去培养和促成这些特质，和去构建有利于这些特质成长的外部环境，应该是中国精英大学从事拔尖人才教育的管理者和教学者所重点思考和关注的问题。

第五节 中国拔尖人才培养的新模式：
国际比较和模型启示

拔尖人才培养是建设创新型国家的关键。从世界范围看，随着高等教育大众化和普及化进程的加快，对于大部分发达国家和一部分发展中国家而言，高等教育为国家基础岗位培养高素质、专业化劳动力的要求基本能够得到满足。与此同时，经济可持续发展潜力、科技创新能力以及构建人类命运共同体的主张都对人才培养的质量以及人才本身的素质提出了更高要求，越来越多的国家转向精英人力资本开发，大众化教育背景下精英高等教育发展和拔尖人才培养的路径得到更多关注，许多国家把拔尖人才培养提到了国家战略部署的高度。

当今拔尖人才培养在政治、经济和教育等诸多场合被频繁提及，拔尖人才培养也取得了丰硕成果，荣誉学院、书院式培养等拔尖人才培养形式不断涌现。但如本章上节所言，目前我国拔尖人才培养的探索基本处在由政策和社会需求催生而迅速蔓延的阶段，相关利益主体尚未对拔尖人才的内涵和外延形成相对一致的认识，许多涉及拔尖人才培养的本质、方向和路径的问题没有得到重视，在实践中存在许多误区需要规避；同时，学界对拔尖人才的研究还处于相对零散的状态，研究多局限在具体情境之中，缺乏一般性视角下对拔尖人才选拔、培养和评价等问题进行系统化和理论化的厘清。现在，研究者应该超越社会要求和具体情境，回归到对拔尖人才首先作为拥有自然禀赋的生物属性，其次作为社会建构属性的"人"的本质的探究。

本节从拔尖人才选拔—培养有关的国际模型入手，通过回顾和总结拔尖人才领域内国际主流的学派和学者的观点和理论，在此基础上结合中国教育情境和实践现状，构建具有中国特色的拔尖人才选拔和培养模型，为我国在"双一流"建设背景下培养一流拔尖人才提供理论借鉴。

一、拔尖人才选拔模型的国际比较及其对中国的启示

拔尖人才的鉴别和选拔是培养的前提和基础。《教育部等六部门关于

实施基础学科拔尖学生培养2.0的意见》中指出要完善拔尖人才选拔和培养模式。以资优三环模型、ENTER模型和慕尼黑天赋模型为代表的国际资优模型都详细阐述了拔尖人才的选拔步骤和过程。

仁祖利在资优三环模型中提出了拔尖人才选拔的具体步骤。第一步需要确定目标数量。任何一所学校的人才库规模都会因学生群体的总体性质、人力物力资源的可利用性和教师意愿而有所不同。在总体目标数量确定后，仁祖利认为这个数字应该对半分开，其中大约一半的学生将根据考试成绩进行选拔，从而确保这一选拔过程不会歧视传统的高分学生；对于包括在该步骤中的学生，第二步是使用研究型教师推荐量表进行甄别。由于教师推荐在这一选拔系统中起着重要作用，仁祖利建议提供旨在引导教师了解优秀学生行为特征的培训活动。经验表明，绝大多数人才库推荐者来自上述两个步骤。第三步使用父母、同伴或自我推荐，以及根据以前的产出评估。第四步允许教师推荐在前三个步骤中没有被提名的学生，这个"安全阀"可以防止在第二步中推荐者的偏见，并考虑到由于个人/家庭问题或中途离开学校而使得目前无法被鉴定的潜在学生。另一个"安全阀"是行动信息推荐，即为可能表现出非凡创造力、工作热忱或此前未被发掘到的对极具挑战性机会的需求的年轻人提供有针对性服务（Renzulli, 1986）。通过拆分步骤，同时使用定量和定性的数据收集方法，并将教师、家长、学生和同侪等不同群体纳入数据收集对象中，能够全方位收集拔尖学生的潜力和成就信息，减少选拔环节的人才遗漏现象。

慕尼黑天赋模型（MMG）和慕尼黑动态能力—成就模型（MIDAAM）基于多维天赋概念，特别强调天赋和卓越成就的领域特异性。海勒等人指出，要放弃依赖于单一智商阈值的天赋鉴别，将包括智力和创造力在内的认知因素，与任务承诺、学习风格和工作记忆等非认知个体特质纳入考量。状态甄别程序尽可能由过程甄别方法替代完成，且诊断和鉴别应该基于所有可用来源的信息，如生活、问卷和量表测试数据等。拔尖人才选拔通常发生在涉及几个步骤的程序中。首先，通常会有一个筛选过程，该过程应尽量少错失拔尖人才。最常见的方法是使用教师或家长基于特定领域拔尖人才行为特征的操作性定义所推荐的名单。通过这种方式，尽可能广泛地确定认知和动机行为特征的范围，提供关于预测人才和评估表现的信息。由于"软"数据被认为不如测试数据准确，因此需要进一步借助更准确的诊断工具，如慕尼黑高能力测试工具组（Heller & Perleth, 2008）。其次，在选拔中，"带宽—保真度困境"成为不可避免的问题，Ⅰ类错误在于误认为某人有天赋，Ⅱ类错误的风险是未能识别出真正有天赋的个体。

可以使用更加严格的标准减少第Ⅰ类错误，用不那么严格的标准来减少Ⅱ类错误，但不可能同时减少这两类错误，故拔尖人才的选拔需要解决哪种类型的错误更能够被容忍。最后，拔尖人才选拔策略的质量可以从有效性和经济性维度标准进行评估，有效性是指在选拔期间被正确识别为有天赋的学生的百分比。在试图找到所有有天赋的人时，应优先考虑有效性标准（Heller et al., 2005）。

茨格勒和斯特格尔为拔尖人才选拔开发了ENTER模型，该模型被视为独立的识别模型，需要结合具体的天赋理论使用。模型的目的不是将一个人归类为拔尖人才，而是找到一条个性化的学习路径，使个体发展到卓越。该方法不仅要评估实际状态，例如智商，还要考察整个行动的动态发展。ENTER模型由单词探索（Explore）、缩小范围（Narrow）、测试（Test）、评估（Evaluate）和回顾（Review）的首字母组成。前三个步骤主要涉及特定类型数据的收集，后两个步骤则是为了验证识别模型的有效性。在探索阶段，主要选择一个宽松的标准，对个体行为进行一般性的调查，包括对个体及其与周围环境系统的相互作用进行调查，收集初步信息，以获得个体可能的天赋和才能。在该阶段关键是获得与日常生活相关的行为描述，根据选择的资优模型不同，生活数据可能包括智力、创造力、社交能力和动机等，可以通过问卷、访谈和标准化测试的方式从父母、教师和同侪等处获得该信息。缩小范围阶段，根据探索阶段收集的一般信息，继续对拔尖人才及其周围环境，尤其是与父母和老师，进行诊断性访谈，并通过其他方法（例如评分量表，清单，观察）进行补充，试图为个体确定合适的才能领域。在确定了一个合适的才能领域之后，必须进行第三步，即测试，对才能领域中个体必须执行的操作进行规范分析，目标是确定个人的学习路径。对于学习路径是否可以开发的问题，需要评估活动对象是否能够经历复杂的适应，以执行规范分析中分离的行为。总的来说，前三步的关注点集中在探索个体及其在环境系统中的整合情况，为个体确定一个适合才能发展的领域，并确定个性化的学习路径。评估是为了检查结果是否达到鉴别的直接目标。通过回顾，基于鉴别拔尖人才的天赋模型，直接目标在卓越发展的整个过程在事后被批判性阐明（Ziegler et al., 2004）。

上述拔尖人才选拔模型有一定的共性特征，它们都强调多元智能，将天赋禀赋和非认知人格特质纳入拔尖人才的甄别和选拔，而非仅仅关注智力测试。我国拔尖人才选拔应该避免仅关注学生学业成绩，而应将其他诸如创造力、社交能力等多维非认知个性特质纳入选拔考量范围，关注拔尖人才卓越表现的诸多领域。同时，拔尖人才不是固定的和静止的概念，而是个体与环境之间复杂互动、共同进化的发展状态。如慕尼黑模型和 ENTER 模型强调拔尖人才选拔的目的不是选拔人才,而是要关注人才"拔尖化"的动态过程,确定一条适合拔尖人才发展的个性化路径,因此,状态性评估应与过程性评估相结合。在选拔过程中,首先需要确定选拔目的,不同目的决定了选拔程序;还需要确定选拔过程中人力物力资源的局限性。选拔过程要分步骤进行,最初的步骤一般以尽可能宽松的范围减少拔尖人才流失的概率;其次可以通过其他途径将第一步筛选的范围进行缩小和聚焦,提高拔尖人才选拔的精确度。此外,需要构建多主体和多信息源互相结合和补充的拔尖人才选拔模式,把家长、教师、同侪以及拔尖人才自己共同纳入拔尖人才选拔过程,运用量表、问卷、访谈和生活记录等多种鉴别方式,提供从日常生活到专业领域的资料信息,形成对拔尖人才相对全面的鉴定。最后需要对拔尖人才选拔路径的有效性进行评估并及时调整。

二、拔尖人才培养模型的国际比较及其对中国的启示

拔尖人才在国家发展进程中具有导向性作用。在当今中国社会深刻转型的背景下,如何培养拔尖人才是亟须解决的问题。"探索建立拔尖创新人才培养的有效机制,促进拔尖人才脱颖而出,是建设创新型国家,实现中华民族伟大复兴的历史要求,也是当前对高等教育改革的迫切要求。"(教育部,2011)拔尖人才的培养过程主要论争的问题是培养过程中有哪些重要的因素影响着拔尖人才的成长?德国茨格勒的资优行动模型、加涅的天赋—才能转化模型和海勒的慕尼黑模型作为论争的代表模型,从不同层面对问题进行了回应。

资优行动模型理论认为,天赋不是个人属性。模型以个人及其行为为分析的中心,关注个体与模型中各个要素进行复杂互动的过程。从要素论视角看,资优行动模型可以简化为行为库、目标、主观行动空间和环境四个要素。资优行动模型的观点根植于学习理论,认为在通往卓越的道路上,每个个体都有独特的最佳学习路径,该路径弥合了当前状态与可以称为卓越之间的距离。在这过程中,行动者是以永久变化为特征的实体。从动态视角看,拔尖人才的行为是一个打破平衡、不断发展的系统,行动的发展可以被描述为一种复杂的适应性系统,而卓越的发展代表了逐步适应的产物(Ziegler et al., 2011)。从系统视角看,资优行动模型认为在特定领域取得卓越成就之前的漫长学习过程,不只是一种能力的孤立发展,而是对一个复杂系统的适应。模型组成要素以几种不同的方式相互作用,整个

行动群落不断地、系统地修改，模型内所有要素协同进化。在这个过程中，行动群落首先具有足够的灵活性来适应，而行为群落在转化成功之后，系统还要保持足够的稳定性，对威胁稳定性的因素要及时消除。总的来说，拔尖人才培养不是要追踪拔尖人才，而是在一个共同构建的系统中开发人才。系统视角下资优教育的基本原则需要关注人与行为库、目标和环境之间的动态交互，重点是关注系统中所有构成要素的共同进化，密切关注系统内资源的数量和质量，并建设一个个性化的学习途径（Ziegler et al., 2017）。卓越不在于个人，而在于由个人及其环境组成的系统的表现。当一系列相辅相成的因素同时出现时，个体是"有天赋的"（Ziegler & Phillipson, 2012）。

DMGT 模型利用天赋（Giftedness）和才能（Talent）的区别而建立（Gagné, 2004）。当前模型主要由天赋、才能、发展过程、内在催化剂和环境催化剂五个要素构成，可以细分为两组，第一组三个要素的互动描述了才能发展过程的核心，即通过长期的学习、训练和实践过程，将杰出的自然能力（天赋）转化为特定职业领域的高水平技能（才能）；第二组要素有一个共有概念，即催化剂，它们在才能发展过程中起着促进或抑制作用。天才是在能力领域拥有和使用未经训练和自发表达的自然能力。加涅把自然能力分为六个组成部分，其中四个是心智层面的，分别为智力、创造力、社交及感知能力；另外两个是身体层面的肌肉能力和与精细运动控制和反射相关的能力（Gagné, 2010）。个体只有在上述一个或多个自然能力领域中表现出众才能被称为有天赋。才能是由卓越的能力逐渐向特定人类活动领域中训练有素的技能转化而来的，在潜能—成就连续体中，才能是才能发展过程的极限结果。加涅指出，天赋和才能之间没有直接的双向对应关系，根据活动领域的不同，一种特定的自然能力可以在不同技能领域表现出专长。才能发展过程是具体自然能力转化为标志着某一具体职业领域中竞争力和专业程度的技能，加涅将这一发展过程分为活动、投入和进展三个部分，由成熟、非正式学习、正式的非机构学习和正式的机构学习所控制（Gagné, 2004）。当个体获得系统的、以专长为导向的活动项目时，才能发展就开始了；投入是从时间、金钱或心理能量三个维度考量（Gagné, 2011）；而个体从初入专业领域到成为顶尖专家的过程可以划分为新手、高级、精通、专家等一系列阶段。DMGT 模型中的催化剂分为内在催化剂和环境催化剂，二者都可以从其对发展过程的影响方向和因果影响强度两个方面加以审视。内在催化剂分为相对稳定的生理和心理特征以及目标管理过程。其中心理特征包括气质和人格等；而目标管理维度关注个体如何定义他们的卓越目标，以及如何努力实现这些目标，其下设意识、动机和意志三个子维度（Gagné, 2010）。环境催化剂由环境、个体和资源三部分构成（Gagné, 2011）。实际上，DMGT模型中组成要素，两两之间都存在着复杂的双向因果作用。自然能力是拔尖人才成为专才的原材料，能够预测拔尖人才的成就，而个体内在和环境催化剂通常通过作用才能发展过程调节拔尖人才的发展。不过，不同要素在促进专才涌现方面存在差异，一些因素被普遍认为是杰出表现的更有力的预测因素，加涅用GIDE来概括，即因果影响的递减顺序依次为天赋或自然能力、内在催化剂、学习和实践的过程因素以及环境催化剂。从这个角度看，实际上DMGT模型认为，自然能力是后天成就的先决条件，而环境催化剂并非不重要，其对发展过程具有一些有限的直接影响，但大量的环境刺激必须通过个人需求、兴趣和个性特征的筛选，这些要素之间只有协同合作才能更好地促进自然能力向卓越表现的转化。

海勒等人的慕尼黑天赋模型（MMG）将天赋划分为智力、创造力、社会能力、实际知识、艺术（音乐）能力和心理—运动能力等七个相对独立的天赋领域，并将其作为才能表现领域（标准变量）的预测因子；除了认知能力，MMG还涉及动机、工作风格和自我概念等非认知人格特征，以及家庭和学校等社会化因素，它们是在各个领域中将个人潜能转化为杰出表现的调节变量。换言之，基于诊断—预测方法，MMG中的天赋因素、个体非认知人格特征和社会文化条件三者与特定领域成就之间存在相对明确的因果关系。随后，珀斯和茨格勒指出，达到高水平专业的先决条件还包括保持一个积极的、与目标相关的学习过程，也即埃里克森等人所说的"刻意练习"（Perleth et al., 1997）。在此基础上发展起来的MDAAM作为天赋、专业知识研究和成就的整合框架，弥合了前瞻性传统天赋研究和更面向过程的认知和专业研究领域之间的差距。在MDAAM中，个人特征包括注意力控制、习惯、工作记忆、活动水平以及感知或运动技能方面，它们代表了个人的基本认知技能，可以被视为学习和成就的先决条件。MDAAM区分了与学校和职业培训主要阶段相关的成就或专长发展阶段：学龄前、学龄、大学或职业培训，特定的学习过程归属于这些阶段，它们用于塑造能力，故每个阶段重点形成的能力和知识有所不同。在这个过程中，个体非认知特征，如兴趣、动机特征等也与知识和能力的获得过程相互作用。MDAAM还强调了学习环境的各个方面，它们同样对拔尖人才发展产生影响，但不同阶段起主要作用的环境略有不同。总之，最终拔尖人才卓越绩效的形成与天赋能力、环境和非认知个体特质有关，而在走向卓越的过程中，积极的学习过程具有重要作用。

从上述模型中可以看出，拔尖人才的培养是有天赋的个体"拔尖化"的动态过程。这一过程除了受自然能力或天赋影响，还是非认知人格特征、环境以及学习过程等诸多因素共同作用的结果。因此，将潜力转化为适当的学习或学术上的表现需要有动机的学习和一些个人的前提条件，以及支持性的学习环境。理论研究者和教育实践者需要从全局视角，系统考量具体情境中每个因素对卓越发挥的作用，随着拔尖人才行为库的不断扩大，家庭、学校和社会所提供的环境本身也必须支持此过程，也即要求随着拔尖人才水平的不断提高，提供的外界环境，包括设备、信息、资源和服务等应该日益专业化，更适合其特定学习需求。例如，教师需要充分意识到拔尖人才新的能力水平，并根据适当的困难水平和相关反馈调整未来的教学活动。并且，每个个体在通往卓越表现的道路上，都有一条个性化的发展路径。在当前我国拔尖人才培养存在千人一面问题的情况下，学校需要因材施教，遵循差异化原则，为拔尖人才提供独特的培养路径。在实践中，这包括为不同天赋类型提供特定的学习环境和课程。与此同时，在拔尖人才培养中，要将过程性评价和总结性评价相结合，及时对人才培养质量进行反馈。

三、拔尖人才社会责任力模型的国际比较及其对中国的启示

拔尖人才是一种社会建构，资优模型往往反映社会所重视和希望培养的理想行为和潜力（Sternberg et al., 1986）。由国务院印发的《统筹推进世界一流大学和一流学科建设总体方案》指出，要着力培养具有历史使命感和社会责任心的优秀人才；教育部等六部门《关于实施基础学科拔尖学生培养计划2.0的意见》也提出拔尖人才培养要强化使命驱动，引导学生面向国家战略需求和人类未来发展，应对人类未来重大挑战，树立破解人类发展难题的远大志向。仁祖利的资优三环理论和斯腾伯格的WICS都是将社会责任力纳入模型的典型。

仁祖利区分了校舍型天赋和创造型天赋。前者也被称作应试或课程学习天赋，它是最容易通过智力或其他认知能力测试来测量的类型，人们在智商和性向测验中展示的能力正是传统学校学习情境中最受重视的能力；而后者更关注个体的想法和工作实际上会对他人产生影响并引起变化的创造性行为。随着研究的深入和理论的发展，以及长期以来理论界对资优教育在培养各行各业具有高度道德感、责任感和领导潜力的人方面所应发挥的作用对现代社会中创造价值观、规范和社会信任的社会资本显著下降的

关注，仁祖利又提出千鸟格经纬论。

斯腾伯格希望建立一个识别未来天才领导者的通用模型，从而精准挑出那些不仅天资过人，而且有能力将天赋转化为能改变世界的影响力的拔尖人才。WICS 模型可以定义天才领导者的共同特质，WICS 模型分别代表智慧（Wisdom）、智能（Intelligence）、创造力（Creativity）以及综合运用能力（Synthesized）。根据这个模型，智慧、智能和创造力是未来天才领导人的必备条件，但这三者并非并列，而是有层次之别，其中智能是创造力和智慧的基础，创造力又是智慧的基础。个体只有在拥有智慧、智能和创造力并将这三者加以综合运用时，才能成为对共同福祉作贡献的杰出领导者。如果说智能和创造力特质属于一般天赋模型层面，WICS 模型的智慧要素则通过强调未来领导者的社会责任感和关注共同利益而有别于诸多天赋模型。在智能和创造力之上，拔尖人才还需要基于智慧的能力（Wisdom-Based Skills），即将共同体利益置于个人利益之上的能力（Sternberg, 1990b）。斯腾伯格把智慧定义为对于智能和创造力的协调运用（Sternberg, 2003），是对拔尖人才选拔的最高等级标准。智慧要求个体在短期效应和长期效应上追求个体内部、人际以及个体外部三方利益的平衡，拥有智慧的人不仅会寻求个人利益，还会寻求他人的共同利益，乃至社区和国家的利益，以此来达到帮助自己或他人适应已有的环境、改造现有的环境使得其与自己或他人更相融以及创造出一个新的环境使这三者间相平衡的目的。

承担社会责任是社会对拔尖人才的要求，也是越来越多国家从顶层设计角度部署拔尖人才培养战略的原因之一。在仁祖利和斯腾伯格的天赋模型中，未来领导者除了具有超常的知识和能力，还应该具有超越性价值，强烈的社会责任感和关注共同利益，这是拔尖人才能够承担引领社会发展方向的重要要求。在全球化进程不断加快以及民族国家主权不断兴起的双重背景下，未来领导者更应该关注人类发展的重大命题，具备为人类共同福祉而奋斗的意愿。而具备社会责任力的拔尖人才，首要具备的应是智能、判断力和实践能力，热忱、勇气和人道主义精神。当前我国对拔尖人才的培养还主要集中在智力开发和创造力提升等实用性维度，对于道德层面的社会责任力及其他认知情谊因素的关注不够。今后我国培养未来世界的全球领导者，应该将多元价值观的体认、社会责任感纳入培养模型，在选拔中重视价值观和个人志趣的考察，在培养过程中融入人类公共议题的讨论，注重普世和哲学层面的价值引导，促使拔尖人才能够发展出"铁肩担道义"意识，达成提升社会资本容量的目标。

四、拔尖人才创造力模型的国际比较及其对中国的启示

在中外话语中,"拔尖"和"创新"两个词一直密不可分。由国务院印发的《统筹推进世界一流大学和一流学科建设总体方案的通知》提出培养拔尖人才,全面提升学生的创造能力是"双一流"建设的重要任务之一;《中国教育现代化 2035》也提出要加强创新人才特别是拔尖创新人才的培养。荣可指出,不同领域的天赋之间有着清晰的范围差异,例如数学天赋、音乐天赋和语言天赋之间存在很多的区别;但这些天赋之所以都能被称作资优,它们之间存在共性特征,即所有天才都表现出一种创造性工作的潜力(Runco, 2005)。

资优三环模型和 WICS 模型都将创造力作为重要维度纳入资优模型。在斯腾伯格看来,创造是一个漫长的完整过程,从一个原创性想法诞生开始,以它被社会认可作为结束(Sternberg, 2018a)。斯腾伯格认为创造力并不一定是与生俱来的,创新能力、分析能力和实践能力三种智能是创造力的基础,它们都可以通过后天学习获得(Sternberg, 2003)。拔尖创新人才具有批评性思维,他们也愿意思考别人未曾涉足的领域。然而,原创性思想只是创造的一部分,创造的关键在于个体能否预见到这个思想所带来的后果并有勇气和能力战胜它们。也就是说,有创造力的人需要同时具备卓越的认知能力,还要在遇到质疑和反对时能够坚持下去,用强大的实践能力推销自己的创造,并勇于承担失败的风险。斯腾伯格列举了形成创造力的六个要素,分别为智能、知识、思维方式、性格、动机和环境。仁祖利提出创造生产型天赋创造型天赋的发展是增加个体的想法和工作实际上对他人产生影响并引起变化的可能性;而资优三环理论是一个试图描述人类创造型生产潜力的主要维度的理论,这是一种以受众和产品为导向定义创造力的观点。对富有创造生产力的人的持续研究表明,那些因其独特的成就和创造性贡献而获得认可的人拥有一组相对明确的三个相互关联的特质,分别为高于平均水平的能力、工作热忱和创造力。没有单一的特质能够"造就资优",这三个特质之间的相互作用才是创造生产型成就的必要组成部分(Renzulli, 2005)。

WICS 模型和资优三环模型都意味只有被社会认可的表现才能体现创造力的观点,其除了创造力,还需要其他属性,特别是分享、表达和最终承认。荣可指出,如果创造力仅仅是根据某些社会标准来定义的,按照客观表现和实际产出来衡量,那么儿童被认定为创造性天才的机会就很小。创造力的产出观未能认识到创造性的潜力和早期的人才形式,对于儿童而

言，首要关注的应该是创造性潜力，而不是创造性表现（Runco, 2003），创造性产出的前提假设是一个领域中有用的产出，这个假设可能不适用于日常的创造力（Richards, 1990）。荣可提出的个体创造力理论认为创造力作为个人意义建构，应该用个人结构和必要的认知过程来定义，这些过程应该与表现分开，而关注创造过程和创造行为背后的机制（Runco, 2003）。个体创造力理论认为，同化是创造力产生的重要机制，通过解释和转换来描述。个体在形成一种理解时，往往是在建构原始而有意义的解释，这是产生创造性思维所必需的过程。正如皮亚杰所说，"理解就是创造"。创造力的另一作用机制是判断力。创造性包括对经验进行原创性和有意义的解释及判断，以知道什么时候是有用的创造，什么时候是不明智的创造。判断力清楚地将成熟和不成熟的创造力区分开来。动机和意图是创造性行为产生的另一重要机制。在荣可和昌德提出的创造性思维二级模型中，创造性思维的基本成分包括两个层级：初级成分，即问题提出、构思和评价三个方面能力；次级成分，即个体拥有的内外部动机和知识两个方面（Runco et al., 1995）。荣可指出，除非儿童有动机，否则他/她不会选择将自己的努力投入原创性解释中去，这就是皮亚杰的理论通常被描述为能力或潜力理论的原因。能力潜力和实际表现之间有很大的差别；不论是认知技能，还是对个体创造力至关重要的判断力和原创性解释，个体都需要有动力使用这些技能。

在当前我国"大众创新，万众创业"的"双创"背景下，拔尖人才的培养更加强调创新属性。不论是以产品和社会认可为标志的社会创造力理论，还是个体创造力理论，都体现了创造力是拔尖人才所具备的重要特质，是个体在特定领域实现卓越表现的基础。资优模型同时指出，单一的创造力特质无法促成拔尖人才的发展，个体需要与其他认知及情感、动机等非认知人格特质进行互动，并在环境因素的调节下，最终对拔尖人才的表现产生影响。那么对于社会来说，需要营造一种鼓励创新尝试、宽容失败的氛围，在价值取向上从重视创新的结果向重视创新过程转变，善于发现拔尖人才创造性思想和行为的潜在价值。同时，正如荣可所认为的，创造力与个体阐释有关，国家和社会应该鼓励拔尖人才的个性化发展。由于每个人都有产生创造性行为的能力且这种能力可以在实践中习得，因此，高校、教师和家长应该保护拔尖人才的想象力，并通过提供批判性思维、发散能力训练以及多样化的创新实践活动等，培养拔尖人才的创造力。对于拔尖人才个体来说，不仅需要有意识地参与创造力训练，还要有决心、毅力、判断的能力以及承担失败风险的心理准备，更要有将创造性成果"低买高卖"的实践能力，提高创新成果的转化效率。

五、我国拔尖人才培养的新模型构建

在全球化背景下，国际竞争实质上是人才的竞争，而其中越发凸显拔尖人才在引领社会发展时所起的导向作用。尤其是越来越多的国家把拔尖人才培养提到国家战略的高度，自上而下系统地开展拔尖人才选拔和培养活动。当前我国经济社会正处于内涵式发展的转型期，以及高等教育大众化阶段背景下的"双一流"建设的初创期，国家和社会对精英拔尖人才的需求规模空前之大。党中央、国务院等机构多次在文件中提到要创新拔尖人才选拔方式，完善拔尖人才培养模式。目前我国学术界对拔尖人才的关注度也不断增加，但研究主要集中在零散的实证探讨，亟须系统的理论指导和模型构建。本书试图通过梳理国际主要的资优模型，结合中国具体教育国情，尝试构建拔尖人才选拔—培养—评价模型，具体如图5-2所示。

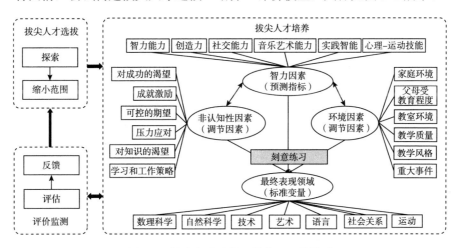

图 5-2 拔尖人才选拔—培养—评价模型

（一）选拔

当前学界普遍认为，拔尖人才的智力因素是综合性的整体结构，智力能力、创造力、社会责任力、艺术以及运动能力等都逐渐被纳入拔尖人才选拔的范畴。但我国拔尖人才选拔领域集中在基础学科领域，主要强调部分智力因素特征；选拔方式以考试或竞赛成绩作为主要的选拔标准，在选拔中对学生的兴趣和心智结构等个体因素缺乏整体考虑（阎琨，2018b）。与之对应的，选拔主体主要集中在政府机构和高校/院系等部门，缺乏对家长、学生、同侪以及社区等主体的纳入。未来我国拔尖人才选拔应当尝试分以下两个步骤进行。

第一步是探索。探索阶段的目的是对拔尖人才候选人进行一般性调查，初步收集潜在培养对象的智力因素和个体的非认知性因素相关信息。其中智力因素包括智力能力、创造力、社交能力、音乐艺术能力、实践智能和心理—运动技能等几个相互独立的天赋领域；而非认知性因素包括动机、对成功的渴望、工作策略、压力应对和自我概念等方面。特别需要指出的是，拔尖学生的志趣、社会责任感和创造力对于培养提升社会资本的创造生产型拔尖人才至关重要，因此在选拔中应当特别关注这些非认知性因素。而为尽可能少地错失拔尖人才，探索阶段设置的标准相对宽松，具体比例需要根据实际的人力物力资源进行综合考量。

潜在选拔对象的获得可以由教师、家长、同辈推荐，以及学生自荐等方式，具体可以结合访谈、问卷、标准化测试以及能力清单等多种形式，获得与日常生活相关的行为描述。基于探索的结果，第二步需要借助更加精确的诊断工具来缩小范围并进行最终选择。多维概念化的测量工具有能力倾向测试、问卷调查以及慕尼黑高能力测试工具组等，如若使用这些研究工具，需要对其进行本土化测试。这里需要指出的是，对于某些特征，还需要使用两种或两种以上的测试，例如，针对较小年龄、中等年龄和较大年龄儿童的认知能力测试需要准备不同的测试工具。同时，智力能力测试和创造力测试等不同天赋能力维度所使用的测试方法有所不同。必要时，可以重复进行缩小范围这一步骤，直至筛选出一定比例的拔尖人才进入培养过程。但在重复测试时需要注意后测的回归效应可能影响选拔结果。

（二）培养

拔尖人才是有天赋（预测指标）的个体在非认知个性因素和环境因素的综合作用下，通过积极的学习过程，最终发展为特定表现领域的专才（标准变量）。也就是说，拔尖人才的最终表现主要受个体因素和环境因素的影响，其中个体因素包括智力因素和非认知性因素。智力因素、非认知性因素和环境因素之间进行复杂的双向互动，其中智力因素是卓越表现的基础，但有天赋的个体并不一定能够成长为特定领域的拔尖人才。非认知性因素和环境因素对拔尖人才的卓越表现起到积极或消极的调节作用。只有这些因素协同发展，才能够营造最佳的复合刺激性拔尖人才培养系统，促进拔尖人才的卓越表现。而当特定领域卓越表现的行为库不断提升时，又反过来对个体的智力因素、非认知性因素以及环境因素产生新的诉求，如此循环。拔尖人才教育的着力点正在于为拔尖学生创造符合认知和非认知特质的个性化环境系统。

从拔尖人才选拔—培养—评价的模型图中可以看出,本模型把拔尖人才自身的动机、兴趣和意志等纳入非认知性因素之中;把拔尖人才发展过程所涉及的家庭和学校因素、同伴和专业团体的作用、资源以及生活中的重大事件等归入环境因素之中,具体可以包括家庭环境刺激、父母受教育水平、学校氛围、教学质量、社会对个体成功和失败的反应等多个方面。此外,珀斯和茨格勒指出,目前资优研究对专业知识发展过程的关注不足,他们认为达到卓越成就水平的先决条件还包括保持一个积极的、长期的、以目标为导向的"刻意练习"过程(Perleth et al., 1997)。语言、自然和社会科学、艺术和社交等不同领域的知识都必须通过"刻意练习"获得,刻意练习促进知识的专业化。拔尖人才选拔—培养—评价模型关注拔尖人才培养的过程性要素,认为智力因素、非认知性因素和环境因素主要通过作用于持续的学习过程,最终实现特定领域的卓越,故将"刻意练习"纳入模型之中。最后是特定专业领域的卓越表现。模型注重卓越表现领域的特异性,将其划分为数理科学、自然科学、技术、艺术、语言、社会关系和运动七个互相独立的领域,拔尖人才可以在其中一个或多个领域表现出卓越的成就。

(三)成果监测

促成拔尖人才在特定领域的卓越表现并不是拔尖人才培养的终点,模型的第三部分是成果监测。如果缺乏对拔尖项目的目的达成情况、拔尖学生受到积极影响的情况等能够证明项目价值的证据,项目质量的提升和改善就无从谈起,政策制定者也可能认为项目是奢侈品,在预算紧张时可以削减(Pfeiffer, 2002),因此评价监测是拔尖人才教育的重要组成部分。评价监测的第一步是评估,判断拔尖人才培养的路径是否符合资优个体的发展,以及培养成果是否达到最初目的。在此基础上将评估结果进行反馈,在拔尖人才选拔和培养两个环节进行相应调整。

1. 评估

评估主要包括两个部分:一是对拔尖项目有效性的评价,二是对在培养阶段确定的发展路径是否适合拔尖人才的评价。

在对拔尖项目有效性的测量上,有学者提出一些方法来评估项目成效,如参照诸如 NAGC 等机构公布的拔尖项目评价标准和其他政策文本进行评价;通过与其他拔尖程序进行比较来评价,例如约翰霍普金斯大学的人才搜索模型与其他更成熟的拔尖项目进行了多维度比较;检查拔尖项目对参与学生发展的影响。在最后一种方法中，研究者普遍将拔尖学生与普通学生进行比较以证明项目有效性，但这一思路存在明显的缺陷。因为拔尖学生本身可能在智力水平和学习动机等个体性因素上优于普通学生，因此难以证明拔尖学生的优秀表现是由项目培养促成的。为了解决这一问题，有学者建议选择适当的评价模型。目前存在的模型如输入—过程—产出模型和准实验模型等。对于前者，输入变量通常是资优学生的认知和非认知个人特征，还包括社会学习环境等条件因素；过程变量与项目干预有关，在拔尖项目中，这些通常是专门的课程等，有时还包括教师培训措施等。输出变量指的是干预效果或产出，即项目对态度或行为变化的影响，或因项目参与而导致的成就改善等（Heller et al., 2002）。但如果我们希望从研究中得出因果推论，以便准确评估拔尖项目的潜在影响，简单的相关性研究不足以揭示这种因果关系，而准实验研究方法可以解决这一问题。一些研究者使用了 PSM 和 RDD 方法，通过构造能够匹配的实验组和对照组，探究拔尖项目对拔尖人才成长的因果作用（Fan et al., 2011; Matthews et al., 2012）。而迄今为止，使用准实验方法评价各种拔尖项目干预成效的研究还很少，在我国更是研究空白，这是今后拔尖人才研究者需要努力探索的方向。而对于在培养阶段确定的发展路径是否适合拔尖人才，项目可以通过定期对拔尖学生进行路径诊断，确定培养中的有效和薄弱环节，并及时协助他们调整发展路径。

2. 反馈

在过往，我国拔尖人才项目较少关注反馈和改进环节。直到"强基计划"，在政策出台之初就特别强调质量保障机制，要求加强对拔尖学生的跟踪评价以及对项目的质量监控和反馈信息。在评估环节，拔尖项目的研究者和实践者已经对于项目整体培养效果和拔尖学生个体发展路径进行评价，并形成相应的材料。在反馈中，应当由拔尖人才教育领域的专家协助，对这些材料进行分析，并形成结论和政策建议，分别反馈给拔尖项目和拔尖学生，以达到改善拔尖项目的选拔和培养策略的目的。

六、结语

拔尖人才是经济发展和科技创新的最核心要素。纵观各国历史，不同领域的拔尖人才是社会变革的重要驱动力，因此对拔尖人才的系统化研究有重要的现实意义。通过对国际主要的资优模型的回顾和总结，笔者发现，对于拔尖人才的选拔而言，在考量学生智力因素的同时，认知和非认知个体特质也应整体纳入筛选范围；在资源许可范围内，拔尖人才选拔应采取在宽口径的基础上进行收缩的策略，以减少选拔过程中拔尖人才的错失率，提高选拔的准确性。在拔尖人才培养上，个体的自然禀赋是拔尖人才在专业领域表现卓越的基础，但有天赋的个体不一定能够成长为专才，其发展过程同时受到环境因素和个体非认知因素的影响。而个体除了在特定领域的卓越表现之外，在一些领域的创造性表现也是拔尖人才所具有的重要特质。此外，作为社会建构的一部分，"为天地立心，为生民立命，为往圣继绝学，为万世开太平"自古以来就是精英知识分子肩负的时代使命。超越狭隘民族主义和极端个人主义，关注人类普遍价值，立足于人类命运共同体，谋求共同福利，是作为未来领导者的拔尖人才应秉持的态度和价值。

拔尖人才自身及其周围环境类似于自然界中的生态系统。卓越不在于个人，而在于由个人及其环境相互作用的系统的表现。只有一系列相辅相成的因素同时出现，个体才能弥合潜能和卓越表现之间的距离。这要求国家、社会、学校、家庭以及拔尖人才自身应当形成合力，共同参与构建最适合拔尖人才发展的个性化路径，引导其探索感兴趣的行为领域，合理调控拔尖人才的主观行动空间，并提供与其天赋因素相匹配的环境；当拔尖人才的行为水平不断提升时，外界提供的环境也应该日趋专业化。

参考文献

中文：

[1] 别敦荣.大学书院的性质与功能［J］.高校教育管理，2015，9(04)：44-49.

[2] 布尔迪厄.国家精英：名牌大学与群体精神［M］.北京：商务印书馆，2004.

[3] 蔡俊兰.继承与创新：香港中文大学书院制研究［J］.高教探索，2017(05)：94-100.

[4] 曹婧.书院精神与今日大学的价值重建［J］.大学教育科学，2013(04)：18-21.

[5] 陈晓斌，龚诗昆.现代大学书院制教育模式的建构路径——评《现代大学制度视域下的大学书院制研究》［J］.高教学刊，2019(04)：52-54.

[6] 陈晓斌.新型书院制：高校学生社区管理模式探索［J］.教育探索，2013(08)：96-99.

[7] 陈廷柱，段梦涵.变迁中的英国寄宿制学院及其对我国高校书院制改革的启示［J］.高等教育研究，2015，36(12)：97-103.

[8] 崔海浪.我国高校书院制建设研究综述［J］.山西师大学报（社会科学版），2015，42(S2)：168-171.

[9] 崔海浪，李昆峰.我国高校"书院制"探索概述与思考［J］.大理学院学报，2015，14(11)：81-87.

[10] 戴耘.拔尖创新人才培养的理论基础和实践思路［J］.华东师范大学学报（教育科学版），2024(1)：1-23.

[11] 德里克·博克.走出象牙塔：现代大学的社会责任［M］.徐小洲，陈军，译.浙江：浙江教育出版社，2001.

[12] 董泽芳，邹泽沛.常春藤大学一流本科人才培养模式的特点与启示［J］.高等教育研究，2019，40(10)：103-109.

[13] 高靓.住宿学院：舶来的是"花枪"还是良方［N］.中国教育报，2012-9-30.

[14] 国家中长期教育改革和发展规划纲要工作小组办公室.国家中长期教育改革和发展规划纲要（2010-2020年）［EB/OL］.(2010-07-29)［2024-01-21］.http://www.moe.gov.cn/srcsite/A01/s7048/201007/t20100729_171904.html?eqid=baf3bec5000a8c5000000006642d0aca.

[15] 郭俊.书院制教育模式的兴起及其发展思考［J］.高等教育研究，2013，34(08)：

76–83.

[16] 国务院. 关于印发统筹推进世界一流大学和一流学科建设总体方案的通知［EB/OL］.（2015-10-24）［2024-01-21］. https：//www.gov.cn/zhengce/content/2015-11/05/content_10269.htm.

[17] 过勇. 本科教育的组织模式：哈佛大学的启示［J］. 高等教育研究, 2016, 37(01)：64–73.

[18] 和飞. 现代大学书院制的内涵与发展目标［J］. 肇庆学院学报, 2013, 34(01)：1–4+12.

[19] 何毅. 书院制改革：本科人才培养的"良方"还是"花枪"——来自9所高校书院制改革的调查与思考［J］. 山东高等教育, 2017, 5(03)：53–62.

[20] 何毅. 现代大学书院的内涵、产生背景及存在逻辑［J］. 现代教育管理, 2016, 6(06)：58–63.

[21] 何毅. 现代大学书院的性质定位及其教育理念［J］. 大学教育科学, 2018(02)：61–67+127.

[22] 何毅, 刘海峰. 现代大学书院兴起的意义与挑战——基于本科教育组织模式的视角［J］. 中国高教研究, 2019(06)：80–86.

[23] 胡适. 书院制史略［J］. 东方杂志, 1924, 21(03).

[24] 扈中平. 教育目的中个人本位论与社会本位论的对立与历史统一［J］. 华南师范大学学报（社会科学版）, 2000(02)：87–94.

[25] 黄新敏, 胡晓敏, 宗晓晓. 基于现代书院制的应用型本科高校大学生核心能力素质提升研究［J］. 教育理论与实践, 2019, 39(03)：3–5.

[26] 蒋香仙, 周平, 洪大用. 国内高校本科拔尖人才培养的实践与思考［J］. 北京教育（高教）, 2012(Z1)：124–126.

[27] 教育部. 关于深化本科教育教学改革全面提高人才培养质量的意见［EB/OL］.（2019-10-08）［2024-01-21］. http：//www.moe.gov.cn/srcsite/A08/s7056/201910/t20191011_402759.html.

[28] 教育部. 关于在部分高校开展基础学科招生改革试点工作的意见［EB/OL］.（2020-01-14）［2024-01-21］. http：//m.moe.gov.cn/srcsite/A15/moe_776/s3258/202001/t20200115_415589.html.

[29] 教育部等六部门. 关于实施基础学科拔尖学生培养计划2.0的意见［EB/OL］.（2018-10-08）［2024-01-21］. http：//www.moe.gov.cn/srcsite/A08/s7056/201810/t20181017_351895.html?eqid=9530439500028eb40000000464268bc2.

[30] 李翠芳, 朱迎玲. 现代高校书院制建设及原因追溯［J］. 煤炭高等教育, 2009, 27(03)：49–51.

[31] 李会春.书院建设在中国:制度与张力[J].教育学术月刊,2017(04):50-58.

[32] 李晓,王斯敏,张春雷,等.书院制:探索"通识教育"的大学之道[N].光明日报,2019-05-21.

[33] 李正,项梦丹.高校书院制育人机制探析[J].高等工程教育研究,2020(05):110-116.

[34] 林健.未来技术学院建设:未来技术领军人才培养[J].清华大学教育研究,2021,42(01):40-50.

[35] 刘道玉.论古代书院教育模式的复兴[J].大学教育科学,2019(05):82-86.

[36] 刘海燕.我国现代大学书院制改革的现状、问题与对策[J].中国高教研究,2017(11):43-48+59.

[37] 刘海燕.现代大学书院制的发展路径、现实困境及对策探讨[J].教育探索,2018(01):56-60.

[38] 刘海燕,陈晓斌.中国大学三种书院教育模式讨论[J].大学教育科学,2018(02):68-74.

[39] 刘海燕,晏维龙.美国大学住宿书院的本土建构及经验启示[J].高教探索,2021(04):92-99.

[40] 刘克利,胡弼成.秉承书院优良传统 重塑中国大学精神[J].高等教育研究,2009,30(06):9-14.

[41] 刘彭芝.关于培养拔尖人才的几点思考[J].教育研究,2010,31(07):104-107.

[42] 刘学燕.大学书院制:高校人才培养模式新探索——国内高校"书院制"研究(2005—2018年)文献综述[J].教育探索,2020(05):12-16.

[43] 刘云杉.自由选择与制度选拔:大众高等教育时代的精英培养——基于北京大学的个案研究[J].北京大学教育评论,2017,15(04):38-74+186.

[44] 柳森.大学书院:如何寻找自身定位[N].解放日报,2012-09-11(010).

[45] 龙跃君.书院制融入我国现代大学的价值探讨[J].大学教育科学,2018(05):50-54+126.

[46] 吕成祯,钟蓉戎.高校荣誉学院内涵式发展的路径探析[J].高等工程教育研究,2016(05):102-105.

[47] 马尔科姆·格拉德威尔.异类:不一样的成功启示录[M].季礼娜,译.北京:中信出版社,2009.

[48] 毛昭娟,许彤.普林斯顿大学夏普罗校长办学理念研究[J].黑龙江教育(高教研究与评估),2012(10):56-58.

[49] 梅贻琦.大学一解[J].清华大学学报(自然科学版),1941(00):1-12.

[50] 孟彦,洪成文.我国大学书院制发展之思考[J].高教探索,2017(03):13-17.

[51] 纽曼.大学的理想[M].徐辉,顾建新,何曙荣,译.浙江:浙江教育出版社,2001.

[52] 石中英.学习领会习近平总书记的教育价值观[J].思想理论教育导刊,2020(09):15-16.

[53] 宋宝萍,王瑞.立德树人视野下高校现代书院制建设研究[J].黑龙江教育(理论与实践),2021(05):33-35.

[54] 苏芃,王小芳.国外大学本科荣誉学位发展、现状及借鉴[J].清华大学教育研究,2017,38(04):73-77+86.

[55] 苏雪云,杨广学."天才"与"专才":英才教育基本概念辨析[J].中国特殊教育,2009(12):59-61+84.

[56] 田建荣.现代大学实行书院制的思考[J].江苏高教,2013(01):60-62.

[57] 陶行知.陶行知全集(第一卷)[M].成都:四川教育出版社,1991.

[58] 万林艳,张楠楠.书院制对大学生思想政治教育的启示[J].思想教育研究,2015(12):55-58.

[59] 王炳照.书院精神的传承与创新[J].华东师范大学学报(教育科学版),2008(01):1-9.

[60] 王洪才.现代大学书院制的兴起、意义与局限[J].济南大学学报(社会科学版),2018,28(03):141-147+160.

[61] 王会金.书院制人才培养:逻辑架构与系统创新——以南京审计学院为例[J].南京审计学院学报,2015,12(06):105-112.

[62] 王相宜,赵娟.中国高校通识教育研究现状、热点与趋势分析——基于CiteSpace可视化分析[J].上饶师范学院学报,2020,40(04):106-110.

[63] 王颖.论书院精神的现代传承——兼谈新亚书院的办学启示[J].河南师范大学学报(哲学社会科学版),2007(05):212-215.

[64] 魏球,朱淑瑜.英美书院制的本土化移植与进路[J].高教探索,2021(04):100-104.

[65] 温旭.中国古代书院精神对现代大学书院制建设的启示[J].教育与教学研究,2014,28(08):26-30.

[66] 吴岩.前瞻布局 领跑未来 培养中华民族伟大复兴的战略力量[J].中国高等教育,2020(19):17-19+25.

[67] 习近平.在中国科学院第十七次院士大会、中国工程院第十二次院士大会上的讲话[EB/OL].(2014-06-12)[2024-01-21].https://www.cas.cn/zt/hyzt/ysdh17th/yw/201406/t20140612_4136458.shtml.

[68] 谢维和.学以为己的德育传统——立德树人的逻辑与实践研究之五[J].人民教

育，2017a（11）：46-48.

[69] 谢维和. 学习成绩背后的"秘密"——立德树人的逻辑与实践研究之二［J］. 人民教育，2017b（8）：33-35.

[70] 徐波. 现代大学书院的样态与建设路径——促进学生学习的视角［J］. 现代大学教育，2021，37（01）：86-91.

[71] 徐松伟，刘兵勇，许贝贝. 新时期我国高校书院制建设现状与思考［J］. 思想政治课研究，2018（06）：102-106.

[72] 阎琨. 拔尖人才培养的国际论争及其启示［J］. 复旦教育论坛，2013，11（4）：5-11.

[73] 阎琨. 中国大学拔尖人才培养项目内部冲突实证研究［J］. 清华大学教育研究，2018a（05）：63-74.

[74] 阎琨. 中国精英大学拔尖人才培养的误区和重构［J］. 高等工程教育研究，2018b，173（06）：167-173.

[75] 晏维龙. 大学书院改革的逻辑［J］. 中国高等教育，2016（20）：47-49.

[76] 叶俊飞. 从"少年班""基地班"到"拔尖计划"的实施——35年来我国基础学科拔尖创新人才培养的回溯与前瞻［J］. 中国高教研究，2014（04）：13-19.

[77] 叶峥嵘. 基于书院制的人才培养改革与大学生发展［J］. 肇庆学院学报，2013，34（01）：5-7.

[78] 于爱涛，孟祥琦. 当代教育视域下书院制学生管理模式探究［J］. 黑龙江高教研究，2015（09）：44-46.

[79] 余东升，彭远威. 我国现代大学书院发展：特征、困境与展望［J］. 深圳大学学报（人文社会科学版），2019，36（01）：113-119.

[80] 乐毅. 简论复旦学院的书院学生管理模式［J］. 国家教育行政学院学报，2008（08）：52-59.

[81] 张湘韵. 现代大学书院制反思：模式移植与精神断层［J］. 贵州社会科学，2019（04）：98-104.

[82] 张晓明. 高校荣誉学院开展同伴教育的探索［J］. 江苏高教，2016（06）：109-112.

[83] 张应强，方华梁. 从生活空间到文化空间：现代大学书院制如何可能［J］. 高等教育研究，2016，37（03）：56-61.

[84] 赵苍丽. 新型书院制与人才培养创新［J］. 江苏高教，2018（02）：27-29.

[85] 周方舒. 社会转型背景下中国高等教育现代书院建设的元分析［J］. 黑龙江高教研究，2018，36（09）：18-21.

[86] 周景春，朱兴涛. 中国书院教育的理念及其现代启示［J］. 现代教育科学，2009（03）：39-44.

[87] 周文杰. 一流本科教育中的管理主义［J］. 北京教育（高教），2020（06）：15-19.

英文：

[1] ACKERMAN P L. Determinants of individual differences during skill acquisition: Cognitive abilities and information processing [J]. *Journal of Experimental Psychology: General*, 1988, 117(3): 288–318.

[2] ADAMS-BYERS J, WHITSELL S S, MOON S M. Gifted students' perceptions of the academic and social/emotional effects of homogeneous and heterogeneous grouping [J]. *Gifted Child Quarterly*, 2004, 48(1): 7–20.

[3] ALLPORT G W. Pattern and growth in personality [M]. New York: Holt, Rinehart and Winston, 1937.

[4] AMABILE T M. The social psychology of creativity: A componential conceptualization [J]. *Journal of Personality and Social Psychology*, 1983, 45(2): 357–376.

[5] AMBROSE D. Morality and high ability: Navigating a landscape of altruism and malevolence [M] // AMBROSE D, CROSS T. Morality, Ethics, and Gifted Minds. Boston, MA: Springer, 2009: 49–71.

[6] AMBROSE D, CROSS T L. Connecting ethics with high ability: An interdisciplinary approach [M] // AMBROSE D, CROSS T. Morality, Ethics, and Gifted Minds. Boston, MA: Springer, 2009: 3–15.

[7] BAER J, KAUFMAN J C. Considering the DMGT: Something old, something new [J]. *High Ability Studies*, 2004, 15(2): 149–150.

[8] BEUTLER L E, ROSNER R. Introduction to psychological assessment [M] // BEUTLER L E, ROSNER R. Integrative Assessment of Adult Personality. New York: The Guilford Press, 1995: 1–24.

[9] BORING E G. Intelligence as the tests test it [M] // JENKINS J J, PATERSON D G. Studies in Individual Differences: The Search for Intelligence. New York: Appleton-Century-Crofts, 1961: 210–214.

[10] BORLAND J H. Evaluating gifted programs [M] // COLONGELO N, DAVIS G. Handbook of Gifted Education. Boston: Ally and Bacon, 1997: 253–266.

[11] BORLAND J H. The death of giftedness [M] // BORLAND J H. Rethinking Gifted Education. New York: Teachers College Press, 2003: 105–124.

[12] BRODY L E, BENBOW C P. Accelerative strategies: How effective are they for the gifted? [J]. *Gifted Child Quarterly*, 1987, 31(3): 105–110.

[13] BRONFENBRENNER U, CECI S J. Nature-nurture reconceptualized in developmental perspective: A bioecological model [J]. *Psychological Review*, 1994, 101(4): 568–586.

[14] CAO C. Chinese science and the 'Nobel Prize complex' [J]. *Minerva: A Review of*

Science, Learning & Policy, 2004, 42: 151–172.

[15] CARROLL J B. Human cognitive abilities: A survey of factor-analytic studies [M]. Cambridge: Cambridge University Press, 1993.

[16] CLARKE A M, STERNBERG R J. Beyond IQ: A triarchic theory of human intelligence [J]. *British Journal of Educational Studies*, 1986, 34(2): 269–287.

[17] COLEMAN M R. Response to intervention (RTI) approaches to identification practices within gifted education [M] // CALLAHAN C M, HERTBERG-DAVIS H L. Fundamentals of Gifted Education: Considering Multiple Perspectives. New York: Routledge, 2012: 152–158.

[18] COLLINS M A, AMABILE T M. Motivation and creativity [M] // STERNGERG R J. Handbook of Creativity. New York: Cambridge University Press, 1983: 297–312.

[19] CSIKSZENTMIHALYI M. Creativity, flow and the psychology of discovery and invention [M] // New York: Harper Collins Publishers, 1996.

[20] CSIKSZENTMIHALYI M, ROBINSON R E. Culture, time, and the development of talent [M] // STERNBERG R J, DAVIDSON J E. Conceptions of Giftedness. New York: Cambridge University Press, 1986: 264–284.

[21] DAI D Y. The nature and nurture of giftedness: A new framework for understanding gifted education [M]. New York: Teachers College Press, 2010.

[22] DAI D Y, CHEN F. Three paradigms of gifted education [J]. *Gifted Child Quarterly*, 2013, 57(3): 151–168.

[23] DAI D Y, RENZULLI J S. Dissociation and integration of talent development and personal growth: Comments and suggestions [J]. *Gifted Child Quarterly*, 2000, 44(4): 247–251.

[24] DAI D Y, STEENBERGEN-HU S. Special class for the gifted young: A 34-year experimentation with early college entrance programs in china [J]. *Roeper Review*, 2015, 37(1): 9–18.

[25] DAMON W. The path to purpose: Helping our children find their calling in life [M]. New York: Simon and Schuster, 2008.

[26] DECI E L, VALLERAND R J, PELLETIER L G, et al. Motivation and education: The self-determination perspective [J]. *Educational Psychologist*, 1991, 26(3–4): 325–346.

[27] DEVER W. The impact of teacher-student relationships on the development of talent: Connections with gagné's DMGT 2.0 [J]. *Journal of Student Engagement*: Education Matters, 2016, 6(1): 2–12.

[28] EMERICK L J. Academic underachievement among the gifted: Students' perceptions of

factors that reverse the pattern [J]. *Gifted Child Quarterly*, 1992, 36(3): 140–146.

[29] ERICSSON K A, CHARNESS N. Expert performance: Its structure and acquisition [J]. *American Psychologist*, 1994, 49(8): 725–747.

[30] ERICSSON K A. The influence of experience and deliberate practice on the development of superior expert performance [M] // ERICSSON K A, et al.. The Cambridge Handbook of Expertise and Expert Performance. Cambridge: Cambridge University Press, 2006: 683–703.

[31] FAN X, NOWELL D L. Using Propensity Score Matching in Educational Research [J]. *Gifted Child Quarterly*, 2001, 55(1): 74–79.

[32] FELDHUSEN J F. A conception of giftedness [M] // HELLER K A, FELDHUSEN J F. Identifying and Nurturing the Gifted: An International Perspective. Lewiston, NY: Hans Huber Publishers, 1986: 33–39.

[33] FELDHUSEN J F. Beyond general giftedness: New ways to identify and educate gifted, talented, and precocious youth [M] // BORLAND J H. Rethinking Gifted Education. New York: Teachers College Press, 2003: 34–45.

[34] FELDMAN D H. A developmental, evolutionary perspective on giftedness [M] // BORLAND J H. Rethinking Gifted Education. New York: Teachers College Press, 2003: 9–33.

[35] FELDMAN D H, BENJAMIN A C. Giftedness as a developmentalist sees it [M] // STERNBERG R J, DAVIDSON J E. Conceptions of Giftedness. New York: Cambridge University Press, 1986: 285–305.

[36] FODOR J A. The modularity of mind [M]. Cambridge, MA: The MIT Press, 1983.

[37] FOREMAN J, VILLANUEVA M. Talents for the greater good: Houndstooth theory and research [J]. *Conceptual Foundations Newsletter*, 2015: 4–10.

[38] FREEMAN J. Permission to be gifted: How conceptions of giftedness can change lives. Sternberg R J, Davidson J E. Conceptions of Giftedness. New York: Cambridge University Press, 2005: 80–97.

[39] FREEMAN J. Morality and giftedness. BALCHIN T, HYMER B, MATTHEWS S D J. The Routledge international companion to gifted education. London and New York:Routledge, 2008: 141–148

[40] GAGNÉ F. Giftedness and talent: Reexamining a reexamination of the definitions [J]. *Gifted Child Quarterly*, 1985, 29(3): 103–112.

[41] GAGNÉ F. From giftedness to talent: A developmental model and its impact on the language of the field [J]. *Roeper Review*, 1995, 18(2): 103–111.

[42] GAGNÉ F. A proposal for subcategories within gifted or talented populations [J]. *Gifted Child Quarterly*, 1998, 42(2): 87–95.

[43] GAGNÉ F. My convictions about the nature of abilities, gifts, and talents [J]. *Journal of the Education of the Gifted*, 1999, 22(2): 109–136.

[44] GAGNÉ F. Understanding the complex choreography of talent development through DMGT-based analysis [J]. *International Handbook of Giftedness and Talent*, 2000, 2: 67–79.

[45] GAGNÉ F. Transforming gifts into talents: The DMGT as a developmental theory [J]. *High Ability Studies*, 2004, 15(2): 119–147.

[46] GAGNÉ F. From gifts to talents: The DMGT as a developmental model [M] // STERNBERG R J, DAVIDSON J E. Conceptions of Giftedness. New York: Cambridge University Press, 2005: 98–119.

[47] GAGNÉ F. Building gifts into talents: Detailed overview of the DMGT2.0 [C] // MACFARLANE B, STAMBAUGH T. Leading Change in Gifted Education: The Festschrift of Dr. Joyce Vantassel-Baska. Waco, TX: Prufrock Press, 2009a: 61–80.

[48] GAGNÉ F. Debating giftedness: Pronat vs. Antinat [M] // International Handbook on Giftedness. Dordrecht: Springer, 2009b: 155–204.

[49] GAGNÉ F. Motivation within the DMGT2.0 framework [J]. *High Ability Studies*, 2010, 21(2): 81–99.

[50] GAGNÉ F. Academic talent development and the equity issue in gifted education [J]. *Talent Development and Excellence*, 2011, 3(1): 3–22.

[51] GAGNÉ F. Comments on the actiotope model [J]. *High Ability Studies*, 2012, 23(1): 53–55.

[52] GAGNÉ F. The DMGT: Changes within, beneath, and beyond [J]. *Talent Development and Excellence*, 2013, 5(1): 5–19.

[53] GAGNÉ F. From genes to talent: The DMGT/CMTD perspective [J]. *Revista De Educacion*, 2015, 368(1): 12–39.

[54] GALTON F. Hereditary genius: An inquiry into its laws and consequences [M]. London: Macmillan Publishers, 1869.

[55] GARDNER H. Frames of mind: The theory of multiple intelligences [M]. New York: Basic Books, 1983.

[56] GARDNER H. The theory of multiple intelligences [J]. *Annals of Dyslexia*, 1987, 37(1):19–35.

[57] GLADWELL M. Outliers: The story of success [M]. New York: Hachette Book Group,

2008.

[58] GONG P. Cultural history holds back chinese research [J]. *Nature*, 2012, 481(7382): 411.

[59] GRANT B A, PIECHOWSKI M M. Theories and the good: Toward child-centered gifted education [J]. *Gifted Child Quarterly*, 1999, 43(1): 4–12.

[60] GRASSINGER R, PORATH M, ZIEGLER A. Mentoring the gifted: A conceptual analysis [J]. *High Ability Studies*, 2010, 21(1): 27–46.

[61] GRINDER R E. Sources of giftedness in nature and nurture: Historical origins of enduring controversies [J]. *Gifted Child Quarterly*, 1990, 34(2): 50–55.

[62] GRUBER H E. The self-construction of the extraordinary [M] // STERNBERG R J, DAVIDSON J E. Conceptions of Giftedness. Cambridge, England: Cambridge University Press, 1986: 247–263.

[63] HERNANDEZ DE HAHN L. Socially responsible citizens: Promoting gifts and talents that support social and humanitarian advancement [J]. *International Studies in Sociology of Education*, 2014, 24(4): 415–434.

[64] HATANO G, INAGAKI K. Two courses of expertise [M] // STEVENSON H, AZUMA H, HAKUTA A. Child Development and Education in Japan. Washington: Center for Applied Linguistics, 1986: 27–36.

[65] HELLER K A. Perspectives on the diagnosis of giftedness [J]. *German Journal of Psychology*, 1989(2): 140–159.

[66] HELLER K A. Goals, methods and first results from the munich longitudinal study of giftedness in west germany [M] // TAYLOR C W. Expanding Awareness of Creative Potentials Worldwide. New York: Trillium Press, 1990: 538–543.

[67] HELLER K A. Individual (learning and motivational) needs versus instructional conditions of gifted education [J]. *High Ability Studies*, 1999, 10(1): 9–21.

[68] HELLER K A. Different research paradigms concerning giftedness and gifted education: Shall ever they meet? [J]. *High Ability Studies*, 2012, 23(1): 73–75.

[69] HELLER K A, HANY E A. Identification, development and achievement analysis of talented and gifted children in West Germany [M] // HELLER K A, FELDHUSEN J F. Identifying and Nurturing the Gifted: An International Perspective. Lewiston, NY: Hans Huber Publishers, 1986: 67–82.

[70] HELLER K A, Hany E A. Identification of gifted and talented students [J]. *Psychology Science*, 2004, 46(3): 302–323.

[71] HELLER K A, PERLETH C. The munich high ability test battery (MHBT): A

multidimensional, multimethod approach [J]. *Psychology Science*, 2008, 50(2): 173-188.

[72] HELLER K A, PERLETH C, LIM T K. The munich model of giftedness designed to identify and promote gifted students [M] // STERNBERG R J, DAVIDSON J E. Conceptions of Giftedness. New York: Cambridge University Press, 2005: 147-170.

[73] HELLER K A, SCHOFIELD N J. Identification and nurturing the gifted from an international perspective [M] // Handbook of Giftedness in Children. Boston, MA: Springer, 2008: 93-114.

[74] HELLER K A, REIMANN R. Theoretical and methodological problems of a 10-year follow-up program evaluation study [J]. *European Journal of Psychological Assessment*, 2002, 18(3), 229-241.

[75] HERTZOG N B. Impact of gifted programs from the students' perspectives [J]. *Gifted Child Quarterly*, 2003, 47(2): 131-143.

[76] HOLLINGWORTH L S. Children above 180 IQ [M]. New York: World Book, 1942.

[77] HORN J L, CATTELL R B. Refinement and test of the theory of fluid and crystallized general intelligences [J]. *Journal Education Psychology*, 1966, 57(5): 253-270.

[78] HUANG S P, KONG Y, CHENG Y. Public images of gifted programs in china: A 38-year analysis of chinese news reports on gifted education [J]. *Gifted and Talented International*, 2018, 33(1-2): 41-51.

[79] IBATA-ARENS K C. Race to the future: Innovations in gifted and enrichment education in asia, and implications for the united states [J]. *Administrative Sciences*, 2012, 2(1): 1-25.

[80] KAUFMAN J C, BEGHETTO R A. Beyond big and little: The four c model of creativity [J]. *Review of General Psychology*, 2009, 13(1): 1-12.

[81] KIDDER R M. Moral courage: Taking action when your values are put to the test [M]. New York: William Morrow, 2005.

[82] KIRBY W C. The chinese century? The challenges of higher education [J]. *Daedalus*, 2014, 143(2): 145-156.

[83] Kohlberg L, Hersh R H. Moral development: A review of the theory [J]. *Theory into Practice*, 1977, 16(2),53-59.

[84] KULIK J A, KULIK C C. Ability grouping [M] // COLANGELO N, DAVIS G A. Handbook of Gifted Education. Boston: Allyn and Bacon, 1997: 230-242.

[85] KUHN T S. The structure of scientific revolution [M]. Chicago: University of Chicago Press, 1962.

[86] LOHMAN D F. An aptitude perspective on talent: Implications for identification of academically gifted minority students [J]. *Journal for the Education of the Gifted*, 2005, 28(3–4): 333–360.

[87] LOHMAN D F. Identifying academically talented students: Some general principles, two specific procedures [M] // SHAVININA L V. International Handbook of Giftedness. New York: Springer Science, 2009: 971–997.

[88] LOVECKY D V. Identity development in gifted children: Moral sensitivity [J]. *Roeper Review*, 1997, 20(2): 90–94.

[89] LYKKEN D T. Research with twins: The concept of emergenesis [J]. *Psychophysiology*, 1982, 19(4): 361–372.

[90] MARLAND S P. Education of the gifted and talented-volume 1: Report to the congress of the united states by the us commissioner of education [M]. 1971.

[91] MARSH H W, HAU K T. Big-fish-little-pond-effect on academic self-concept: A cross-cultural (26-country) test of the negative effects of academic selective schools [J]. *American Psychologist*, 2003, 58: 364–376.

[92] MATTHEWS D J, FOSTER J F. Mystery to mastery: Shifting paradigms in gifted education [J]. *Roeper Review*, 2006, 28(2): 64–69.

[93] MATTHEWS M S, PETERS S J, HOUSAND A M. Regression discontinuity design in gifted and talented education research [J]. *Gifted Child Quarterly*, 2012, 56(2): 105–112.

[94] MONKS F J. Development of gifted children: The issue of identification and programming [C] // MONKS F J, PETERS W A M. Talent for the Future: Proceedings of the Ninth World Conference on Gifted and Talented Children. Netherlands: Van Gorcum, 1992: 191–202.

[95] MOON S M, ROSSELLI H C. Developing gifted programs [M] // HELLER K A, et al.. International Handbook Giftedness and Talent. New York: Pergamon Press, 2000: 499–521.

[96] MOON S M, SWIFT M, SHALLENBERGER A. Perceptions of a self-contained cass for fourth and fith-grade students with high to extreme levels of intellectual giftedness [J]. *Gifted Child Quarterly*, 2002, 46(1): 64–79.

[97] MORELOCK M J. On the nature of giftedness and talent: Imposing order on chaos [J]. *Roeper Review*, 1996, 19(1): 4–12.

[98] MURDOCH S. IQ: A smart history of a failed idea [M]. Hoboken: John Wiley and Sons, 2007.

[99] NGUYEN T M P, JIN P, GROSS M U. Confucian values in vietnamese gifted adolescents and their non-gifted peers [J]. *Gifted and Talented International*, 2013, 28(1–2): 227–238.

[100] PANG W G. The actiotope model of giftedness: A useful model for examining gifted education in chinese universities [J]. *High Ability Studies*, 2012, 23(1): 89–91.

[101] PAPIERNO P B, et al. The nature and nurture of talent: A bioecological perspective on the ontogeny of exceptional abilities [J]. *Journal for the Education of the Gifted*, 2005, 28(3–4): 312–332.

[102] PEGNATO C W, BIRCH J W. Locating gifted children in junior high schools: A comparison of methods [J]. *Exceptional Children*, 1959, 25(7): 300–304.

[103] PERLETH C. Follow-up studies on the munich study of giftedness [M] // HELLER K A. Giftedness in Childhood and Adolescence. Goettingen, Germany: Hogrefe, 2001: 358–447.

[104] PERLETH C, HELLER K A. The munich longitudinal study of giftedness [M] // SUBOTNIK R F, ARNOLD K D. Beyond Terman: Contemporary Longitudinal Studies of Giftedness and Talent. Boston, MA: Greenwood Publishing Group, 1994: 77–114.

[105] PERLETH C, HELLER K A. Adapting conceptual models for cross-cultural applications [J]. *Educational Research and Evaluation*, 2007, 13(6): 539–554.

[106] PERLETH C, ZIEGLER A. Reflections on Diagnosis and Fostering of the Gifted in Vocational and Further Training [J]. *Pädagogische Psychologie in Erziehung Und Unterricht*, 1997, 44(2): 100–112.

[107] PFEIFFER S I. Identifying gifted and talented students: Recurring issues and promising solutions [J]. *Journal of Applied School Psychology*, 2002, 19(1): 31–50.

[108] PFEIFFER S I, et al.. APA handbook of giftedness and talent [M]. American Psychological Association, 2018.

[109] PIAGET J. Psychology and epistemology: Toward a theory of knowledge [M]. Harmondsworth, England: Penjuin, 1972.

[110] PLOMIN R. Genetics and experience: The interplay between nature and nurture [M]. New York: Sage Publications, 1994.

[111] RAE C D, CLASEN R E. Underachievement of highly able students and the peer society [J]. *Gifted and Talented International*, 1995, 10(2): 67–75.

[112] REIS S M, RENZULLI J S. Research related to the Schoolwide Enrichment Triad Model [J]. *Gifted Education International*, 2003, 18(1): 15–39.

[113] REIS S M, RENZULLI J S. Is there still a need for gifted education? An examination

of current research [J]. *Learning and Individual Differences*, 2010, 20(4): 308-317.

[114] RENZULLI J S. What makes giftedness? Re-examining a definition [J]. *Phi Delta Kappan*, 1978, 60(3): 180-184, 261.

[115] RENZULLI J S. The three-ring conception of giftedness: A developmental model for creative productivity [M] // STERNBERG R J, DAVIDSON J E. Conceptions of Giftedness. New York: Cambridge University Press, 1986: 53-94.

[116] RENZULLI J S. A rising tide lifts all ships: Developing the gifts and talents of all students [J]. *Phi Delta Kappan*, 1998, 80(2): 104-111.

[117] RENZULLI J S. What is this thing called giftedness, and how do we develop it? A twenty-five year perspective [J]. *Journal for the Education of the Gifted*, 1999, 23(1): 3-54.

[118] RENZULLI J S. Expanding the conception of giftedness to include co-cognitive traits and to promote social capital [J]. *Phi Delta Kappan*, 2002, 84(1): 33-58.

[119] RENZULLI J S. The three ring conception of giftedness: A developmental model for promoting creative productivity [M] // STERNBERG R J, DAVIDSON J E. Conceptions of Giftedness. New York: Cambridge University Press, 2005: 246-279.

[120] RENZULLI J S. Reexamining the role of gifted education and talent development for the 21st century: A four-part theoretical approach [J]. *Gifted Child Quarterly*, 2012, 56(3): 150-159.

[121] RENZULLI J S, KOEHLER J L, FOGARTY E A. Operation houndstooth intervention theory: Social capital in today's school [J]. *Gifted Child Today*, 2006, 29(1): 14-24.

[122] RENZULLI J S, REIS S M. The schoolwide enrichment model: A how-to guide for educational excellence [M]. Mansfield, CT: Creative Learning Press, 1997

[123] REYNOLDS F C, PIIRTO J. Depth psychology and integrity [M] // AMBROSE D, CROSS T. Morality, Ethics, and Gifted Minds. Boston, MA: Springer, 2009: 195-206.

[124] ROBINSON N M. In defense of a psychometric approach to the definition of academic giftedness: A conservative view from a diehard liberal [M] // STERNBERG R J, DAVIDSON J E. Conceptions of Giftedness. New York: Cambridge University Press, 2005: 280-294.

[125] ROEPER A A. Personal statement of philosophy of george and annemarie roeper [J]. *Roeper Review*, 1996, 19: 18-19.

[126] ROEPER A, SILVERMAN L K. Giftedness and moral promise [M] // AMBROSE D, CROSS T. Morality, Ethics, and Gifted Minds. Boston, MA: Springer, 2009, 251-264.

[127] ROGERS K B. Lessons learned about educating the gifted and talented: A synthesis

of the research on educational practice [J]. *Gifted Child Quarterly*, 2007, 51(4): 382–396.

[128] RUNCO M A. Education for creative potential [J]. *Scandinavian Journal of Educational Research*, 2003, 47(3): 317–324.

[129] RUNCO M A. Creative giftedness [M] // STERNBERG R J, DAVIDSON J E. Conceptions of Giftedness. New York: Cambridge University Press, 2005: 295–311.

[130] RUNCO M A, CHAND I. Cognition and creativity [J]. *Educational Psychology Review*, 1995, 7(3): 243–267.

[131] RYAN R M, DECI E L. Intrinsic and extrinsic motivations: Classic definitions and new directions [J]. *Contemporary Educational Psychology*, 2000, 25(1): 54–67.

[132] SCHULTZ R A. Understanding giftedness and underachievement: At the edge of possibility [J]. *Gifted Child Quarterly*, 2002, 46(3): 193–208.

[133] SEIDER S, DAVIS K, GARDNER H. Morality, ethics and good work: Young people's respectful and ethical minds [M] // AMBROSE D, CROSS T. Morality, Ethics, and Gifted Minds. Boston, MA: Springer, 2009: 209–222.

[134] SHAVININA L V, KHOLODNAJA M A. The cognitive experience as a psychological basis of intellectual giftedness [J]. *Journal for the Education of the Gifted*, 1996, 20(1): 3–25.

[135] SHCHEBLANOVA E I, et al. The identification of gifted students as the first stage in a longitudinal study of the development of giftedness [J]. *Russian Education & Society*, 1997, 39(2): 18–37.

[136] SIEGLER R S, KOTOVSKY K. Two levels of giftedness: Shall ever the twain meet? [M] // STERNBERG R J, DAVIDSON J E. Conceptions of Giftedness. New York: Cambridge University Press, 1986: 417–435.

[137] SILVERMAN L K. The moral sensitivity of gifted children and the evolution of society [J]. *Roeper Review*, 1994, 17(2): 110–116.

[138] SIMON D F, CAO C. Creating an innovative talent pool [J]. *China Business Review*, 2009a, 36(6): 34–38.

[139] SIMON D F, CAO C. China's emerging technological edge: Assessing the role of high-end talent [M]. Cambridge: Cambridge University Press, 2009b.

[140] SIMONTON D K. Emergence and realization of genius: The lives and works of 120 classical composers [J]. *Journal of Personality and Social Psychology*, 1991, 61(5): 829–840.

[141] SIMONTON D K. Creative expertise: A life-span developmental perspective [M] //

ERICKSON K A. The Road to Excellence. Mahwah: Lawrence Erlbaum Associates, 1996: 227–253.

[142] SIMONTON D K. Talent and its development: An emergenic and epigenetic model [J]. *Psychological Review*, 1999, 106(3): 435–457.

[143] SIMONTON D K. Giftedness and genetics: The emergenic-epigenetic model and its implications [J]. *Journal for the Education of the Gifted*, 2005, 28(3–4): 270–286.

[144] STANLEY J C. Helping students learn only what they don't already know [J]. *Psychology, Public Policy, and Law*, 2000, 6(1): 216–222.

[145] STERNBERG R J. Beyond IQ: A triarchic theory of human intelligence [M]. Cambridge: Cambridge University Press, 1985.

[146] STERNBERG R J. Understanding wisdom [M] // STERNBERG R J. Wisdom: Its nature, origins, and development. Cambridge: Cambridge University Press, 1990: 1–10.

[147] STERNBERG R J. What do we mean by giftedness? A pentagonal implicit theory [J]. *Gifted Child Quarterly*, 1995, 39(2): 88–94.

[148] STERNBERG R J. Successful intelligence: How practical and creative intelligence determine success in life [M]. New York: Simon and Schuster, 1996.

[149] STERNBERG R J. A propulsion model of types of creative contributions [J]. *Review of General Psychology*, 1999a, 3(2): 83–100.

[150] STERNBERG R J. Intelligence as developing expertise [J]. *Contemporary Educational Psychology*, 1999b, 24(4): 359–375.

[151] STERNBERG R J. Practical intelligence for success in school [J]. *Educational Leadership*, 1990c, 48(1): 35–39.

[152] STERNBERG R J. Wisdom as a form of giftedness [J]. *Gifted Child Quarterly*, 2000, 44(4): 252–260.

[153] STERNBERG R J. WICS as a model of giftedness [J]. *High Ability Studies*, 2003, 14(2): 109–137.

[154] STERNBERG R J. Why smart people can be so foolish [J]. *European Psychologist*, 2004, 9(3): 145–150.

[155] STERNBERG R J. The WICS model of giftedness [M] // STERNBERG R J, DAVIDSON J E. Conceptions of Giftedness. New York: Cambridge University Press, 2005a: 327–342.

[156] STERNBERG R J. WICS: A model of giftedness in leadership [J]. *Roeper Review*, 2005b, 28(1): 37–44.

[157] STERNBERG R J. WICS: A model of positive educational leadership comprising

wisdom, intelligence, and creativity synthesized [J]. *Educational Psychology Review*, 2005c, 17(3): 191–262.

[158] STERNBERG R J. The theory of successful intelligence [J]. *Interamerican Journal of Psychology*, 2005d, 39(2): 189–202.

[159] STERNBERG R J. Successful intelligence [M]. New York: Simon and Schuster, 2006.

[160] STERNBERG R J. Assessing what matters [J]. *Challenging the Whole Child: Reflections on Best Practices in Learning, Teaching, and Leadership*, 2009, 65(4): 20–26.

[161] STERNBERG R J. Giftedness and ethics [J]. *Gifted Education International*, 2012, 28(3): 241–251.

[162] STERNBERG R J. A triangular theory of creativity [J]. *Psychology of Aesthetics, Creativity, and the Arts*, 2018a, 12(1): 50–67.

[163] STERNBERG R J. Creative giftedness is not just what creativity tests test: Implications of a triangular theory of creativity for understanding creative giftedness [J]. *Roeper Review*, 2018b, 40(3): 158–165.

[164] STERNBERG R J. Human intelligence: An introduction [M] // New York: Cambridge University Press, 2019.

[165] STERNBERG R J, DAVIDSON J E. Conceptions of giftedness: A map of the terrain [M] // STERNBERG R J. DAVIDSON E J. Conceptions of Giftedness. New York: Cambridge University Press, 1986: 3–18.

[166] STERNBERG R J, GRIGORENKO E L. Dynamic testing: The nature and measurement of learning potential [M]. New York: Cambridge University Press, 2002a.

[167] STERNBERG R J, GRIGORENKO E L. The theory of successful intelligence as a basis for gifted education [J]. *Gifted Child Quarterly*, 2002b, 46(4): 265–277.

[168] STERNBERG R J, OKAGAKI L, JACKSON A S. Practical intelligence for success in school [J]. *Educational Leadership*, 1990, 48(1): 35–39.

[169] STERNBERG R J, ZHANG L F. What do we mean by giftedness? A pentagonal implicit theory [J]. *Gifted Child Quarterly*, 1995, 39(2): 88–94.

[170] STÖGER H. Support-oriented identification of gifted students in east asia according to the actiotope model of giftedness [M] // PHILLIPSON S N, STÖGER H, ZIEGLER A. Exceptionality in East Asia: Explorations in the Actiotope Model of Giftedness. Abingdon, England: Routledge, 2013: 188–211.

[171] STÖGER H, BALESTRINI D P, ZIEGLER A. International perspectives and trends in research on giftedness and talent development [M] // PFEIFFER S I, SHAUNESSY-DEDRICK E, FOLEY-NICPON M. APA Handbook of Giftedness and Talent. Washington, DC: American Psychological Association, 2018: 25–39.

[172] SUBOTNIK R F. Longitudinal studies: Answering our most important questions of prediction and effectiveness [J]. *Journal for the Education of the Gifted*, 2006, 29(4): 379–383.

[173] TANNENBAUM A J. Giftedness: A psychosocial approach [M] // STERNBERG R J, DAVIDSON E J. Conceptions of Giftedness. New York: Cambridge University Press, 1986: 21–52.

[174] TERMAN L M. Genetic studies of genius: Vol. 1 mental and physical traits of a thousand gifted children [M]. Stanford, CA: Stanford University Press, 1925.

[175] TOMLINSON C A. Good teaching for one and all: Does gifted education have an instructional identity? [J]. *Journal For the Education of the Gifted*, 1997, 20(2): 155–174.

[176] TOMLINSON C. Differentiated instruction [M] // PLUCKER J A, CALLAHAN C M. Critical Issues and Practices in Gifted Education: What the Research Says. Waco, TX: Prufrock Press, 2008: 167–179.

[177] TORRANCE E P. Encouraging creativity in the classroom [M] // Dubuque, IA: WCB/McGraw-Hill, 1970.

[178] URRACA-MARTÍNEZ M L, SASTRE-RIBA S, VIANA-SÁENZ L. World perception and high intellectual ability: A comparative study [J]. *Psicología Educativa*, 2021, 27(1): 21–25.

[179] VISSER B A, ASHTON M C, VERNON P A. Beyond g: Putting multiple intelligences theory to the test [J]. *Intelligence*, 2006, 34(5): 487–502.

[180] WEISBERG R W. Modes of expertise in creative thinking: Evidence from case studies [M] // ERICSSON K A, CHARNESS N, FELTOVICH P J, et al. The Cambridge Handbook of Expertise and Expert Performance. New York: Cambridge University Press, 2006: 761–787.

[181] WILSON R S. The louisville twin study: Developmental synchronies in behavior [J]. *Child Development*, 1983, 54(2): 298–316.

[182] WINNER E. Gifted children: Myths and realities [M]. New York: Basic Books, 1996.

[183] WINNER E. The origins and ends of giftedness [J]. *American Psychologist*, 2000, 55(1): 159–169.

[184] WITTY P. Who are the gifted? Role of gifted persons in social progress [M] // HENRY N B. Education for the Gifted. Chicago: University of Chicago Press, 1958: 41-64.

[185] YAN K, BERLINER D C. Tensions in gifted college programs in China: The case of "Mount Everest Plan" [J]. *Asia Pacific Education Review*, 2016, 17(2): 325-338.

[186] YANG D. The china educational development yearbook [M]. Boston, MA: Brill, 2011.

[187] ZIEGLER A. The actiotope model of giftedness [M] // STERNBERG R J, DAVIDSON J E. Conceptions of Giftedness. New York: Cambridge University Press, 2005: 411-436.

[188] ZIEGLER A, BALESTRINI D P, STÖGER H. An international view on gifted education: Incorporating the macro-systemic perspective [M] // PFEIFFER S. Handbook of Giftedness in Children. Cham: Springer, 2018: 15-28.

[189] ZIEGLER A, BAKER J. Gifted education from a systemic perspective: The importance of educational capital and learning capital for the development of actiotopes [M] // PHILLIPSON S N, STÖGER H, ZIEGLER A. Development of Excellence in East-Asia: Explorations in the Actiotope Model of Giftedness. London, England: Routledge, 2012: 18-39.

[190] ZIEGLER A, BAKER J. Talent development as adaptation: The role of educational and learning capital [M] // PHILLIPSON S N, STÖGER H, ZIEGLER A. Exceptionality in East Asia: Explorations in the Actiotope Model of Giftedness. London: Routledge, 2013: 18-39.

[191] ZIEGLER A, PHILLIPSON S N. Towards a systemic theory of gifted education [J]. *High Ability Studies*, 2012, 23(1): 3-30.

[192] ZIEGLER A, STÖGER H. Identification based on ENTER within the conceptual frame of the actiotope model of giftedness [J]. *Psychology Science*, 2004, 46(3): 324-341.

[193] ZIEGLER A, STÖGER H. The role of counseling in the development of gifted students' actiotopes: Theoretical background and exemplary application of the 11-SCC [M] // MENDAGLIO S, PETERSON J S. Models of Counseling Gifted Children, Adolescents, and Young Adults. Austin, TX: Prufrock, 2007: 253-286.

[194] ZIEGLER A, STÖGER H. A learning oriented subjective action space as an indicator of giftedness [J]. *Psychology Science*, 2008, 50(2): 222-236.

[195] ZIEGLER A, STÖGER H. The concept of a learning oriented subjective action space [M] // PHILLIPSON S N, STÖGER H, ZIEGLER A. Exceptionality in East Asia:

Explorations in the Actiotope Model of Giftedness. London: Routledge, 2013.

[196] ZIEGLER A, STÖGER H. Systemic gifted education: A theoretical introduction [J]. *Gifted Child Quarterly*, 2017, 61(3): 183–193.

[197] ZIEGLER A, STÖGER H, GRASSINGER R. Actiotope model and self-regulated learning [J]. *Psychological Test and Assessment Modeling*, 2011, 53(1): 161–179.

[198] ZIEGLER A, VIALLE W, WIMMER B. The actiotope model of giftedness: A short introduction to some central theoretical assumptions [M] // PHILLIPSON S N, STÖGER H, ZIEGLER A. Exceptionality in East Asia: Explorations in the Actiotope Model of Giftedness. London: Routledge, 2013: 1–17.